工业和信息化普通高等教育"十三五"规划教材立项项目

21世纪高等院校经济管理类规划教材

管理心理学

（附微课 第2版）

□ 孙喜林　荣晓华　编著

人民邮电出版社

北　京

图书在版编目（CIP）数据

管理心理学：附微课 / 孙喜林，荣晓华编著. -- 2
版. -- 北京：人民邮电出版社，2022.5（2023.8重印）
21世纪高等院校经济管理类规划教材
ISBN 978-7-115-58924-8

Ⅰ. ①管… Ⅱ. ①孙… ②荣… Ⅲ. ①管理心理学—
高等学校—教材 Ⅳ. ①C93-051

中国版本图书馆CIP数据核字(2022)第045845号

内 容 提 要

本书是一本既注重理论阐述又注重实际应用的富有特色的管理心理学教材。各章设有案例导读、视野
拓展、经典实验、情境模拟训练、课程思政等多个栏目，可提高阅读趣味性，增强学生学习兴趣。此外，
为适应"互联网+教育"的发展趋势，与新媒体相融合，本次修订还以二维码的形式新增了一些数字资源
（视频和文字），主要是相应的拓展知识。

本书共八章，主要内容包括管理心理学概述、知觉与个性、态度与情绪、激励理论及应用、群体心理、
团队及其建设、组织心理和领导心理。

本书配有电子课件、电子教案、教学大纲、习题答案、模拟试卷及答案等教学资料（部分资料仅限用
书教师下载），索取方式参见书末的"更新勘误表和配套资料索取示意图"。

本书适合作为普通高等院校或高职高专院校相关专业的教材，或作为相关领域从业人员的参考资料，
也可供企业培训以及对管理心理学感兴趣的读者参考。

◆ 编　著　孙喜林　荣晓华
　　责任编辑　万国清
　　责任印制　李　东　胡　南
◆ 人民邮电出版社出版发行　　北京市丰台区成寿寺路 11 号
　　邮编　100164　电子邮件　315@ptpress.com.cn
　　网址　https://www.ptpress.com.cn
　　三河市君旺印务有限公司印刷
◆ 开本：787×1092　1/16
　　印张：13.75　　　　　　　2022 年 5 月第 2 版
　　字数：376 千字　　　　　　2023 年 8 月河北第 3 次印刷

定价：54.00 元

读者服务热线：(010)81055256　印装质量热线：(010)81055316
反盗版热线：(010)81055315
广告经营许可证：京东市监广登字 20170147 号

第 2 版前言

管理心理学是研究管理过程中人的心理活动和行为规律的一门科学。它把心理学的理论、原则和方法运用于组织管理，通过研究组织中人的心理和行为规律来预测和控制组织中人的行为，以调动人的积极性、发挥人的潜能、提高生产和工作效率、改善人际关系及增强组织功能。

时代在发展，管理心理学的研究成果在不断涌现。为了适应不断变化的环境，编者在第 1 版的基础上做了较大程度的改进与完善，具体如下。

（1）更加注重理论与实际的结合。本书既注重内容的理论性，又注重增强学生的社会洞察力，为此每章增加了较多的案例和实操训练，力图使教材具有更强的可读性和可操作性。

（2）突出了栏目设计的新颖性与实用性。各章设有案例导读、视野拓展、情境模拟训练、经典实验等栏目。

（3）删去了一些不必要的或过时的资料，增加了更具实效性的内容，如新增了情绪、工作幸福感、团队面临的挑战等方面的内容。书中素材力求体现权威性、前沿性与代表性，并与相应知识点更加吻合。

（4）为适应"互联网+教育"的发展趋势，与新媒体相融合，本次修订还以二维码的形式新增了一些数字资源（视频和文字），主要是相应的拓展知识。

（5）每章特别设置了课程思政栏目。设立此栏目的目的是为了贯彻落实"使各类课程与思想政治理论课同向同行，形成协同效应"的要求。目前许多高校已经启动"课程思政"建设，此栏目可以为教师在授课过程中融入相关思政内容提供参考。

本书配有电子课件、电子教案、教学大纲、习题答案、模拟试卷及答案等教学资料（部分资料仅限用书教师下载），索取方式参见书末的"更新勘误表和配套资料索取示意图"。

为更好地落实立德树人这一根本任务，编者团队在深入学习党的二十大报告后，在本书重印时对局部内容进行了微调，新增了素质教育指引等配套教学资料。

本书由东北财经大学孙喜林、大连交通大学荣晓华共同编写，具体分工如下：孙喜林编写第一～第四章，荣晓华编写第五～第八章。

在编写过程中，编者参阅了国内外学者的有关文章和著作，在此，向相关作者表示衷心的感谢！

由于编者水平有限，书中难免存在不当之处，恳请读者指正！

编　者
2022 年 5 月

目 录

第一章　管理心理学概述

学习目标

通过本章的学习，你应该达到以下目标。

知识目标：了解管理心理学的研究内容及其与相关学科的关系，认识研究管理心理学的目的，尤其是掌握组织内员工满意和高绩效之间的关系。

技能目标：掌握管理心理学的研究方法。

能力目标：能够运用管理心理学的研究方法来分析和预测人们的行为。

案例导读

给员工快乐的工作环境

（世界经理人 2017-08-07）有很多公司管理者比较喜欢在管理岗位上板起面孔，做出一副父亲的模样。他们大概觉得只有这样才能赢得下属的尊重，树立起自己的权威，从而方便管理。这其实是走入了管理的误区。现代人的平等意识普遍增强了，板起面孔并不能让自己真正成为权威。美国西南航空公司的例子表明了雇佣双方是如何实现"双赢"的。

美国西南航空公司要求管理层经常走近员工，处处为员工提供支持。与其他服务公司不同的是，美国西南航空公司并不认为所有的顾客都是对的，它宁愿"得罪"无理取闹的顾客，也要维护自己员工的权益。

根据人力资源管理专家戴维·麦斯特的研究，如果一个公司能将员工的满意度提升 20%，那么，该公司的财务绩效大概就会增长 42%。而根据美国盖洛普公司的调查，能让员工快乐工作的公司，其员工跳槽率相对要低得多，且顾客忠诚度、销售量和利润空间要高很多。

那么如何为员工营造令人愉快的工作环境呢？

首先，创造易于沟通的办公环境。美国惠普公司创造了一种独特的"周游式管理办法"，鼓励部门负责人深入基层，直接和广大员工接触。此外，美国惠普公司的办公室布局采用当时还少见的"敞开式大房间"，无论哪级领导都不设单独的办公室，同时不称头衔，即使对董事长也可直呼其名。这样有利于上下左右沟通，创造无拘束和合作的气氛。

其次，给员工一个"做主人"的机会。诸葛亮虽然为蜀汉"鞠躬尽瘁，死而后已"，但蜀汉仍最先灭亡，有一种观点认为这与诸葛亮的不善授权有很大的关系。诸葛亮事必躬亲令人钦佩，但这也限制了人才的发展，造成后来"蜀中无大将"的局面。全员参与公司决策与生产是美国福特公司在员工管理方面最具特色的一点。美国福特公司赋予了员工权利，缩小了员工与领导之间的距离，员工的积极主动性便随之高涨。促使员工对公司的一些事情感到兴奋，可以快速引导他们成长，同时带给他们成就感。

再次，要把员工当作"价值创造者"。虽然公司的竞争压力大，但是给员工降薪、减少员工福利是最不可取的。公司绝不能把员工当作节约成本的对象，而是要把他们当作"价值创造者"。从长远来看，这是人才投资，且收益甚好。著名心理学教授韦恩·卡西欧曾经对比过沃尔玛和 Costco 两家零售商的人才战略。两者经营的都是低成本策略性连锁超市，但是后者的员工有更好的薪酬福利，Costco 从不在员工方面节省成本，而是会削减其他方面的开销，例如从来不做广告，结果是 Costco 的增长率高于沃尔玛等其他对手。

最后，要实行人性化管理。据《潮宏基的黄金管理法则》（黄铁鹰，《中国乡镇企业》2008 年第 7期）一文介绍，在低收入水平下的 20 世纪 90 年代，位于广东汕头的潮宏基是少见的不安装金属检测感应门的珠宝工厂，其采用的是物料文员在上下班时清点生产原料的方法，这样既节省了大量时间，也避免了员工被搜身的尴尬，同时还提高了工厂的效率和利润率。

管理者需要换位思考，站在员工的角度去思考解决方案，把制度设计与员工的内在需求相结合，才能激发员工的潜力、留住人才。我们可以想象到激励那些满腹牢骚、情绪低落的员工是多么困难的一件事。其实管理者的工作就是要不断给员工提供动力，心情愉悦的员工在动力的不断驱动下就会不断地自我激励。

上述案例表明，心情舒畅的员工，而非薪水丰厚的员工，其工作效率更高。令人愉快的工作环境会使人身心愉悦，因此人们会工作得特别积极。令人不愉快的工作环境只会使人内心产生抵触情绪，从而严重影响工作效绩。

第一节　什么是管理心理学

一、管理心理学的起源

管理心理学是一门应用心理学科，它把心理学的理论、原则和方法运用于组织管理，通过研究组织中人的心理和行为规律来预测和控制组织中人的行为，以达到调动人的积极性，提高生产和工作效率，改善人际关系，增强组织功能的目的。

管理心理学的起源可追溯到西方管理学的形成和心理学在工业中的应用。关于管理的思想虽然由来已久，但在西方形成系统的管理理论，则公认是在19世纪末到20世纪初。从其发展历史及内容来看，西方管理理论各学派的形成基本分为三个阶段：古典管理理论阶段、人群关系理论阶段、当代管理理论阶段。管理心理学的萌芽主要在泰勒提出的古典管理理论阶段，而管理心理学诞生的标志就是梅奥提出的来源于霍桑实验的人群关系理论。

19世纪末，资本主义得到发展，生产规模日益扩大，对组织的管理也更为复杂，劳动组织和合理安排也被提上了科学研究的日程。这时出现了科学管理的思想，其代表人物是泰勒。泰勒着重研究了工人操作合理化的问题，但他把人看成"经济人"，忽视了人的社会性。

 经典实验

泰勒的科学实验

1898年，伯利恒钢铁公司聘请泰勒为管理顾问，他进行了管理学史上的一个著名实验——搬运生铁块实验。

实验的对照组用传统的工作方法，雇用日薪为1.15美元的工人，标准是每天搬运生铁块12吨，数次达不到标准者将被开除。

泰勒上任后，先是观察工人们的劳动习惯。一段时间后，他和其他工程师提出了一系列影响劳动效率的假想因素。

例如，泰勒认为，工作中的劳累是影响工人劳动效率的一大因素，而劳累产生的原因，一部分是姿势不恰当，一部分是工作流程安排不当，一部分是劳动时间和休息时间搭配不当。

然后，泰勒从75名工人中挑了一名叫施密特的工人作为测试者，每天给他1.85美元，让他执行针对上述一系列影响因素的改造动作，并分析对其劳动效率的影响。

最后，经过改进的生铁块搬运工作方法，使大部分工人的工作量在同样的疲劳程度下从12吨提升到了47吨，对应工人的日薪也都从1.15美元提升到了1.85美元。

搬运生铁块实验为泰勒的科学管理思想奠定了坚实的基础，使管理成了一门真正的科学，这对以后的管理学理论的成熟和发展起到了非常大的推动作用。

第一次世界大战对管理心理学的发展起了促进作用，参战各国都力图利用心理学原则来改进管理，提高生产效率为战争服务。例如，制定人员选拔和训练的方法，研究最有效的组织形式，调整工人与管理者的关系等。战后，研究人员对工业生产的发展提出了一些新的问题，如生产中人的社会性因素的作用等。以社会心理学家梅奥为首的一批专家进行了霍桑实验，提出了"社会人"的思想。

霍桑实验的主要结论可归纳为以下几点：工人不仅仅是由金钱驱使的纯"经济人"；个人的态度对其行为方式起着特殊且重要的作用；监工对工人士气和劳动生产率起着决定性作用；小团体的情绪和协调合作对完成组织目标和使工人感到满意起着至关重要的作用；工作团体中非正式组织能够影响组织目标的达成。

梅奥研究小组在 1927—1932 年取得了大量的材料，在对这些实验及访问交谈的结果进行总结的基础上，梅奥在 1933 年出版了《工业文明中人的问题》一书，并在书中提出了人际关系学说，或称人群关系理论。梅奥认为，影响组织生产效率的最重要的因素是在工作中发展起来的人际关系，而不是待遇和工作环境。这说明，生产效率不仅受物理和生理因素的影响，而且受社会和心理因素的影响。这就是"人群关系理论"的主要观点。人群关系理论为管理学说和管理工作指出了新的方向，它突出了生产中人的因素的作用，标志着管理心理学的形成。而真正意义上的管理心理学产生于 20 世纪 50 年代的美国，其标志是 1958 年斯坦福大学教授莱维特《管理心理学》一书的出版。莱维特认为，在第二次世界大战之前，美国只有"工业心理学"，主要用来测试个体差异。莱维特的《管理心理学》的出版，用"管理"取代了"工业"后，人们正式开始用管理心理学这个名称代替原来沿用的工业心理学的名称。

视野拓展

霍桑实验

二、管理心理学的研究内容

管理心理学是把心理学的知识应用于分析、说明、指导管理活动中的个体和群体行为的应用心理学分支。它有助于调动人的积极性，改善组织结构和领导绩效，提高工作质量和工作效率，建立健康文明的人际关系，并最终达到提高管理水平和发展生产的目的。

管理心理学的研究内容是组织中具体的人的心理，包括个体心理、群体心理、组织心理和领导心理四个方面。

1. 个体心理

个体心理研究是指管理心理学中以个体心理为研究内容，以调动个体积极性为目的的研究。个体心理部分主要研究知觉、个性、态度、情绪以及激励理论。激励理论主要有三类：内容型理论、行为改造型理论和过程型理论。

2. 群体心理

管理心理学在界定群体概念时，使用了三个标准：各成员相互依赖，在心理上彼此意识到对方的存在；成员间在行为上相互作用，彼此影响；各成员有"我们属于同一群人"的感受。组成群体的要素有三个：活动、相互作用和感情。群体的作用大致有四个方面：完成任务、进行有效的信息沟通、融洽人际关系和满足成员的心理需要。群体心理部分的研究主要集中在群体凝聚力、群体的规范和压力、正式群体和非正式群体以及团队管理等方面。

3. 组织心理

简单地说，为了共同的目标而结合在一起的一群人就是组织。组织心理部分主要研究有关组织的一些理论以及组织设计、组织文化、组织变革等。

4. 领导心理

率领组织中的人去实现组织目标的过程就是领导，实施这个过程的人就是领导者。领导心理部分主要研究领导的概念和怎样提高领导效率。与提高领导效率有关的理论有领导素质论、领导行为论和领导权变理论等。

图 1.1 展示了个体水平、群体水平和组织系统水平三者之间的关系，这三个水平之间是相互联系的。因此，影响最终结果的因素是非常复杂的，我们不能孤立和静止地看待某个因素的作用。

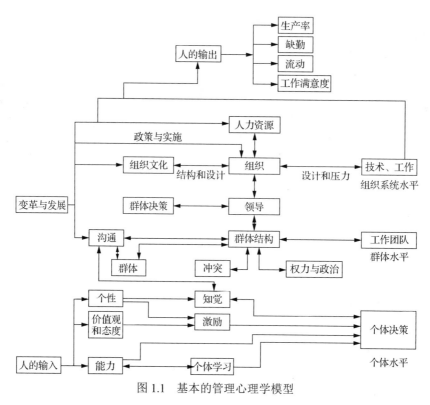

图 1.1　基本的管理心理学模型

第二节　管理心理学与相关学科

与管理心理学相关的学科有很多，如组织行为学、心理学、社会学、社会心理学、管理学、政治学等。关于组织行为学与管理心理学的关系，一般认为这两个领域都集中讨论组织中人的行为，二者没有本质上的不同，其主要区别可能在于管理心理学把心理学作为纲领，组织行为学则从多种学科中吸取知识。正如诺贝尔经济学奖获得者西蒙教授所说："关于管理心理学与组织行为学，可能有人认为它们不同，我没有看到它们真正的差别。"管理心理学是心理学的分支学科，没有心理学就没有管理心理学，尤其是普通心理学中关于知觉、个性、态度、情绪等方面的研究为管理心理学提供了重要的理论基础。而社会心理学中有关群体心理和行为的研究给管理心理学提供了重要的理论支撑。所以这里只介绍对管理心理学有重要贡献的心理学和社会心理学两个学科。而且限于篇幅，只对这两个学科做简单的介绍。

一、心理学

心理学是研究心理现象的发生、发展和活动规律的科学。心理学中有关知觉、学习、记忆、需要、动机、情绪情感和个性的研究成果和相关理论，为解释组织中人的行为提供了重要的帮助。

（一）心理现象的内涵

心理现象分为心理动力、心理过程、心理状态和心理特征四个方面。

1. 心理动力

心理动力是指决定个体对现实世界的认知态度和对活动对象的选择与偏向的心理现象系统，它主要包括动机、需要、兴趣和世界观等心理成分。

2. 心理过程

人的心理是一个动态的过程，即人脑对客观现实的反映过程，它包括认知过程、情感过程和意志过程。

认知过程是个体获取知识和运用知识的过程，包括感觉、知觉、记忆、思维和想象等。人在处理事务的时候，用眼睛看，用耳朵听，用鼻子闻，用手摸，这就产生了感觉和知觉。感觉是对直接作用于感觉器官的客观事物的个别属性的反映，知觉是对直接作用于感觉器官的客观事物的整体属性的反映。人在活动中不仅要感知当前的事物，并且要记住它，有时还要回忆过去经历过的有关事物，这是记忆。若要认识事物的特点和意义，人就必须利用感知的材料和已有的知识进行分析、思考，深入理解事物的本质，掌握事物的规律，这就是思维。感觉、知觉、记忆、思维等都是为了弄清客观事物，都是对客观事物的认知活动。

人在认识客观世界的时候，不仅会认识事物的属性、特征及联系，还会对事物产生一定的态度，如满意、喜爱、厌恶、恐惧等，这种现象叫情绪。这一心理过程就是情感过程。

人对客观事物不仅要感受、认识，还要处理、改造。为处理、改造客观事物而提出目标、制订计划，然后执行计划、克服困难、完成任务，这类活动就是意志活动。心理学把这种自觉地确定目的，并为实现目的而有意识地支配和调节行为的心理过程称为意志过程。

以上介绍的认知、情感、意志等心理活动都是心理过程。在现实生活中，个体的认知、情感和意志活动并非彼此孤立的，它们是紧密联系、相互作用的。探讨心理过程产生和活动的规律以及它们之间的关系，是普通心理学研究内容的一部分。

3. 心理状态

心理状态是指心理活动在一段时间里出现的相对稳定的持续状态。它既不像心理过程那样变动不居，也不像心理特征那样稳定持久。例如，在感知活动中，个体可能会出现聚精会神或漫不经心的状态；在思维活动中，个体可能会出现灵光乍现或刻板的状态；在情绪活动中，个体可能会产生某种心境、激情或应激的状态；在意志活动中，个体可能会出现犹豫或果敢的状态等。事实上，人的心理活动总是在睡眠状态、觉醒状态或注意状态下展开的，这些不同的心理状态体现了主体的心理激活程度和脑功能的活动水平。

4. 心理特征

心理特征就是人在认知、情绪和意志活动中形成的那些稳固而经常出现的意识特性，主要包括能力、气质和性格。（这部分内容详见第二章）

（二）心理学的产生与发展

1. 从哲学的心理学到科学的心理学

心理学是一门渊源有数千年而发展历史仅有百年的科学。人类自诞生以来，就存在心理现象，但心理学真正成为一门科学，是近一百多年的事。从苏格拉底、柏拉图、亚里士多德开始，哲学家们就把人类的本性、本能、心灵、感觉、意识等问题作为哲学的主要观念去讨论。但是，他们在讨论这些问题时，都只凭主观的设想，而没有建立客观的研究方法和系统理论。因此，在那一段漫长的时期内并没有形成科学的心理学，我们只能将其研究称为哲学的心理学。

19世纪以来，自然科学迅速发展，特别是生物学、生理学等学科的发展积累了大量关于人体的知识。自然科学的突飞猛进启发了人们的思维，刺激人们寻找研究心理学的新方法，许多勇于探索的学者开始了他们的实验工作。德国心理学家、哲学家冯特受到前人的启发，在吸收前人成果的基础上，于1879年在莱比锡大学建立了世界上第一个心理学实验室，他主持开展了对感觉、知觉、情感和联想等方面的系统研究。从此，心理学真正脱离哲学而成为一门独立的实验科学。

 **视野拓展**

2. 现代心理学的三大学派

现代心理学的发展历史不长，但其学派却很多，如冯特和铁钦纳的构造主义心理学、詹姆士的机能主义心理学、弗洛伊德的精神分析心理学、考夫卡和苛勒的格式塔心理学、华生的行为主义心理学、皮亚杰的认知心理学，以及以马斯洛为代表的人本主义心理学等。这里介绍比较流行的精神分析心理学、行为主义心理学和人本主义心理学。

（1）精神分析心理学。奥地利心理学家弗洛伊德是从事心理治疗"起家"的，他是心理治疗中的"心理分析"学派的创始人。他认为，心理的病态是人的本能冲动被压抑的结果。当一个人觉得自己的冲动严重地违背了"做人的原则"时，他就会压抑这些冲动。压抑的结果是，虽然他再也意识不到这些冲动，并且已经可以心安理得地相信自己"没有"这些冲动，但这些冲动依然存在于其意识不到的内心深处。弗洛伊德认为，这种"冲动"与"对冲动的压抑"之间的冲突就是心理失常的原因。他还发现，病人那些被压抑的冲动往往会"改头换面"地出现在他们的梦境之中。因此，他认为，治疗者应该通过深入分析去破译梦的"含义"。1900年，他出版了他最有影响的著作《梦的解析》。同年，他又着手编写另一本很有影响的著作《日常生活的心理分析》，把他对病人的研究扩大为对一般正常人的研究。

（2）行为主义心理学。行为主义心理学于20世纪初产生于美国。它以坚决否定传统心理学的姿态登上心理学的舞台，似乎使人感到它在消除心理学的神秘性，改变心理学的"空气"，因而立刻吸引了美国大批青年心理学学者，并在西方心理学界产生了广泛而深刻的影响。

华生是行为主义心理学的创始人，他将心理学列为自然科学的一个纯粹客观的实验分支。他反对研究意识，而把人和动物的行为作为研究内容。他从人和动物的行为中找到的基本因素是刺激和反应，他断言："我们能够将我们的一切心理学问题及其解决都纳于刺激和反应的规范之中。"刺激-反应公式成为华生的行为主义心理学的基本公式。

在一批新行为主义心理学家中，最著名的是创立"强化学说"的美国心理学家斯金纳。斯金纳用他的"斯金纳箱"做了大量的动物实验。他认为，通过动物实验也能揭示人的行为规律，因为人的行为和动物的行为基本上遵循同样的规律。斯金纳认为，最重要的问题不在于各种各样的行为是由什么样的刺激引起的，而在于已经出现的行为为什么有的能够巩固下来，有的却没有巩固下来，没有形成习惯。他用大量的实验证明，已经出现的行为会因为个体得到奖励而增加重复出现的可能性，换句话说，就是给予奖励能够"强化"已经出现的行为。

（3）人本主义心理学。马斯洛等人本主义心理学家认为，对于人来说，最本质也最可贵的东西不是人与动物所共有的那些"本能"，而是动物所没有的、只有人才有的"潜能"。1954年，马斯洛所著的《动机与人格》一书问世。他在书中提出了现在已经为大家所熟悉的、以自我实现的需要为最高层次需要的"需要层次理论"。所谓自我实现，就是通过发挥人的潜能来实现人的价值。

马斯洛所说的人所特有的潜能，如爱的潜能、创造的潜能等，都是"善的"，而不像弗洛伊德所说的本能那样是"恶的"。但是人的这些潜能与人的动物本能相比要软弱得多，它们只有在良好的环境条件下，才能由"潜在的可能性"变为"现实"；而在恶劣的环境中，它们是很容易被摧残的。马斯洛认为，理想的社会就是能使人的潜能得到充分发挥的社会。

20世纪50年代末，马斯洛与哈佛大学的索罗金共同召集了"关于人类价值的新知识讨论会"。在这次专题讨论会以后，他又与弗洛姆、罗杰斯等心理学家共同发起，于1962年成立了"人本主义心理学会"。当时，他们所确定的人本主义心理学的基本原则之一是"心理学应该关心人的尊严和人的提高"。

二、社会心理学

社会心理学是研究个体和群体的社会心理现象的心理学分支学科。个体社会心理现象指受他人和群体制约的个人的思想、感情和行为，如人际知觉、人际吸引、社会促进、社会抑制、社会顺从等。群体社会心理现象是指群体本身特有的心理特征，如群体凝聚力、社会心理气氛、群体决策等。

社会心理学是心理学和社会学之间的一门边缘学科，受到这两个学科的影响。社会心理学的研究内容主要包括以下几个方面。

1. 社会化

从社会心理学的角度看待社会化问题，它关心的是自然的人如何变成了社会的人，以及在这个过程中为什么个体形成了独特的人格特征。

社会化的基本途径是社会教化和个体内化。社会教化即广义的教育。执行广义的教育的组织包括家庭、学校、社会团体、大众传播媒介，以及法庭、监狱和劳动教养所等；社会化的执行者则是这些组织的成员。社会教化分两类：一是系统的、正规的教育，如学校的教育等；二是非系统的、非正规的教育，如社会风俗、群体亚文化、传媒对人的潜移默化的影响。个体内化是指个体通过学习，接受社会教化，将社会目标、价值观、规范和行为方式等转化为自身稳定的人格特质和行为反应模式的过程。

2. 社会认知

社会认知是指对人及其行为的认知，而不是对物、对事的认知。社会认知的结果影响着人的社会行为。社会认知包括感知、判断、推测和评价等社会心理活动。对人的知觉、印象、判断，以及对人的外显行为的原因的推测和判断，是社会认知活动发生和进行时所经历的主要过程。

3. 社会动机

社会动机是人的社会行为的驱动力，它的研究范围包括需要、动机、本能等方面。

4. 社会沟通

广义的社会沟通是指人类的整个社会互动过程。在这里，人们不仅交换观念、思想、知识、兴趣、情感等信息，而且交换相互作用的个体的全部社会行动。社会沟通是社会赖以形成的基础。

5. 社会态度

社会态度是社会心理学的基本研究内容之一，人们对这方面的探讨比较多，甚至有的早期社会心理学家把社会心理学定义为研究社会态度的科学。社会态度的重要性在于人的社会化过程的最终结果就包含在个体的社会态度之中。

6. 人际关系

社会心理学以社会中的人为研究对象，自然就要研究人际关系问题。人际关系是人与人之间心理上的关系、心理上的距离。这种关系是在人与人之间发生社会性交往和协同活动的条件下产生的，是具有普遍意义的现象，在小群体中体现得尤其明显。人际关系受认知、情感和行为三个方面的心理因素的影响，其中情感因素起主导作用，制约着人际关系的亲疏、深浅和稳定程度。

此外，社会心理学还研究个人行为、自我意识、团体心理以及群体社会心理现象等。在此，我们不一一加以介绍。

第三节 研究管理心理学的目的

管理心理学有助于调动人们的积极性，改善组织结构和提高工作绩效，提高员工的工作生活质量，建立健康文明的人际关系，达到提高管理水平和发展生产的目的。而其中最重要的两个指标是工作绩效和员工满意度。一方面，高绩效是组织存在的原因和保证；另一方面，没有员工满意的组织即使绩效高也不是完美的。

一、研究组织内员工满意和高绩效之间的关系

调查表明，当员工满意时，即使他没有高绩效的表现，也至少不会表现出持续的衰退；但当员工有所不满时，他就很难有高绩效的表现。员工满意是组织目标实现的关键。

首先，组织成员有所不满，组织就很难有高绩效。一些理论研究已经证明了这一点（见第三章关于"工作满意度"的内容）。所以，为了实现组织的高绩效目标，作为前提存在的员工满意是必要条件。离开员工满意的高绩效只在特定的组织中存在，如奴隶社会中在奴隶主管理下的奴隶庄园，以及在特定社会形态下受到严格监管的犯人组织，这些特殊的组织可以创造脱离工作者满意的短暂的高绩效。这类组织的共同特点是组织成员的生存需要被管理者掌握，被管理者只有两种选择：一是努力工作，以使自己的生命得以延续，也就是使自己的生理需要和安全需要得到一定满足；二是不努力工作，但是要付出自己的生理需要和安全需要得不到满足的代价——由于人求生本能的驱使，作出这种选择的人不多。

其次，没有高绩效的组织也无法长期维持组织成员的满意，典型的例证就是空想社会主义者欧文（Owen）的社会实验。

案例 1-1

欧文的失败

1825—1828 年，欧文在美国创办"新协和村"，其目的是通过宣传、感化使人努力工作（全凭自觉），

社会分配没有差别，大家各取所需。用欧文的话说，就是"我们的公社一切平等，衣食住行全部免费供应，上学也是免费的"。但是，实验以失败告终。

在现代社会条件下，没有高绩效的支持，任何组织都不可能做到长期维持其成员获得高利益。没有高绩效支持的组织的发展结果只有两种：一是组织成员坐吃山空；二是由于部分组织成员通过非正当的手段获取组织资源而遭到大部分其他组织成员的反对，最终其特权被剥夺。所以，在现代社会条件下，没有组织的高绩效，就没有组织成员的满意。

二、组织成员的满意是现代组织管理的目标

抛开组织成员的满意对组织绩效的作用，现代组织仍然要把组织成员的满意作为管理目标。现代组织可以从以下两个方面来实现这一目标。

（一）重视员工的工作生活质量

在科技水平和物质条件日益提高的背景下，一个组织若仅仅追求经济目标，而毫不顾及其成员的福祉，是很难生存下去的。社会中所有的组织都应该是为增进人们的幸福而存在的，这个命题似乎无须证明和讨论。管理心理学的研究已经证明，只有物质上的满足并不能使人感到满意。在现代社会中，人们的快乐在很大程度上由自己的职业和工作决定。仅从时间比例上来看，人们除了休息之外的大部分时间都是在工作环境中度过的，在此段时间内，人们是否过得快乐以及由此产生的强大的精神感受，足以对人们的生活质量产生决定性的影响。

 视野拓展

> 在《道路与梦想》一书中，王石提到这样一个故事。年轻时，他在一家公司就职，有一次陪领导和客户在外面吃饭，聊到兴起，他便讲了几个笑话，把客户逗乐了，客户一直夸他"小王人不错，有才华"。王石本以为这是一件开心的事情，没想到第二天领导找他谈话，指责他不会做事，要讲笑话也轮不到他……王石后来离开了这家公司，因为他觉得公司环境太压抑，毫无快乐轻松的感觉，工作起来也不带劲。

研究工作生活质量的管理心理学学者认为，组织不应该只是追求绩效的提升，也应该重视组织成员的满意度，甚至应致力于增进组织全体成员的幸福感。在组织中推行各种工作生活质量观念，对员工做"全人关怀"，帮助其成长，可以增强员工的快乐感和向心力。例如，苹果公司专门设立员工帮助中心来处理员工的日常学习和咨询事宜。员工在工作、学习中碰到任何问题，都可以随时通过 iPod、iPhone、iPad 向员工帮助中心求助。接到员工的求助信号后，员工帮助中心将及时作出解答；员工对答复不满意时，可以进一步追问，直到彻底解决问题。苹果公司的这种做法为员工的学习、工作、生活带来了极大的便利。

（二）提高员工的适合度

要提高员工的满意度，组织必须首先了解员工的适合度，即员工与其岗位的匹配度。是什么原因导致员工想离职呢？很多人认为是个人发展问题、障碍问题、企业内部管理问题等，但根据最新的 HR 大数据研究，这些问题仅仅是表象，其核心原因与适合度有关。

这里说的适合度（或岗位匹配度）并非仅指工作技能，还包括员工个人性格优势、职业倾向、行为模式、决策力与抗压力等深度 HR 指标。这些抽象的隐藏指标很难通过传统的 HR 理论和方法获得，这也是目前很多企业难以做到精准岗位匹配的重要原因。员工在自己并不适合的位置上付出时间和精力，却无法从中得到预期的成就，自然会心情低落、动力丧失，进而造

成岗位效能低下。久而久之，这不仅使个人发展受阻，也给企业带来了重大的损失，于是离职成了最简单的解决方案。

课程思政

我们为什么越来越累

（中外管理传媒 2019-04-19）据国家统计局北京调查总队发布的数据，2018 年北京上班族每天的工作时间（如表 1.1 所示）比 2008 年增长了 56 分钟。

表 1.1 北京上班族每天的工作时间 （单位：分）

	城　市		农　村	
	工作日	休息日	工作日	休息日
工作时间	543	460	517	464
就业/工作	547	505	534	516
纯就业/工作活动	463	437	462	455
与就业/工作有关的交通活动	95	87	88	82
家庭生产经营活动	276	258	335	310
纯家庭生产经营活动	269	251	327	306
与家庭生产经营活动有关的交通活动	43	39	36	29

某相关机构在调查 1574 名英国经理级管理者的工作和生活状态后，发布了《工作生活质量》（the Quality of Working Life）报告。

报告显示，61% 的受访者表示，科技让他们很难从工作中脱身；20% 的受访者表示，他们随时在线，时刻查收电子邮件；超过 50% 的受访者表示，他们在工作时间外经常检查工作邮箱。经理级管理者至少每天多工作 1.5 小时，相当于每年额外工作 46 个工作日。这比他们的年假和灵活合同假期还多，相当于用加班抵消了年假。更重要的是，92% 的受访者表示，他们在超时工作。这种模式导致 1/3 的经理感到"超负荷"，并认为长时间工作成了他们"别无选择"的事情。

《工作生活质量》报告中的数据显示，与初级经理相比，高级经理的工作时间往往更长，他们要用更多的下班时间处理工作。

这凸显了一个令人担忧的现实：管理层资历的增加与工作时间的延长有关。高级经理是最常见的加班族，而且即时通信软件的普及助推了这种"超长待机"工作模式的流行。他们即使离开办公室也无法逃离工作，"停工"的时间所剩无几。如此超长时间的工作，效果如何？超过 1/3（34%）的经理认为，自己的工作效率在 70% 以下的水平，自己的能力远没有充分发挥出来。

相比之下，只有 22% 的经理认为自己的工作效率达到了 100%。每周平均工作 60 小时或以上的经理认为自己高效工作与低效工作的时间几乎持平。

值得注意的是，高强度的工作不可避免地带来了高压力。54% 的经理表示，长时间工作会导致更大的压力。超时工作人群的压力是正常人群的 3 倍多。

第四节　管理心理学的研究方法

如前所述，管理心理学具有多学科渗透的特点，其中最主要的有心理学、管理学、社会学、社会心理学等。因此，管理心理学的研究方法或多或少地受到这些比较成熟的学科的影响，而其中受心理学的影响应该是最大的。心理学的发展为管理心理学的研究和发展提供了知识和方法，这使得后者的研究和发展变得迅速而有效。此外，管理学、社会学的知识和研究方法也是管理心理学重要的知识和方法来源。

一、观察法

观察法是在自然情况下，有目的、有计划、有组织地直接观察被观察者的外在表现，了解其心理活动，进而分析其心理活动规律的一种方法。

运用观察法，首先应有明确的目的，要制订研究计划，拟订详细的观察提纲。在观察过程中，要敏锐捕捉各种现象，准确、详细地将其记录下来，并及时予以整理和分析，以利于科学结论的产生。由于观察法很少干扰或不干扰被观察者的正常活动，因而得出的结论比较符合实际情况。但由于观察者往往处于被动地位，他只能等待需要观察的现象自然出现，不能在必要时反复观察，因而在对观察所得的材料进行区分时，往往不能区别哪些是偶然的现象，哪些是规律性的事实。此外，观察法对观察者的要求较高。观察法看起来很简单，但实际运用起来难度非常大，只有经过严格训练的人才能有效使用观察法。

观察法一般适用于以下情形：观察者所关注的行为是公开的，这些行为经常且重复出现或者是可以预测的，这些行为发生在相对较短的时间里。

从不同的角度来划分，观察法可以分为以下几种类型。

（1）自然条件下的观察与人为情境下的观察。前者是在自然情境下等待某一行为的出现；后者是根据当时的需要，创设一定的条件而进行的观察。

（2）公开观察与隐蔽观察。公开观察是指观察者的身份是公开的，而且被观察者意识到自己的行为正在被观察；隐蔽观察是指观察者的身份不公开，而且被观察者没有意识到有人正在观察自己。

（3）结构性观察与非结构性观察。如果将观察限定在预先确定的那些行为上，就是结构性观察；非结构性观察是指对出现的所有行为都进行观察和记录。

（4）直接观察与间接观察。直接观察是指对行为本身进行观察，而间接观察仅仅是对行为的结果进行观察。

（5）人工观察与机械观察。按照观察时是否借助机械、仪器等设备，观察可以分为人工观察与机械观察。

（6）参与式观察与非参与式观察。参与式观察指的是观察者要融入调查环境之中，并需要付出大量的时间和精力，而非参与式观察就没有这个要求。

案例 1-2

参与式观察

美国学者福塞斯曾描述了参与式观察的一个案例。调查者为了研究旅游对农业生产和土壤环境所产生的影响，参与到泰国山民的乡村生活中。他们在去当地之前学习了一年的泰语，而且得到了会泰语和英语的当地翻译的帮助。通过当地的一个开发组织，调查者能够确定关键的被调查者，并有机会住进村长家里。他们和这个大家庭共住一间大房子。调查者去过该地几次，共花了半年时间，访谈调查逗留时间最长的一次为一个月。

调查者采用了定性和定量方法，最重要的信息来自定性的参与式观察和与村民之间的讨论。在每次调查逗留期间，调查者都要考察农业和旅游方面的活动，并详细询问一些关键的被调查者，还会组织相关群体的讨论活动。在等待了好几周以后，调查者才试图向关键的被调查者之外的其他村民提问调查，因为当地村民只有在确信调查不是出于评估非法活动的目的时，才愿意配合调查。

二、实验法

实验法是有目的地严格控制或创设一定的条件，人为地引起某种心理现象，从而对它进行分析研究的方法。因此，这种方法涉及在改变一个或多个变量的条件下，观察改变一个变量对另外一个变量的影响。在控制条件下改变的变量被称为自变量，受自变量影响而改变的变量被称为因变量。实验法有两种形式：实验室实验法和自然实验法。

实验室实验是在专门的实验室内借助各种仪器进行的。在设备完善的实验室里研究心理现象，从呈现刺激到记录被试者反应、数据的计算和统计处理，都采用计算机、录音、录像等现代化设备和手段，实行自动控制，因此其对心理现象的产生原因、大脑生理变化以及被试者行为表现的记录和分析都是比较精确的。

自然实验是由研究者有目的地创设一些条件，在比较自然的条件下进行的。它既可以用于研究个体的一些简单的心理活动，又可用于研究较复杂的心理活动。自然实验法兼有观察法和实验室实验法的优点。由于自然实验法是在较自然的条件下进行的，所得到的结果比较接近于实际，并且该方法需要研究者有目的地改变或控制某些条件，因此相对主动和严密，所得到的结果也比较准确。

三、调查法

调查法是从大量被调查者中系统收集信息的方法。调查可以采用问卷调查和访谈调查等方法。

（一）问卷调查法

问卷调查法属于调查法的一种，它是由调查者根据研究内容的要求设计问卷，由被调查者填写问卷，然后由调查者汇总问卷并进行分析研究的一种方法。

问卷调查法要求被调查者回答问题要明确，表达要正确、实事求是。问卷调查法的优点是可以同时进行大规模的调查，缺点是问卷回收率低，对所回收的问卷答案的真伪判断较难，因为有些被调查者可能并没有认真对待问卷调查。

问卷调查法的用途非常广泛，它可以用来测量或衡量：过去、现在或将要发生的行为；相关的人口统计特征，如年龄、性别、收入、职业等；被调查者的知识水平或其对某一问题的了解程度；被调查者的态度和意见等。

1. 问卷类型

问卷可分为开放式问卷和封闭式问卷两种。所谓开放式问卷，是指提出问题，被调查者可自由回答的问卷。所谓封闭式问卷，是指事先编制了答题的选择范围及方式，被调查者不能自由回答的问卷。调查问卷中问题的主要形式如下。①填空式。如：请问你家有几口人？②是否式。如：你了解我们的公司吗？（了解/不了解）。③多项选择式。如：你购买××手机的主要原因是什么？（只选一种：A.质量保证；B.价格合理；C.功能齐全；D.服务完善）。

一般来说，调查问卷要以封闭式问题为主，辅以开放式问题。封闭式问题具有作答方便、省时省力、资料便于统计分析等优点，适用于大规模的问卷调查；但它难以取得丰富生动的资料，缺乏自发力和表现力，常常需要开放式问题来补充。开放式问题多用于探索式定性研究，给了被调查者较多的创造和发挥的空间，调查者可获得较深层次的信息；但其答案非标准化，难以统计分析，而且作答时间较长，容易引起被调查者的拒绝。

2. 问卷设计

问卷调查法的关键是问卷设计。设计一份好的问卷要按步骤回答以下问题。①基本范围。

需要收集哪些信息？向哪些人收集信息？②确定所问问题与内容。这一问题确实需要吗？被调查者能正确地回答这一问题吗？是否存在外部的事件使得被调查者的回答具有倾向性？③确定提问方式或形式。这个问题是以自由回答、多项选择，还是以非此即彼的形式提出来？④确定提问的措辞。所用的词语是否对所有的被调查者都只有一种含义？问题中是否隐含任何的备选答案？被调查者能从调查者所期待的参照角度回答这一问题吗？⑤确定问题的排列顺序。所有问题都是以一种合乎逻辑且避免产生偏差的方式排列的吗？换句话说，前后问题之间有没有矛盾的地方？⑥预试与修正。最终问卷的确定是否取决于运用少量样本的预试？预试中的应答者是否与最后要调查的被调查者相类似？

3. 设计问卷时应注意的问题

问卷设计是一项技术性很强的细致工作，涉及心理、语言、修辞、逻辑学等方面的知识，必须注意语言使用和提问方式对问卷调查的影响。具体来讲，设计问卷时应注意以下内容。首先，问题的语言要尽量简单，陈述要尽可能简短，概念要明确，不要使用模糊词句，如"普通""一般""很多""较少"就是非准确概念。其次，问题不能带有倾向性。如"大多数人都喜欢某某产品，你是否也喜欢该种产品"就容易诱导被调查者作出"喜欢"的回答。因此，在设计问题时要使用中立的提问方式，要使用中性的语言。再次，不要直接询问敏感性的问题。当被问及某些涉及个人隐私，如收入情况、人们对顶头上司的看法等问题时，人们往往具有一种本能的自我防卫心理，如果直接提问，往往会导致拒答率升高。因此，设计这些问题时最好采取间接询问的形式，并且语言要特别委婉。最后，问卷不宜过长，一般以被调查者能在 20 分钟内顺利完成为宜，答题时间最多不能超过 30 分钟。此外，简单易答、被调查者熟悉、容易产生兴趣的问题宜放在前面，被调查者生疏、不易作答、容易产生顾虑的问题宜放在后面；关于基本情况的问题宜放在前面，而关于态度、意见、看法的问题宜放在后面；开放式问题应放在问卷的最后。

（二）访谈调查法

访谈调查法是指调查者与被调查者进行面对面的有目的的谈话、询问，以了解被调查者的人格特征及其对所调查内容的态度倾向等的方法。

访谈可以分为结构式访谈和非结构式访谈两种。所谓结构式访谈，是指由调查者按事先拟好的提纲提出问题，被调查者按问题要求逐一回答，通过有目的、有计划的提问收集所需要的资料。它的优点是针对性比较强，调查的问题比较明确，节省时间。它的缺点是所提问题规范化程度比较高，可能会降低被调查者合作的积极性，或导致被调查者态度敷衍。所谓非结构式访谈，是指调查者事先不确定谈话的具体问题，有时甚至也不告诉被调查者谈话的目的，而是在总体目标范围内采取自然交谈的方式进行谈话。这样做的优点是谈话的气氛比较轻松，被调查者可以坦诚地说出自己的真实想法。但这种方法要求调查者有较强的把握目标的能力和谈话技巧。同时，对利用这种方法收集上来的资料进行归纳和整理也较困难。

访谈调查法可以涉及一名调查者和一名被调查者，也可以涉及一名调查者和多名被调查者。前者被称为一对一访谈，后者被称为集中小组访谈。在一对一访谈中，调查者要注意不能给被调查者任何压力或暗示，要使被调查者轻松、自然地回答问题，而不能有意识地影响其回答。标准的集中小组访谈通常涉及 8～12 名被调查者。一般来说，小组成员的构成应该能反映特定研究对象的特性。被调查者是根据相关的样本挑选出来的。小组讨论由一名主持人组织，主持人在 1～3 小时的讨论过程中一般试图完成以下三个阶段的任务：一是与小组成员建立起融洽关系，设定访谈目标；二是在相关领域引发热烈的讨论；三是试图总结小组成员的各种反应，以确定小组成员在基本观点上的一致程度。

访谈调查法具有灵活、准确、深入，以及问题更具开放性、调查数据更具个性等优点；其缺点是成本较高，缺乏隐蔽性，受调查者的访谈技巧影响大，记录困难，处理结果较难。

四、测验法

测验法是采用标准化的心理与行为测验量表或精密的测量仪器和材料来测量被试的各种心理和行为品质，如智力、个性、能力、兴趣等的研究方法。测验法有很多类型，但在测验时都要求使用相应的标准化测验工具。典型的标准化测验量表包括韦氏智力测验量表、卡特尔 16 种人格因素测验量表、明尼苏达多项个性调查表等。

使用测验法要特别注意两个基本要素，即测验的信度和效度。信度指的是测验工具的可靠性，即该测验工具是否能够一致无误地衡量相同的事物。在相似的测验条件下该结果具有可重复性表明其信度较高。假如要衡量一个人的智力，如果所用的智力量表可靠的话，那么任何人的智力分数在某一段时间内都应该维持相当稳定。

效度则是指研究或测验得到的信息精确地测量了研究者想要测量的东西，即数据搜集工具和某些重要的绩效标准之间必须有确实的关系存在。一个有效的实验意味着研究者能把研究结果应用到更大的范围。

一个好的量表必须同时具有高信度和高效度，二者缺一不可。

五、案例研究法

案例研究法是运用多种研究方法在较长的时间里连续对某一个体、某一群体或某一组织进行观察和调查，获取规范的信息和资料，以全面了解其行为发展变化过程的方法。案例研究法不是一种单一的研究方法，它综合了定性和定量分析，融问卷调查、访谈调查、实验、参与式观察、文献分析于一体，有助于对组织中的某一个体或群体进行全面而深入的了解和分析，具有很大的应用价值和现实意义。

案例研究法适用于现象与实际环境边界不清而且不容易区分，或者研究者无法设计准确、直接又具系统性的控制变量的情况，可回答"如何改变""为什么变成这样""结果如何"等研究问题。相对于其他研究方法，这种方法能够使研究者对案例进行翔实的描述和系统的理解，对动态的相互作用过程与所处的情境脉络加以掌握，以获得一个较全面的观点。案例研究法的不足在于它综合了众多研究方法以避免每种方法的缺陷，却使得整体特征不突出、个性不明显。此外，案例研究法没有一种标准化的数据分析方法，证据的提出和数据的解释具有可选择性，研究者在意见上的分歧以及研究者的其他偏见都会影响数据分析的结果。

六、投射技术

投射技术是指向被试提供一些含义模糊的材料，通过这些材料激发出被试潜意识中的感情和态度。投射技术常用来测量被试在一般情况下不愿或不能披露的情感、动机或态度，是"根据无意识的动机作用来探寻人的个性深蕴的方法"。

应用投射技术时，如果所需要的信息是涉及个人隐私的问题或者是较深层次的问题，可以让被试在一张卡通画上表达他的思想，或者给被试一个未完成的句子让他来完成，或者设定一个具体环境请被试回答他会把哪些人与这种环境联系在一起。因为这些问题并不是直接的，所以在每一种情况下，被试都更有可能表达出自己的真实感情。

常用的投射技术有很多，如角色扮演法、主题统觉测验（Thematic Apperception Test，TAT）等。例如，在角色扮演中，实验者向被试描述某种情境，然后让被试充当情境中的某一角色，并观察被试在该情境中的反应，从而取得实验结果。这是一种间接调查的方法，能让被试在不知不觉中流露出自己的真实动机和态度。

主题统觉测验属于个人测验，是美国心理学家 H. A. 默里于 1935 年设计的，可以用于了解被试的心理需要、矛盾及内心情感。该测验通过素描图像激发被试投射出内心的幻想和精神活动，无意中形成呈现被试内心和自我的 X 光片。全套测验工具包括 30 张内容隐晦的黑白图片，图片的内容以人物或景物为主。实际使用时，测验人员按被试的年龄、性别从 30 张黑白图片中选取 20 张图片，让被试根据图片自由陈述图片所代表的故事。测验中，测验人员不对被试所编故事的内容进行任何限制，但可事先提示被试故事必须涉及图示情境、意义、背景、演变及其个人感想五个方面。对被试所编故事进行的分析是以被试在每个故事中涉及的主题为核心的，这在默里的人格理论中是被假定反映个体的深层需要、欲望、矛盾、恐惧等状态的。该测验的目的在于引导被试通过自由陈述将其内心的情绪自然投注于故事，从而找出个人生活经验、意识、潜意识与其当前心理状态的关系。

 经典实验

为什么人们不喜欢速溶咖啡

20 世纪 40 年代后期，速溶咖啡作为一种方便饮料开始进入美国市场。让生产者和经营者始料不及的是，这种被他们认为方便、省时、省力、快捷、价格也适中的新商品并不受欢迎，问津者寥寥无几。而当他们直接问消费者不买速溶咖啡的原因时，大部分人的回答是不喜欢速溶咖啡的味道。但若深究下去，却没有人能说出速溶咖啡的味道与普通咖啡豆加工后的味道到底有什么不同。为此，生产者和经营者都感到很茫然。

美国加州大学的海尔认为，消费者没有回答拒绝购买速溶咖啡的真正原因，味道只是他们的托词，实际上是他们的潜在心理在起抵制作用。于是，海尔采用了间接的角色扮演法进行深入的调查。

在调查中，他首先制定了两种日常的购物清单。这两种购物清单中各开列数种食品，除咖啡一项外，其余项目完全相同。在咖啡一项中，一种购物清单写的是速溶咖啡，而另一种购物清单写的是新鲜咖啡豆。海尔制定的购物清单如表 1.2 所示。

表 1.2　购物清单

购物清单 A	购物清单 B
汉堡牛肉饼	汉堡牛肉饼
面包	面包
胡萝卜	胡萝卜
发酵粉	发酵粉
速溶咖啡	新鲜咖啡豆
桃子罐头	桃子罐头
土豆	土豆

在调查中，海尔把两种购物清单分别发给 A、B 两组各 50 名家庭主妇，要求她们描述按该购物清单买东西的家庭主妇的个性。调查结果发现，家庭主妇们认为，购买速溶咖啡的人一般是懒惰、邋遢、无计划、没有家庭观念的人，而购买新鲜咖啡豆的人被认为是有生活经验、勤俭持家、有家庭观念的人。被调查的家庭主妇们用消极的语言来描述速溶咖啡的购买者，这表明速溶咖啡在消费者心中的不良形象。因此，速溶咖啡不受欢迎并不是产品本身有问题，主要是由情感偏见造成的。

 本章小结

管理心理学是一门应用心理学科，它把心理学的理论、原则和方法运用于组织管理，通过研究组织中人的心理和行为规律来预测和控制组织中人的行为，以达到调动人的积极性，提高生产和工作效率，改善人际关系，增强组织功能的目的。管理心理学的相关学科有心理学、社会心理学、社会学、政治学等。管理心理学的研究内容主要包括个体心理、群体心理、组织心理、领导心理，分为个体、群体和组织三个研究层次。研究管理心理学的目的是提高组织的绩效和员工的满意度。研究管理心理学的方法有很多，本章主要介绍了观察法、实验法、调查法（包括问卷调查法、访谈调查法）、测验法、案例研究法和投射技术。

综合练习题[①]

一、填空题

1. _____把人看成"经济人"，忽视了人的社会性。

2. 管理心理学主要研究个体心理、群体心理、_____和领导心理。

3. 人的心理是一种动态的活动过程，即人脑对客观现实的反映过程。它包括认知过程、情感过程和_____。

4. 梅奥在 1933 年出版了_____一书，并在书中提出了人际关系学说，或称人群关系理论。

5. 现代心理学的三大学派为弗洛伊德创立的精神分析心理学、华生创立的行为主义心理学和以马斯洛为代表的_____。

二、不定项选择题

1. 真正意义上的管理心理学产生于（　　）的美国。
   A. 20 世纪 20 年代　　　　　　　　　　B. 20 世纪 30 年代
   C. 20 世纪 40 年代　　　　　　　　　　D. 20 世纪 50 年代

2. 实验法有两种形式，包括（　　）。
   A. 现场实验法　　　B. 实验室实验法　　　C. 自然实验法　　　D. 投射实验法

3. 心理现象分为心理动力、（　　）四个方面。
   A. 心理过程　　　B. 心理状态　　　C. 心理活动　　　D. 心理特征

4. 心理学把这种自觉地确定目的，并为实现目的而有意识地支配和调节行为的心理过程称为（　　）。
   A. 认识过程　　　B. 情感过程　　　C. 行为过程　　　D. 意志过程

5. 心理特征就是人在认知、情感和意志活动中形成的那些稳固而经常出现的意识特性，主要包括能力、（　　）。
   A. 气质　　　　B. 情绪　　　　C. 性格　　　　D. 态度

6. （　　）是行为主义心理学的创始人。
   A. 弗洛伊德　　　B. 华生　　　C. 马斯洛　　　D. 泰勒

7. （　　）是有目的地严格控制或创设一定的条件，人为地引起某种心理现象，从而对它进行分析研究的方法。
   A. 实验法　　　B. 问卷调查法　　　C. 访谈调查法　　　D. 观察法

8. 标准的集中小组访谈通常涉及（　　）名被调查者。
   A. 4～8　　　B. 8～12　　　C. 12～16　　　D. 16～20

三、判断题

1. 观察法一般适用于行为发生在相对较短的时间跨度里的情况。　　　　　（　　）

2. 霍桑实验假定生产条件是增加生产的第一要素。　　　　　　　　　　（　　）

---

① 对于超范围习题，建议同学通过查询资料或借助网络获取正确答案。

管理心理学（附微课　第2版）

3. 研究管理心理学的目的有两个：提高组织的绩效和提高员工的满意度。   （   ）

4. 一般来说，问卷调查法要以封闭式问题为主，辅以开放式问题。   （   ）

四、简答题

1. 简述霍桑实验的主要结果。

2. 什么是结构式访谈法？结构式访谈法有哪些优缺点？

3. 设计问卷时应注意的问题有哪些？

4. 什么是投射技术？如何运用投射技术？

五、思考题

1. 以实例说明组织内员工满意和高绩效之间的关系。

2. 谈谈你对员工适合度的认识。

六、案例分析题

案例分析题原文

扫描二维码阅读案例，并回答以下问题。

（1）该案例涉及本章的哪些知识点？请举两例说明。

（2）你如何评价公司人员管理的四张表格？

第二章 知觉与个性

学习目标

通过本章的学习，你应该达到以下目标。

知识目标：了解知觉与个性的主要内容与基本理论。

技能目标：能够依据管理心理学的个性理论来测评人的个性类型。

能力目标：具有把握人的个性特点的能力。

案例导读

阿里巴巴的员工个性化管理

（中华品牌管理网 2019-03-19）阿里巴巴成功的背后，是数万名员工的付出与贡献，而阿里巴巴的人力资源管理在其中起了很大的作用。目前，阿里巴巴的 HR 组织变革正在将管理重心转移到与业务结合紧密的员工个性化管理上来。伴随互联网时代而来的大数据将帮助 HR 调整工作方式，适应这样的改变。利用大数据可以帮助企业更注重员工的个性化差异，将员工真正当成资源，给他们更好的平台，并在有项目时快速地找到合适的人才，高效地组建团队，从而获得更高的效益。

根据员工的不同偏好，阿里巴巴划分了三个职业序列（S，P，M），使性格不同、对自己规划不同的员工都能够满意。例如，有的员工希望平衡工作和生活，按部就班，能有时间多照顾家庭，不愿意接受太多挑战、承受太多压力，那么他可以选择去做 S 序列的工作。S 序列是标准工作的序列，员工只需按照现有的方式做事就行了。有的员工很擅长和人沟通，并不喜欢对着机器做事情，那么他可以选择去做 M 序列的工作。

上述案例表明，个性化管理就是注重员工的个性，对不同个性的员工采取不同的管理措施。古语说得好："尺有所短，寸有所长。"企业管理考虑人的因素，一方面体现了企业对员工的关怀与关爱，另一方面也能充分发挥员工的积极性和主观能动性，让员工快乐地工作，让员工感到自己和企业是战略合作伙伴关系，形成共赢的局面。在本章，我们将介绍知觉与个性，主要包括知觉的特性、社会知觉、自我知觉以及个性理论和个性心理特征等内容。

第一节 知 觉

知觉是影响个体行为的重要心理因素之一。对现实世界的知觉是个体行为的基础，它影响着个体在不同情境下的行为方式。

知觉（perception）是个体为了对自己所在的环境赋予意义而解释感觉印象的过程。人们的行为是以他们对现实的知觉为基础的，而不是直接以现实本身为基础的。现实要经过人的精神世界这个中介来影响人的行为，所以研究知觉对理解组织行为非常重要。现实生活中，在对绝大多数问题的看法上，人们无法取得一致意见，面对相同的事物，不同的个体会产生不同的知觉。知觉的形成既需要来自外界的信息资料，又需要个人原有知识、经验、态度、情绪等主观因素的参与，二者共同完成知觉过程。影响知觉的因素如图 2.1 所示。所以，现实生活中就会出现"仁者见仁，智者见智"的现象。下面我们就来探讨人们眼中的世界各不相同的部分原因。

一、知觉的特性

（一）知觉的选择性

作用于人的客观事物是丰富多彩、千变万化的。但人不可能清楚地感知到某客观事物的全部信息，也不可能对所有的客观事物都做出反应，而总是有选择地以少数客观事物作为知觉的对象。对于这些客观事物，人们的印象会格外清晰；而对于周围其他的客观事物，人们的印象则比较模糊，这些模糊的客观事物就成了背景。这种现象被称为知觉的选择性。知觉的这种特性有两种价值：一是自我保护，因为人的心理承受力是有限的，人如果对感觉器官所接收到的所有信息都加以处理，那将超出人的心理承受力，出于自我保护，

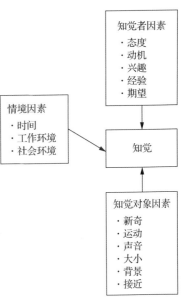

图 2.1　影响知觉的因素

人会对来自外界的信息进行选择；二是生存价值，这种选择带有指向性，有利于个体在环境中生存。知觉的这种特性使我们能够快速地"阅读"他人，但同时也有使信息失真的风险。因为常常出现的结果是，我们看到了我们想看到的东西，从而使我们从模棱两可的情境中得出没有根据的结论。例如，你听说某领导不喜欢你，当这位领导在办公会议上不点名地批评某种现象时，你就会认为他是在含沙射影地批评你。

视野拓展

为什么臭豆腐闻着臭，却有很多人喜欢吃？

对象和背景的分化是知觉最简单、最原始的形式。人对对象和背景的知觉是不一样的，对象似乎在背景的前面，轮廓分明、结构完整；背景可能没有确定的结构，它在对象的后面起着衬托作用，如图 2.2 所示。

对象和背景的关系不是一成不变的，而是可以依据一定的主客观条件，经常相互转换的。例如，当客人与服务员交谈时，服务员讲的话是客人知觉的对象，而周围的其他声音则成为这种对象的背景；如果这时候客人听到周围其他人正在讨论他很感兴趣的一个话题，他就会把注意力转移到周围其他人谈话的内容上，这时，周围其他人说的话就成了这位客人知觉的对象，而服务员讲的话便成了这种对象的背景。

图 2.2　对象和背景

知觉对象和背景的关系也可以用双关图（如图 2.3 所示）来说明。在看这种图时，对象和背景可以迅速地转换，对象能变成背景，背景也能变成对象。

把知觉对象从背景中分辨出来，客观上受到许多条件的影响。这些条件主要有以下几种。

1. 对象与背景的差别

对象与背景的差别越大，对象越容易从背景中突显出来。在颜色、形状、亮度等对比强烈的情况下，对象更为醒目；反之，对象与背景差别小，则难以区分。例如白纸黑字、绿叶红花，由于对比强烈而使对象容易被分辨出来。

（a）你看到的是花瓶还是人脸？　　　　　　（b）你看见了什么？

图 2.3　对象和背景的双关图

2. 对象的运动

在固定不变的背景上，运动的物体比不动的物体更容易成为知觉对象。例如，夜晚忽闪忽灭的霓虹灯容易引起人们的注意，成为知觉对象。

3. 对象的组合

对象各部分的组合也影响着对象各部分的辨识度。对象的组合有两种方式：接近组合和相似组合（如图 2.4 所示）。接近组合是指彼此接近的事物比相隔较远的事物更容易组成对象。无论是空间的接近还是时间的接近，接近的事物都倾向于组成一个对象。另外，性质相同或相似的事物也容易被组合在一起，成为知觉对象。人们会把在组织中连续发生的事件看成是有因果联系的，而对于一些有相似背景的人，人们倾向于把他们归为一个帮派。

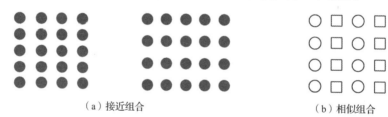

（a）接近组合　　　　　　　　　　　（b）相似组合

图 2.4　对象的组合

案例 2-1

人是主观的还是客观的

戴尔本和西蒙做过这样的研究：请某乐器厂的 23 名经营人员阅读一个描述一家钢厂的组织和活动的综合案例。其中有 6 人负责销售工作，5 人负责生产工作，4 人负责财务工作，8 人负责总务工作。当让每个人写出自己认为这一案例中最重要的问题是什么时，负责销售工作的人中有约 83% 的人认为销售问题最重要，而其他人中只有约 29% 的人持同样的观点。

（二）知觉的理解性

人的知觉并不是一个被动的过程；相反，人的知觉是一个非常主动的过程。它根据主体的知识经验，对感知的刺激物进行加工处理，并以概念的形式把它们表示出来。知觉的这种特性就叫知觉的理解性。

理解在知觉中起着重要作用。首先，理解使知觉更为深刻。人在知觉一个事物的时候，与这个事物有关的知识经验越丰富，对该事物的知觉就越富有内容，对它的认识也就越深刻。例解使知觉更为精确。例如，不懂外语的人听初学者说外语，只能听到一些音节，根本听不出他的外语讲得正确与否；而外语熟练的人不仅能听出他讲得是否正确，甚至连发音的细微差异、修辞的恰当与否都能辨别出来。最后，理解能提高知觉的速度。例如，我们在看报纸或杂志时，如果内容简单而又熟悉，就常可"一目十行"。

知觉的理解性受到很多因素的影响。一是语言的指导作用，在知觉对象不太明显时，语言指导有助于对知觉对象的理解；二是实践活动的任务，人的活动任务不同，人对同一对象的理解可能不同，产生的知觉效果也就不同；三是情绪状态，面对同一事物，情绪状态不同，人对它的理解就不同。例如，当我们心情愉快地开始一天的生活时，我们在这一天中好像总是能看到事物好的一面；而我们如果心情抑郁，总是看什么都不顺眼。个人的特殊经历对他如何看待所面对的事物也有影响。一个自我奋斗起家的领导者会特别欣赏有独立奋斗精神的员工，而可能会反感利用自身的背景优势寻求利益的人。

（三）知觉的整体性

知觉对象是由刺激物的部分特征或属性组成的，但人们不把它感知为个别的孤立的部分，而总是把它知觉为一个统一的刺激情境。甚至当刺激物的个别属性或个别部分直接作用于人的时候，人们也会对这一刺激物产生整体的知觉印象。

当客观事物具有连续、闭合趋势等特点，或有大组合趋势时，如图 2.5 所示，人们容易将其知觉为一个整体。

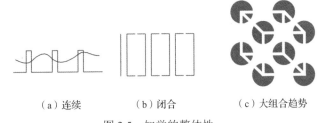

（a）连续　　　　（b）闭合　　　　（c）大组合趋势

图 2.5　知觉的整体性

知觉之所以具有整体性，一方面是因为刺激物的各个部分和它的各种属性总是作为一个整体对人产生作用；另一方面是因为在把刺激物的几个部分综合为一个整体进行知觉的过程中，过去的知识经验常常能提供补充信息，这使知觉的效率更高。对于从远处走来的熟人，我们虽然看不清他的面孔，但可以凭借身体外形、走路姿势和其他线索将其辨认出来。

知觉的理解性和整体性通常无法严格区分，它们共同发挥作用。用这种见微知著、一叶知秋的方法处理组织内常规事务时效果好、效率高；但在处理非常规事务时容易使人犯经验主义错误。

（四）知觉的恒常性

当客观条件在一定范围内改变的时候，我们的知觉却在相当程度上保持着稳定性，这就是知觉的恒常性。

在视知觉中，知觉的恒常性表现得特别明显。对象的大小、形状、亮度、颜色等印象与客观刺激的关系并不完全遵从物理学规律。在亮度和颜色知觉中，物体固有的亮度和颜色倾向于保持不变。例如，无论是在强光下还是在黑暗处，我们总是把煤看成黑色，把雪看成白色。实际上，强光下煤的反射亮度远远大于暗光下雪的反射亮度。

知觉的恒常性受到很多因素的影响，其中最主要的是过去经验的影响。知觉的恒常性不是人生下来就有的，而是后天学来的。在非洲某地，有一些土著人住在原始丛林中，他们从来没有看到过离他们超出 400 米远的东西。被带出森林后，他们竟把远处的牛说成是虫子，更不相信远处那么"小"的船能装那么多"真正的"人。这说明在距离超过了这些土著人的过去经验的范围后，他们没有一般人在这个距离上所具有的知觉的恒常性。

二、错觉

错觉是对外界事物的不正确的知觉。在一定条件下，人在知觉事物的时候，会产生各种错觉。这些错觉包括以下几种。

1. 图形错觉

图形错觉是视错觉的一种。这种错觉的种类很多，下面仅举几例。

（1）垂直水平错觉。垂直线与水平线长度相等，但大多数人认为垂直线比等长的水平线要长，如图 2.6（a）所示。

（2）缪勒-莱依尔错觉。两条等长的线段，由于附加在两条线段两端的箭头方向不同，箭头向内的线段似乎比箭头向外的线段长一些，如图 2.6（b）所示。

（3）线条的影响。平行线受到交叉线条的影响，仿佛改变了方向，显得不平行了，如图 2.6（c）所示。

（a）垂直水平错觉　　（b）缪勒-莱依尔错觉　　（c）线条的影响

图 2.6　图形错觉

（4）对比错觉。性质相反或情况相反的各种事物，由于对比的作用，可能会引起错觉。例如，准备两杯水，一杯水加一勺盐，另一杯水是普通白水；先喝盐水，然后喝白水，你会觉得白水非常新鲜且好喝。

（5）对形体上下部的错觉。我们看形体时总是把它的上部知觉得过大。印刷数字 3 和 8 看起来似乎上下部等大，可倒过来看，你就会觉得 3、8 的上半部比下半部小。

（6）由空虚和充实引起的错觉。两个同样大小的房间，由于陈设多寡的不同，看起来大小不一样。在生活中，如果两段路的距离是一样的，一段路两侧有许多建筑物或其他可供观赏之物，你就会觉得路程短；另一段路的两侧是空旷的，你就会觉得路程长一些。

2. 时间错觉

人总是通过某种衡量时间的媒介来反映时间。这里的媒介可能是自然界的周期性现象和其他客观标志，也可能是机体内部的一些生理状态。由于心理状态和情境的影响，人们也会产生错误的时间知觉。

绝大多数人都有过"等人"的经历，长时间的等待令人头痛不已，心情也极度糟糕。如果一边等人一边看书或听音乐，人们就会觉得时间过得也挺快的。这是由于人们在看书或听音乐时，分散了对时间的注意，实现了对时间从有意注意到无意注意的转换，从而出现了"时间过得挺快"的错觉。在很多商场里我们都能听到音乐，但大多数商场都不知道音乐到底该怎样播放。音乐对人的情绪的影响是很大的，音乐的节奏、音量的大小都会影响顾

视野拓展

有趣的错觉

客和营业员的心情。顾客和营业员的心情好，就能避免很多不必要的矛盾和冲突，就能出现很多商机，就能取得更高的社会效益和经济效益。如果在顾客数量较少时播放一些音量适中、节奏较舒缓的音乐，不仅能使顾客和营业员的心情更加舒畅，而且能放慢顾客的行动节奏，延长顾客在商场的停留时间，提高顾客随机购买的概率，也能使营业员的服务更加到位。如果在顾客人数较多时播放一些音量较大、节奏较快的音乐，不仅会使顾客与营业员的行动节奏随着音乐的节奏而加快，还会提高顾客的购买概率和营业员的服务效率，避免由人多、效率低引起的心情不好、矛盾冲突增多的情况出现。

3. 其他错觉

其他错觉有以下几种。

（1）形重错觉。一千克铁同一千克棉花的物理质量是相等的，但是，人们手持它们加以比较时，会觉得铁比棉花重。

（2）大小错觉。初升或将落的太阳和月亮，看起来总比它们在我们头顶上时要大一些。这种错觉产生的原因是初升或将落的太阳和月亮是同树木、房屋相比较的，而头顶上的太阳和月亮是同辽阔的天空相比较的。

（3）方位错觉。在海上飞行时，由于水天连成一片，失去了自然环境中的视觉参考标志，飞行员很容易产生"倒飞错觉"，即虽然飞机实际上是正飞的，但飞行员感觉是倒飞的。这时飞行员要靠仪表来判定飞机的状态，否则易造成倒飞入海的事故。

（4）运动错觉。乘火车长途旅行，在下车后的一段时间内，如果躺在床上，你还会觉得房间似火车车厢一样在运动。再比如，在桥上俯视桥下的流水，久而久之你就会觉得身体和桥好像在摇动。

三、影响知觉的因素

知觉是人对刺激物的感知过程，必然会受到刺激物本身特点和知觉者本人特点的影响。因此，影响知觉的因素主要包括客观因素和主观因素。

（一）客观因素

具有以下特性的对象，容易引起人的知觉。

1. 具有较强特性的对象

城市中奇特的建筑、山谷中飘忽的云海、群山中挺拔入云的峰峦、一望无际的蓝天等，由于其特性对人有较强的刺激作用，因而容易引起人的知觉。

2. 反复出现的对象

重复次数越多的对象越容易被人们知觉。人们多次看到某品牌的广告和宣传材料，或者经常听到某品牌的信息，由于信息反复出现、多次作用，人们会对该品牌产生较为深刻的知觉印象。

3. 运动变化的对象

在相对静止的背景上，运动变化着的事物容易成为知觉对象。倾泻的瀑布、奔驰的列车、闪烁的霓虹灯等都容易成为知觉对象。

4. 新奇独特的对象

在一群穿着普通服装的人中，一个穿着奇装异服的人就很容易被知觉。另外，令世人称奇的万里长城、秦兵马俑等都能引起人们的格外注意。

（二）主观因素

知觉不仅受客观因素的影响，也受主观因素的影响。主观因素是指知觉者的心理因素。人是具有不同心理特征的知觉者，感知相同的客观事物时，不同的人的知觉过程和知觉印象是不同的。影响知觉的主观因素主要有以下几个。

1. 兴趣

人的兴趣不同常常会导致知觉选择上的差异。一般的情况是，对于感兴趣的事物，人们往往首先感知到；而对于毫无兴趣的事物，人们往往将其排除在知觉之外。

2. 需要与动机

不同的需要与动机也在很大程度上决定着人们的知觉选择。能够满足人的某些需要和符合其动机的事物，通常能成为知觉者的知觉对象和注意中心；反之，不能满足人的需要和不符合其动机的事物，则通常不为人所知觉。例如，如果有人外出旅游的目的是显示自己的社会地位，那么，他们对那些能彰显社会地位的饭店及其服务项目和方式就会特别关注。

3. 个性

个性是影响知觉选择的因素之一。例如，不同气质类型的人，其知觉的广度和深度是不一样的。多血质的人知觉速度快、范围广，但不细致；黏液质的人知觉速度慢、范围较窄，但比较深入细致。

4. 情绪

情绪是人对那些与自己的需要有关的事物和情境的一种特殊的反映，对人的知觉有强烈影响。例如，当人处于愉悦的情绪状态时，他看每样东西都是美好的；但当人心情不佳时，他就会对周围的事物失去兴趣，且容易与他人发生冲突。

5. 经验

经验是从实践活动中得来的知识和技能，是对客观现实的反映，是人们行为的调节器。有经验的消费者能从企业所提供的各种产品和服务中知觉到更多的东西，而不成熟的消费者就可能很茫然。

 课程思政

一双芭蕾脚的震动

2015 年，华为启动了一次全球传播活动。在这次活动中，华为并没有使用自己设计的图片，而是挑选了一幅以"芭蕾脚"为主体的摄影作品作为传播素材（如图 2.7 所示）。

这张照片极具冲击力，尤其是伤痕累累的右脚，让人印象深刻。这张照片是美国摄影艺术家亨利·路特威勒的摄影作品。任正非在看到这张照片时非常感动，认为它正是当下华为的真实写照，于是将这张照片买下，并以此作为华为的广告素材，其文案"我们的人生，痛，并快乐着"体现了任正非对公司的认知。

图 2.7 "芭蕾脚"

在 2015 年冬季达沃斯论坛上的讲话中，任正非说："我们成长的年限太短，积累的东西太少，我们得比别人多吃一点儿苦，所以我们这有一只是芭蕾脚，一只很烂的脚。华为的人，痛，并快乐着，华为就是那么一只烂脚。"

华为使用摄影师的作品"芭蕾脚"作为广告素材,与自己的企业精神相结合,以此激发大众情感,引发了巨大争议,但它也的确代表了华为的文化。

2018 年 12 月 11 日,被加拿大拘押近 10 天的华为 CFO 孟晚舟获得保释。当晚,孟晚舟发朋友圈,并在"芭蕾脚"照片上配上了罗曼·罗兰的名言:伟大的背后都是苦难。

美国对中国的敌视,任正非的冷静应对,孟晚舟的沉着和大气,诸多情绪通过这张照片得到释放,这张照片不仅成为华为反击的象征,更成为中国反击的象征。大众纷纷转发这张照片支持华为。

四、社会知觉

从个体知觉的对象来看,我们可以把知觉划分为对物的知觉和对人的知觉。对物的知觉和对人的知觉都遵循知觉的一般规律。但是在遵循这些一般规律的基础上,对物的知觉和对人的知觉又表现出各自的特殊规律。这主要表现在人们在知觉别人时并不是停留在被知觉者的面部表情、身体姿态和外部行为上,而是要根据这些外部特征了解他的内部心理状态,要了解他的动机、意图、观点、信念、个性特点等。这是对人的知觉与对物的知觉的根本不同之处。

一般来说,对人的知觉即社会知觉。"社会知觉"的概念最初是由美国心理学家布鲁纳(Bruner)在 1947 年提出的,用以表示他对知觉的一种新观点,其主要含义是知觉过程受社会因素的制约。后来,这个概念在社会心理学中有了新的含义,其内容是社会知觉是对社会对象的知觉。社会对象应包括个人、社会群体和大型的社会组织。社会心理学文献使用了"社会知觉"的这一含义。从这种意义上来说,社会知觉包括广泛的内容。它不仅包括个人对个人的知觉,而且包括个人对群体的知觉、群体对个人的知觉、群体对群体的知觉以及对个人间和群体间关系的知觉。我们重点讨论个人对个人的知觉。

对人的知觉依赖于多种因素,如认知主体、认知客体及环境等。从认知主体的心理方面来看,对人的知觉存在一些社会知觉误区,也就是社会知觉错误。它们的存在容易使社会认知产生偏差。

社会知觉误区主要有以下几个。

(一)第一印象

第一印象是在首次接触陌生人时所获得的印象。由于双方首次接触,总有一种新鲜感,交往时都很注意对方的外表、语言、动作、气质等。因此,第一印象的产生,主要是感知对方的容貌、表情等外在的东西。

在人际交往中,第一印象起着十分重要的作用,并常常成为以后是否继续交往和怎样交往的依据。虽然人们都知道仅靠第一印象来判断人常常会出现偏差,可实际上每个人都不可避免地受到第一印象的影响。

美国心理学家沃尔斯特(Walster)以明尼苏达大学新生为实验对象,举行"计算机舞会"。他使用计算机为大家随机安排舞伴,并要求大家不得交换舞伴。中间休息时,他要求新生们填写一个问卷,以了解每个人对其舞伴的印象。他得出的结论是,喜欢对方乃至想进一步与其约会的原因只有一条——喜欢对方的外表。

了解第一印象的作用有实际意义。一方面,管理者在看待别人时要尽量避免受第一印象的影响,以免对人产生错误的看法;另一方面,管理者也应注意在员工中留下良好的第一印象,这样做显然对以后的管理工作是有利的。

情境模拟训练

第一印象靠谱吗

1. **训练目标**

让参与者有机会了解只依靠直觉作判断会有多大的威力以及可能带来的风险。

2. **活动设计**

随机或通过小游戏将参与者两两配对（陌生人组成团队时可照此进行，班内同学如已比较熟悉，可请最不熟悉的人两两配对），双方互相介绍姓名。然后，每个人根据对对方的第一印象用2～3分钟的时间猜想对方18岁的时候是什么样子，在做一些什么样的事情。描述结束后，被描述方要对描述进行评价，说出描述的准确性如何，对正确和错误的部分进行讲解。双方完成后，所有人重新配对继续按上述步骤进行活动，大约进行3轮为宜。

相关讨论：

（1）你认为自己留给他人的第一印象与实际有多大的差别？

（2）在与人初次见面时，你该如何给他人留下良好的第一印象？

（二）晕轮效应

晕轮效应是指由对象的某些特征推及对象的整体特征，从而丑化或美化对象的现象。就像月晕一样，由于光环的虚幻作用，人们看不清对方的真实面目。如果一个人被标明是"好"的，他就会被一种积极肯定的光环笼罩，并被赋予一切好的品质；如果一个人被标明是"坏"的，他就会被一种消极否定的"光环"笼罩，并被认为具有各种坏的品质。

 视野拓展

麻省理工学院的实验——晕轮效应

美国心理学家凯利（Kelly）利用麻省理工学院的两个班级的学生分别做了一个实验。上课之前，实验者向学生宣布，临时请一位研究生来代课，接着告知学生这位研究生的一些情况。实验者向一个班的学生介绍这位研究生具有热情、勤奋、务实、果断等品质，向另一个班的学生介绍的信息除了将"热情"换成了"冷漠"之外，其余各项都相同。两个班的学生对此完全不知情。两种介绍效果所体现的差别是，下课之后，前一个班的学生与这位研究生一见如故，亲密攀谈；另一个班的学生却对他敬而远之，冷淡回避。可见，仅仅是介绍中的一词之别，就可影响一个班的学生对这位研究生的印象。学生们戴着有色眼镜观察这位研究生，而这位研究生被罩上了不同色彩的晕轮。

晕轮效应与第一印象一样普遍。它们的主要区别在于：第一印象是从时间上来说的，由于前面的印象深刻，后面的印象往往成为前面印象的补充；而晕轮效应是从内容上来说的，由于对对象的部分特征印象深刻，这部分印象会泛化为全部印象。所以，晕轮效应的主要特点是以偏概全。

微视频

投射效应

晕轮效应的产生往往是人们在掌握有关知觉对象的信息很少的情况下作出总体判断的结果，这也是在日常生活和工作中常见的社会心理现象。了解和研究晕轮效应有助于避免自己在看待别人时产生偏见，也有助于了解其他人产生这种偏见的根源。

（三）投射效应

投射效应是指将自己所具有的某些特质加到他人身上的心理倾向。心理学研究发现，人们在知觉他人时的一种倾向是乐于从自己出发去假设别人，用自己的好恶来推断别人，常常不自觉地把自己的心理特征（如个性、好恶、欲望、观念、情绪等）加注到别人身上，认为别人也具有同样的特征，也就是将自己的需要、情感等投射到他人身上。古语"以小人之心度君子之腹"，即反映了投射效应。

由于投射效应的存在，我们常常可以通过一个人对别人的看法来推测这个人的真正意图或心理特征。

（四）心理定式

心理定式是指人在认识特定对象时心理上的准备状态。也就是说，人们在对人产生认知之前，就已经将对方的某些特征先入为主地存于自己的意识中，这使知觉者在认识他人时不自主地处于一种有准备的心理状态。这种心理准备状态极大地影响着人们的心理和行为。先入为主就是心理定式的一种表现。人的经验越丰富，自信心越强，这种现象就越明显。

心理定式的产生，首先与知觉的理解性有关。在知觉当前事物时，人们总是根据以往的经验来理解它，并为随后要知觉的对象做好准备。例如，在日常生活中，当你觉得某人是个好人时，一旦发生了一件好事，你就会把这件事和这个人联系起来；同样，如果你不喜欢某人，觉得他是个坏人，那么一旦出现了一件不好的事，你就会把这个人和这件事联系起来。

人们的心理定式大多是在个人生活经验中形成的，是应对某类问题情境屡次成功的结果。它在通常情况下是有效的，但在一些特殊情况下可能变成有效解决问题的障碍，使人失去灵活性，人会因此变得机械盲目，却不自知。

例如，有些酒店在招聘员工时不喜欢雇用那些有经验的、从事过酒店工作的人。原因就是这些人带有过去的经验和习惯的工作方式，适应新的环境、新的工作方式较难，改变起来也较难。创业的人常常难以守业，马上得天下者会因为马上治天下而失去天下，"成也萧何，败也萧何"就是这种现象的体现。权变是管理的灵魂，每一个管理者都要牢记这一点。

 经典实验

心理定式

心理学家卢钦斯在纽约大学所做的著名实验说明了心理定式这种现象的存在。该实验要求被试计算同性质的一组算术题，用不等容量的水桶量出定量的水，这个问题对于中小学生来说很熟悉（如表 2.1 所示）。A、B、C 各列均代表水桶容量，D 列代表所要求水量（单位是加仑，1 加仑 ≈ 3.79 升）。实验总共设置了 11 道题，第 1 题是例题。实验开始时，由主试说明第 1 题的做法：先将 A 桶装满水，然后由从 A 桶中倒出 3 个 B 桶的水量，即得到 D 要求的水量。换成数字计算式为 29-3-3-3=20；若以代数式表示，即为 $D=A-3B$。讲完例题之后，主试要求被试以同样的方法求解以下各题。每题半分钟，逐题进行，直到全部做完。

该实验对象包括从小学生到研究生共 2709 人。这里仅以大学生的实验及其结果为例进行说明。该实验分实验组（79 人）与控制组（57 人）两组，两组的区别只在于解题数量的多少。实验组从第 2 题开始，逐题求解，一直做到第 8 题；控制组则只做第 2、第 7 与第 8 题，共三道题。实验这样设计是基于以下假设：

表 2.1 心理定式实验用题

单位：加仑

题　号	水桶容量			所要求水量
	A	B	C	D
1	29	3	8	20
2	21	127	3	100
3	14	163	25	99
4	18	43	10	5
5	9	42	6	21
6	20	59	4	31
7	23	49	3	20
8	15	39	3	18
9	28	76	3	42
10	18	48	4	22
11	14	36	8	6

通过较多的练习得出公式以后，人应变的认知思考力会减弱。实际上，表2.1中第2～11题的内容，全部可用 $D=B-A-2C$ 的代数式（间接法）求得正确答案；但其中第7、第8题两道题，却有更简便的求解方式（直接法），分别为 $D=A-C$，$D=A+C$。实验结果如表2.2所示。

表2.2　心理定式实验结果

组　　别	人　　数	采用间接法获得正确答案者/%	采用直接法获得正确答案者/%	方法错误者/%
实验组	79	81	17	2
控制组	57	0	100	0

实验结果支持了原来的假设。可见，以套公式的练习方式获得的经验，在新情境中解决问题时，可能会对人的心智活动起阻碍作用。

（五）刻板印象

刻板印象指的是社会上部分人对某类事物或人物所持的共同的、笼统的、固定的看法和印象。这种印象不是一种个体印象，而是一种群体印象。例如，人们一般认为青年人有热情、敢创新而易冒进，老年人深沉稳重而倾向于保守。

微视频
刻板印象

一方面，刻板印象有助于人们对众多的人的特征做概括了解。因为每一类人都会有一些共同特征，运用这些共同特征去观察每一类人中的个别人，有时确实是知觉别人的一条有效途径。另一方面，刻板印象具有明显的局限性，会使知觉产生偏差。因为每一类人中的每个人的具体情况不同，而且每一类人的情况也会随着社会条件的变化而变化。因此，在人际交往中，面对来自不同国家和地区的人时，除了了解他们的共同特征之外，还应当注意不要受刻板印象的影响，进行具体的观察和了解，并且注意纠正错误的、过时的观念。

在现代企业管理中，刻板印象常常表现为文化偏见，如某些西方的管理者会倾向于认为东方人保守，不适合承担创造性工作等。

（六）期望效应

期望效应也称为皮格马利翁效应。皮格马利翁是希腊神话中的塞浦路斯国王，精于雕刻。由于他强烈地爱上了自己所雕的大理石少女像，爱神阿佛洛狄忒见他感情真挚，就赋予雕像生命，两人最终结为夫妻。期望效应是指在生活中人们的真心期望常常会变成现实的现象。

期望效应对人际交往有借鉴意义。大家在与人交往的过程中要真心尊重、喜欢对方，只有这样才能形成人际交往的良性循环，使人际关系向着自己所期望的方向发展。相反，有些人内心既不尊重他人，也不喜欢他人，尽管他们强制自己不表现出来，但总会在无意之间流露出来，一旦被对方感觉到，结果是可想而知的。管理者要想让员工努力工作，就要真心喜欢他们并且认为他们都是好样的；要想与周围同事搞好关系，自己首先要喜欢他们，与人为善。

 经典实验

期望心理实验

1968年，美国心理学家罗森塔尔和雅各布森来到一所小学，他俩从一至六年级中各选了三个班，在这18个班的学生中进行了一次煞有介事的"发展测验"。然后，他俩以赞美的口吻将有优异发展可能的学生名单告知有关老师。名单中有些学生在老师的意料之中，有些却不然，有些甚至是水平较低的学生。对此，罗森塔尔做了解释："请注意，我讲的是发展，而非现在的情况。"于是老师们从内心接受了这份名单。罗森塔尔叮嘱老师不要把名单外传，只准老师自己知道，否则就会影响实验结果的可靠性。八个月后，他俩又来到这所学校，对18个班的学生进行复试，结果出现在他们提供的名单上的学生的成绩有了显著提高，而且性格更为开朗，求知欲强，敢于发表意见，与老师的关系也特别融洽。

这到底是怎么一回事？原来这是罗森塔尔和雅各布森进行的一次期望心理实验。他们提供的名单上的学生是随机抽取的，根本没有考虑学生的知识水平和智力水平。他们通过"权威性的谎言"暗示老师，坚定老师对名单上学生的信心，调动了老师独特的情感，虽然老师始终把这份名单藏在心里，但掩饰不住的感情仍然通过眼神、笑貌、音调滋润着这些学生的心田，实际上老师扮演了皮格马利翁的角色。学生潜移默化地受到影响，变得更加自信、自爱、自尊、自强，变得更加幸福和快乐，变得奋发向上。

（七）效果性偏见

效果性偏见是指那些鲜明的、更容易形象化的事件，与那些较难形象化的事件相比，会被认为是较容易发生的。人们从一条一般公理中演绎出一个具体的例证是很慢的，但是从某一个鲜明的例证中归纳出一条一般公理是非常迅速的。

深入研究发现，小说、电影和电视剧中的虚构情节会给人们留下深刻印象，深深地影响人们随后的判断。读者（观赏者）越是全神贯注和情绪激动，相关情节对他的影响就越大。这也正应了一句话——大部分人的推理都是戏剧化的，而不是定量的。

效果性偏见可以解释为何生动的奇闻逸事通常会比统计数据更引人注目，以及为何感知到的风险与真实的风险之间总是差距很大。例如，人们觉得乘飞机要比乘汽车危险，就是因为飞机失事事件给人的印象太深刻了。

五、自我知觉

（一）自我知觉的概念

自我知觉是指一个人通过对自己行为的观察而形成的对自己心理状态的认识。人不仅在知觉别人时要通过其外部特征来认识其内在的心理状态，同样也要这样来认识自己的行为动机、意图等。

自我知觉是自我意识的重要组成部分，随着个人自我意识的发展，自我知觉经历着不同的发展阶段。

1. 生理的自我

从出生后八个月开始至三岁左右，个体虽能体会到自我的存在，但只停留在对自身躯体的认识上，在心理上开始出现如羞耻心、妒忌心等特征。个体主要表现为通过对自己的身体、衣着、家庭和父母对他的态度以及对自己所有物的判断，表现出自豪或自卑的自我感情。

2. 社会的自我

从三岁开始到青春期，个体通过学校教育，受到社会文化的影响，社会意识增强，认识到自己是社会的一分子，并尽量使自己的行为符合社会标准。与此相对应，个体对社会的义务感、责任心等个性品质逐渐发展起来。个体的自我评价主要表现在通过对自己在社会上的荣誉、地位、社会中其他人对自己的态度以及自己对周围人的态度等方面的判断和评价，表现出自尊或自卑的自我体验。

3. 心理的自我

从青春期开始到成年，在大约十年的时间内，个体的自我意识渐渐成熟。个体能从自我的角度来认识和理解客观世界，能从自己的内心世界去考察心理和社会现象。

在这个时期，个体的伦理道德观念，对现实的态度、兴趣、理想、信念等逐渐定型，形成了深层次的自我，即心理自我形态。处于这一阶段时，个体主要表现为通过对自己的智慧、能力、道德水平等方面的判断和评价，表现出自我优越感等自我体验。

随着自我意识的发展，在社会化进程的影响下，个体的自我知觉水平一般是遵循着"生理的自我—社会的自我—心理的自我"这一进程演化的。当然，由于每个人的社会化程度不同，以及受各种主客观因素的影响，每个人的自我知觉水平不完全一样。例如，有人过分注重自己的身材容貌、物质欲望的满足，有人则偏重于社会地位、名誉等方面的追求，也有人在自我评价的基础上，追求高尚的情操、自我实现的需要等。

有了正确的自我知觉，个体才知道自己能够做什么、应该怎样去做，并对自己的行为不断地进行调节，这对每个人来说都是非常重要的；否则，就会造成行为上的盲目性。如果个体由于期望过高而采取不适当的行为，或者不能正确判断自己的行为且不能进行自我调节，不仅会与社会环境不协调，而且会给自身造成不良的心理影响。

（二）自我知觉的形成

自我知觉并非与生俱来的，它是个体在社会化进程和社会交往、社会实践活动中逐渐形成的。

1. 以人为镜

马克思曾指出："人降生时是没有带镜子来的，他是把别人当镜子来照自己的。"一般来说，别人对自己的态度、评价，是自我认知、自我评价的一面"镜子"，通过这面"镜子"，人们看到了自己的形象，即通过别人对自己的评价获得了对自我的认识。

唐太宗李世民曾这样说：夫以铜为镜，可以正衣冠；以古为镜，可以知兴替；以人为镜，可以明得失。可见，"以人为镜"是完善自我知觉的有效途径。

2. 角色扮演

角色理论是自我知觉发展过程涉及的一个重要的社会知觉理论。著名学者米德（Mead）认为，个体在各种角色的扮演中，与他人发生交互作用，并由此参与社会生活，了解社会上各种行为规范及习俗，逐渐使自我概念得以发展。

3. 社会比较

自我知觉是在交往过程中随着他人的知觉而形成的。通过对他人知觉的结果和自我加以对照、比较，人们产生了对自己的认知。

马克思指出："人起初是以别人来反映自己的。名叫彼得的人把自己当作人，只是由于他把名叫保罗的人看成是和自己相同的。"这表明一个人的自我认知和评价不是孤立的，而是通过把自己和与自己类似的人加以比较来得到的。

4. 心理活动分析

个人通过对自己心理活动的分析来实现自我知觉和自我评价。人们对自己的认知是主客观的统一，即不仅可以通过以人为镜、角色扮演、社会比较等方法来认识自我，还可以用直接观察自己心理活动的方式来认识和评价自我。这种自我观察法也叫内省法。

内省法通常有两种形式，一是对自己正在进行的心理活动、心理状态的观察与分析；二是对已有的心理经验的回忆与反思。内省法虽然较主观，但与其他方法配合，也会收到正确认识自我的良好效果。除了内省法，大家还可以采用有意识地把自己的言行拍摄下来，放给自己听或看的方法。当以旁观者的身份冷静地观察自己时，人们会更加清晰、全面地认识自己。

第二节　个　性

现代管理是以人为中心的管理。为有效地管理人，必须先了解人。只停留在对人的外部特征的观察上是远远不够的，我们必须准确把握人的个性心理特征和心理品质，以及个体之间的差异。

一、个性概述

（一）个性的概念

个性又称人格。在心理学领域，个性表示个体差异。个性是个体所特有的、区别于他人的、比较稳定的心理特征的综合。它包括个性倾向性和个性心理特征两个方面。个性倾向性包括需要、动机、兴趣、理想、信念、价值观等心理成分，它是个性结构中最活跃的因素，决定着个体对周围世界认识和态度的选择与趋向，决定了个体追求什么目标以及在实现目标的过程中付出主观努力的程度，因此其被称为个性的动力系统。个性心理特征包括能力、气质与性格等心理成分。能力是决定个体活动效率的个性心理特征；气质与性格是决定个体行为风格的个性心理特征，它们使一个人的心理与行为区别于他人而具有独特的风格与特点。

（二）个性的特征

1. 独特性

个性的独特性又叫差异性，指任何一个人的个性心理都有与他人不同的独有的特点。每个人都有不同于他人的能力、气质、性格、需要、动机、兴趣等。就如同世界上无法找到两片完全相同的叶子一样，我们也很难找到个性完全相同的两个人。

2. 稳定性

稳定性是指个体经常表现出来的特点，是个体一贯的行为方式的总和。"江山易改，秉性难移"就是个性稳定性的表现。一个人的某种个性一旦稳定下来，要改变是较为困难的。人的个性不是一朝一夕形成的，而是在长期的社会生活过程中逐渐形成的，因此它一经形成就比较稳定，表现为一个人典型的行为特点。

3. 整体性

个性是一个整体的系统，个性中的各个要素不是孤立存在的，而是一个交互作用的整体，相互联系、相互制约与渗透。例如，一个活跃的人，在认知、情感、意志等各方面都会表现出与活跃相协调的特点，如活泼好动，情绪、情感易波动、变化，意志力不足等。如果其中一些要素发生变化，其他要素也将发生变化。

4. 功能性

个性是一个人生活成败、喜怒哀乐的根源。正如人们常说的"性格决定命运"，个性决定了一个人的生活方式，有时甚至会决定一个人的命运。

（三）影响个性形成的因素

1. 先天的遗传素质是个性形成和发展的物质基础和基本前提

遗传素质是指个体从亲代处继承下来的解剖生理结构，特别是高级神经系统的类型特征，这是人的个性形成和发展的物质基础和基本前提。遗传素质是个性形成和发展的影响因素。但是，遗传素质并不起决定性作用。一个人的个性向什么方向发展，发展到什么水平，不只由遗传素质决定，更主要的是由后天的环境因素决定的，其中，社会环境的影响尤为关键。

2. 社会因素是个性形成和发展的重要条件

人是具有社会性的高级动物，每个人都是"社会人"。一定的社会条件所形成的文化对个性的形成和发展会产生直接且重大的影响。在众多影响个性形成和发展的社会因素中，家庭环境、学校教育和社会环境是最直接的也是最重要的影响因素。

（1）家庭环境。家庭是社会的"细胞"，是个体生活的主要场所。在人格形成的关键期——儿童期和青年早期，个体家庭生活的时间约占个体全部生活时间的三分之二。家庭中的成人，特别是父母的生活经验、价值观念、行为方式等都可以通过言传身教或其他潜移默化的方式影响个体个性的形成和发展。父母是子女模仿的对象，因此父母本身的个性特征也能通过言传身教直接影响子女的个性。例如，父母情绪易失控，其子女的自控能力通常也较差。

子女的个性与父母相似，不仅是由于遗传素质的影响，家庭环境和家庭教育的深刻影响也起着非常重要的作用。俗语云"有其父必有其子"，这说明家庭教育会深深地影响个体的个性。心理学研究表明，父母的教养方式、榜样作用等，会在相当程度上决定个体个性发展的总体趋向。

帕金斯曾把家庭比喻为"制造人格的工厂"，一方面，家庭把遗传基因传递给后代；另一方面，家庭是最早向子女传授社会经验的场所。例如，家庭所处的经济和社会地位、父母对子女的教养态度和教养方法、家庭成员之间的相互关系以及子女在家庭中的地位等对于子女个性的形成和发展有着巨大的影响。

（2）学校教育。学校是仅次于家庭的、对个性形成和发展具有显著影响的社会组织。在个性的形成和发展过程中，学校起着至关重要的作用。学校生活时期是一个人的个性形成和发展的主要时期。例如，在学习文化知识的过程中，学生能够正确树立自身的世界观、人生观和价值观；在参与集体活动的过程中，学生的责任感和义务感不断增强，这有助于培养他们热爱集体、关心他人的优秀品质。在教师与学生的互动过程中，教师的一言一行、一举一动、思维方式和待人接物的态度等都强烈地影响着学生的智慧、情感和意志品质的发展，影响着他们的生活，也影响着他们的个性。

另外，学生在学校中与同学结成的伙伴关系也会影响其个性形成和发展。例如，在与同学交往的过程中，学生能够得到他人对自己的评价，这对于规范自身行为、认识自身所扮演的角色有非常重要的意义。

（3）社会环境。不同的国家和地区的经济发展水平、政治法律制度与文化特征，如语言文字、道德理想、价值观念、生活方式及风俗习惯等对人的个性都有着重要的影响，这些因素都会在人的个性上打上不同的烙印。例如，中国人倾向于含蓄、内敛、沉静，三思而后行，善于节制；西方人则倾向于直率、张扬、好动等。

 视野拓展

孟母三迁

孟子年幼的时候，最初居住的地方离墓地很近，因此他便学了些祭拜之类的事。孟母说："这个地方不适合孩子居住。"于是她将家搬到集市旁，孟子又学了些做买卖之类的东西。孟母说："这个地方还是不适合孩子居住。"于是她又将家搬到学宫旁，孟子在此学会了在朝廷上鞠躬行礼及进退的礼节。孟母说："这才是适合孩子居住的地方。"于是全家就在这里定居下来了。

3. 社会实践是个性形成和发展的主要途径

遗传和环境对人的个性形成和发展至关重要，但是，无论是遗传还是环境都不能简单地决定人的个性的形成和发展；一个人在特定的环境条件下所从事的具体的社会实践是其个性形成和发展最直接的决定性因素。

在社会实践中，个体扮演特定的社会角色，接受一定的社会任务，承担一定的社会责任，个体只有适应社会环境才能顺利地生活和发展，这就在一定程度上促使个体形成符合社会要求的态度体系、行为方式、工作与生活能力等，即促使个体努力塑造和发展自己的个性品质。

 经典实验

个性内向的人，"假装"外向会更快乐吗

（中国日报网 2019-09-20）个性的内向与外向本无对错，但在主流文化中，与个性外向有关的形容词常常更具表扬意味。从心理学的角度来看，性格特征与人们的幸福感有关系。研究表明，性格内向的人如果"假装"外向，会感觉更加快乐。

上述结论来自一项前所未有的研究，该研究要求参与者在较长时间内像外向者那样行事。研究人员要求 123 名参与者在一周内，超越自我意愿参加活动，像外向者那样为人处世；在另一周里，研究人员要求这些参与者像内向者那样行事。

性格外向（包括"强制外向性"）的好处过去曾有报道，但这些研究通常只持续较短时间。在一项研究中，研究人员要求一些乘客在火车上与陌生人交谈，对照实验组则被要求保持沉默。结果是，与人交谈者的体验报告更加积极。

加州大学里弗赛德分校的研究人员索尼娅·柳博米尔斯基希望延长这种"虚假"的外向性的存在时间，以验证这种行为是否会带来更多幸福感。

柳博米尔斯基说："研究表明，对很多人来说，改变社会行为是可以实现的目标，外向的行为方式会增进幸福感。"柳博米尔斯基是一位心理学家，也是该研究报告的合著者之一。这份研究报告发表在《实验心理学杂志·综合》期刊上。

"外向"在美国文化中是一种会受到褒奖的个性特征，这也是该研究面临的最初挑战，即假定外向的个性特征是好的。很多同外向有关的形容词比同内向有关的形容词更有表扬意味。相比"沉默寡言"这类词语，大部分人更喜欢同"活力四射"等词语联系在一起。

因此，柳博米尔斯基的团队找出了一些含义较为中性的词语。同外向相关的形容词是"健谈""坚定自信""自发"。同内向有关的形容词是"深思熟虑""安静""保守"。

接下来，研究人员告诉"表现内向"组和"表现外向"组的参与者，此前研究发现，每种行为方式对他们都是有益的。

最后，研究人员让参与者尽可能变得"健谈""坚定自信""自发"；之后，研究人员又让同一组参与者保持"深思熟虑""安静""保守"。研究人员每周三次通过电子邮件提醒参与者改变行为方式。

研究人员使用多种方式衡量了参与者的幸福感，参与者在外向行为周后表示感觉更幸福，而在内向行为周后表示幸福感降低。有趣的是，"假装"外向的人没有报告不适或不良反应。

柳博米尔斯基说："结果表明，人为增加外向行为可以极大提升幸福感。人为操纵个性相关行为长达一周或许比过去料想的更容易，而结果可能非常好，令人意外。"

研究人员表示，未来有关这一问题的实验可能会改变一些变量。之前的参与者是大学生，其在改变习惯方面来讲可塑性较强。柳博米尔斯基还说，"假装"外向带来的改变可能会在更长的研究周期后显现。

二、个性理论

个性理论有很多，这里我们主要介绍与管理心理学相关的几种理论。

（一）卡特尔的人格因素理论

美国心理学家卡特尔根据自己的研究，确定人格包含十六种根源特质。他把十六种因素在某些情况下可能产生的表现编成十六组，问卷中每组包括十几个问题，每个问题有三个答案，供被调查者选择；然后根据被调查者的得分进行统计处理，找出被调查者的人格特质。这就是卡特尔的"十六种人格因素特征测验"（16PF）。

卡特尔的十六种人格因素特质是：乐群性（A）、聪慧性（B）、情绪稳定性（C）、好强性（E）、兴奋性（F）、有恒性（G）、敢为性（H）、敏感性（I）、怀疑性（L）、幻想性（M）、世故性（N）、忧虑性（O）、激进性（Q_1）、独立性（Q_2）、自律性（Q_3）、紧张性（Q_4），如表 2.3 所示。

表 2.3 卡特尔的十六种人格因素特质分析

因素	原始分	标准分	低分特征	标准分（1~10）	高分特征
A	10	6	缄默、孤独	6	乐群、外向
B	3	2	知识面窄	2	知识面宽
C	14	5	情绪激动	5	情绪稳定
E	14	7	谦虚、顺从	7	好强、固执
F	14	7	严肃、审慎	7	轻松、兴奋
G	10	4	权宜、敷衍	4	有恒、负责
H	14	7	畏缩、退怯	7	冒险、敢为
I	10	5	理智、注重实际	5	敏感、感情用事
L	12	6	信赖、随和	6	怀疑、刚愎
M	12	5	现实、合乎现实	5	幻想、狂放不羁
N	10	5	坦白直率、天真	5	精明能干、世故
O	14	7	安详沉着、有自信心	7	忧虑、抑郁、烦恼多端
Q_1	12	6	保守、服从传统	6	自由、激进
Q_2	10	4	依赖、随群附众	4	自主、当机立断
Q_3	10	4	矛盾冲突、不明大体	4	知己知彼、自律、严谨
Q_4	14	7	心平气和	7	紧张、困扰

（二）弗洛伊德的人格结构理论

在所有的人格理论中，内容最复杂、影响最大的是弗洛伊德创立的精神分析理论（也称心理分析理论）。弗洛伊德的精神分析理论不仅对心理学本身产生了巨大的影响，甚至可以说，20 世纪人类文化的每一个方面，几乎都受到该理论的影响。正因为精神分析理论的影响太大，同时也由于该理论本身的局限性，很多学者对其进行了批评与研究，并形成了所谓新精神分析学派。所以后人把精神分析理论分为经典的（即弗洛伊德创立的）精神分析理论与新精神分析理论两种。

弗洛伊德的人格理论主要包括两大主题：人格结构与人格发展。这里主要介绍他的人格结构理论。

在弗洛伊德看来，人格是一个整体，这个整体包含彼此关联且相互作用的三个部分，分别称为本我、自我和超我。由这三个部分的交互作用而产生的内驱力，支配着个人的所有行为。

1. 本我

本我是人格结构中最原始的部分，是遗传而来的本能。本我包含一些生物性或本能性的冲动（最原始的动机），其中又以性的冲动和破坏性冲动为主，这些动机是推动个人行为的原始动力。弗洛伊德把这种原始动力称作"力比多"。外在的或内在的刺激都有可能使"力比多"增加，而"力比多"增加时，个体会更加紧张与不安。为了缓解紧张，本我要求立即满足需求以发泄原始的冲动。所以本我是受"快乐原则"支配的，由本我支配的行为不但不受社会规范、道德标准的约束，甚至由本我支配的一切都是潜意识的。弗洛伊德认为生物需要在人的一生中持续存在，是人格的一个永存的部分。在人一生的精神生活中，本我发挥着最重要的作用。

2. 自我

自我是个体在与环境的接触中由本我发展而来的。在本我阶段，个体要想使原始性冲动获得满足，就必须与周围的现实世界接触，从而形成自我以适应现实环境。例如，因为饥饿而使本我有原始性的求食冲动，但是哪里有食物以及如何取得食物等现实问题，必须通过个体与现实接触才能解决。因此，人格的自我部分是受"现实原则"支配的。自我介于本我与超我之间，它的主要功能有以下几个方面：一是获得基本需要的满足以维持个体的生存；二是调节本我的原始需要以符合现实环境的条件；三是管制不为超我所接受的冲动；四是调节并解决本我与超我之间的冲突。由此可见，自我是人格结构中的主要部分。

3. 超我

超我是在人格结构中居于管制地位的最高部分，是个体在社会化的过程中将社会规范、道德标准、价值判断等内化之后的结果。平常所说的良心、良知、理性等，都是超我的内容。本我寻求快乐，自我考虑到现实环境的限制，超我则明察是非善恶。所以，超我是本我与自我的监督者，它的主要功能有以下几个方面：管制社会所不接受的原始性冲动；诱导自我使其能以合乎社会规范的目标代替较低的现实目标；使个人为了理想努力，达成完美的人格。

本我、自我、超我三者不是完全独立的，而是彼此相互作用而构成人格整体。一个正常的人，其人格中的这三个部分经常是彼此平衡而和谐的。本我的冲动应该有机会在合乎现实的条件下，并在社会规范许可的范围内，获得适当的满足。

（三）埃里克·伯恩的人格状态理论

1964年，加拿大临床心理医生埃里克·伯恩在其专著《人们玩的游戏》中，提出了一种新的人格状态理论。该理论把人格分成三个部分，或者说其认为人格是由三种自我状态构成的，它们分别是儿童自我状态、成人自我状态、父母自我状态。

1. 儿童自我状态

一个人最初形成的自我状态就是儿童自我状态。儿童自我状态由自然的情感、思维和行为构成。一个人按他的儿童自我状态行动时，他或者想怎么干就怎么干，这叫作自然儿童自我状态；或者按他小时候所受的训练来行动，这称为顺应儿童自我状态。

儿童自我状态是一个人的人格中感受挫折、不适当、无依无靠、欢乐等情感的部分。此外，儿童自我状态也是好奇心、创造性、想象力、自发性、冲动性和新发现引起的激动等的源泉。儿童自我状态负责人们完全不受压抑的、表面上可笑的行为，天真烂漫的行为，以及自然的言行。

儿童自我状态是人格中主管情感和情绪的部分。人们的大部分欲求、需要和欲望也由儿童自我状态掌管。每当一个人感到自己需要什么东西时，他的儿童自我状态就表达了他的愿望。例如，"我还想吃一块糖！"或者"我还没玩够！"可见，儿童自我状态表现出来的多是原始的、具有动机或动力性的东西。如果一个人的儿童自我状态疲弱，那么他多是一个缺乏活力的、刻板的人。

2. 成人自我状态

成人自我状态是人格中支配理性思维和信息的客观处理的部分。成人自我状态掌管理性的、非感情用事的、较客观的行为。当一个人的成人自我状态起主导作用时，他待人接物通常会比较冷静、处事谨慎、尊重别人。在这种状态下的人，其说话办事逻辑性强，喜欢探究为什么、怎么样等。

3. 父母自我状态

父母自我状态是指人们通过模仿自己的父母或其他在其心目中具有父母般权威的人物而获得的态度和行为方式。父母自我状态提供了一个人在观点、是非、怎么办等方面的信息。

父母自我状态以权威和优越感为标志，是一个"照章办事"的行为决策者，通常以居高临下的方式表现出来。父母自我状态具有两面性：一面是慈母式的同情、安慰等；另一面是严父式的批评、命令等。父母自我状态告诉人们应该怎么样，也帮助人们分清功过是非。

在一个心理健康的人身上，这三种自我状态处在协调、平衡的关系中，都在发挥作用。在不同的情境中，有时是他的儿童自我状态起主导作用，有时是他的成人自我状态起主导作用，而有时是他的父母自我状态在支配着他的行为。哪种自我状态起主导作用，要视当时的具体情况而定。

（四）大五人格理论

学者戈登·奥尔波特（Gordon Allport）认为，在某一社会中长期所用的语言应能包含这一文化中描述任何一个人所需的概念，所以他与其他学者于1936年从词典中选出近18000个描述人格特质的词制成词表，美国心理学家卡特尔又将之归类压缩为包含 171 个词的词表。因为这么多的人格特质仍然无法在实际中加以利用，所以人们在多种分析甚至跨文化研究的基础上，进行了进一步的精简，发现了五个核心的人格特质，并且能够利用它们较好地预测工作绩效，这五个人格维度被称为"大五"（Big Five）或 FFM（Five-Factor Model，五因素模型）。

在目前的人格理论中，大五人格理论是极具说服力的。在该理论中，人格被划分为五个独立的基本维度，它们是所有其他维度的基础，并且包含了人格特质中最重要的变量。通过对这五个因素的分析，我们可以很好地预测个体在现实中的行为反应。这五个因素分别如下。

（1）外向性：用来描绘个体对关系的舒适感。外向者喜欢群居，善于社交；内向者倾向于封闭内向，安静少语。

（2）亲和性：用来描绘个体服从的倾向性。高亲和性的人易于合作、热情、信赖他人；低亲和性的人则冷淡、敌对。

（3）尽责性：用来描绘个体的可靠性。高尽责性的人是负责的、有条不紊的、值得信赖的；低尽责性的人则注意力分散，做事缺乏规划。

（4）情感稳定性：用来描绘个体的抗压能力。高稳定性的人平和、自信；低稳定性的人则容易紧张、焦虑，缺乏安全感。

（5）开放性：用来描绘个体对新事物的兴趣。高开放性的人富有创造性，有好奇心；低开放性的人较为保守，只对熟悉的事物感兴趣。

与其他所有人格理论一样，大五人格理论也没有查明人类的行为机制，它更多地描述人格和预测行为，而不能解释人们为什么会表现出这样的行为。在不清楚事物来由的情况下，要预测它的走向是比较困难的，即使进行了预测，预测结果的准确性也偏低。如果不理解自己为什么是这样的人格，我们也很难在职场中扬长避短。基于以上原因，大五人格量表很少用于职业生涯规划管理。当然，如果测试者能清晰地认识自己，诚实地在测试中作答，那么可以将测试结果作为人格的量化结果，并为职业生涯规划提供有价值的信息。

三、个性类型

个性类型的划分有两种方式。一种是基于纯心理学理论的研究成果，如内倾或外倾、内控或外控、自尊或自卑等。另一种是出于应用的需要而划分出的人格类型，例如经济学家从消费行为特点的角度把人划分为多虑型、文静型、不拘礼节型、性情急躁型、友好型等。在此，我们主要介绍管理心理学研究中划分的几种个性类型。

1. 内倾、外倾

最早在心理学领域内规范化地使用内倾和外倾这一概念的是心理学家荣格。他认为人在与周围世界发生联系时，人的心灵一般有两种指向：一种是指向个体内在世界，叫内倾；另一种是指向外部环境，叫外倾。内倾者一般比较沉静、富于想象、爱思考、易退缩、害羞、敏感、防御性强；而外倾者则爱交际、好外出、坦率、随和、易轻信他人、易适应环境。内倾和外倾实际上是一个连续体，而不是各自独立的两个极端。大多数人处于内倾和外倾这一连续体中的某一位置上，绝对内倾或外倾的人并不多。管理者一般认为不同的工作岗位对人格特征有不同的要求，通常不会有人挑选一个内倾者做推销员。

2. 内控、外控

内控型的人是那种坚定地认为自己是命运的主宰，只有自己才能控制自己的命运。这种人独立性强，不容易受外界影响而改变自己的行为。这种人如果碰到了好事，则认为是自己努力的结果；如果遇到不好的事，也只怪自己，认为是自己造成的。因而，这种人很少怨天尤人。

外控型的人则相反。他们认为一切都是由命运主宰的，自己只是处于被动地位。因此，无论成功或失败，他们总认为是外力作用的结果。例如，面对一次升迁机会，如果没能如愿，内控型的人会认为自己还不合格，可能是自己工作干得不够出色或资历不够；而外控型的人则可能会认为是领导不公正。研究表明，外控型的人相对于内控型的人对工作更不满意，对工作环境更为疏远，对工作的投入程度更低，缺勤率更高。若对自己所处的环境不满意，外控型的人倾向于离职，而不是继续留在这里工作。

3. 自卑、自尊

把人的个性分为自卑、自尊两大类型是心理学的一种基本观点。所谓自卑，就是认为自己软弱、无能，对自己的评价较低；所谓自尊，则是自视较高，认为自己了不起，对自己的能力估计较高。

一般情况下，人们有时会有自卑感，这并不表明这个人有问题或不正常，相反，它会形成一种追求卓越的力量，促使人作出更大的努力，最终获得成功并因此而产生优越感。但是如果过于自卑的话，一个人就可能被打垮，整日唉声叹气，最终一事无成。

有时人们为了掩饰自卑心理以求得心理平衡，会装作很高傲的样子，表现出强烈的自尊。但这种高傲假象很容易被识破，因为这种高自尊的人比较敏感、脆弱，而且攻击性较强，一有机会就会贬低别人以抬高自己。这种人通常不会有所作为，只是小心翼翼地把自己笼罩在高傲的幻象中，欺骗自己以求自安。这样的人多是组织中事端的制造者。

恰当的自尊是必要的，它是维护个人心理的统整性、保持心理健康的重要前提。但一个人若优越感过强、自视太高，就可能变成一个专横跋扈、自吹自擂、傲慢无礼、爱贬低别人的人。这样的人在组织中容易在与他人合作时发生问题。

4. 马基雅维利主义

马基雅维利是 15 至 16 世纪的意大利政治家，著有与如何获得和操弄权术有关的专著。高马基雅维利主义者重视实效，与他人保持情感上的距离，相信结果能替手段辩护，认为人与人之间没有什么信义可言。他们的座右铭是："只要行得通，就采用。"

高马基雅维利主义者更愿意操纵他人，赢得的利益更多，更难被他人说服，却会更多地说服他人。高马基雅维利主义者在以下几种条件下工作成效显著：①当他们与他人面对面直接交往时；②当情境中的规则与限制较少，并有即兴发挥的自由时；③当情绪卷入与获得成功无关时。

高马基雅维利主义者的人格特点：①更相信自己；②心理稳定性好；③临危不乱；④当他们拥有自由权利时更富有创造性。例如，他们更多地使用欺骗手段，招法多且新，能从操纵中获得更多的满足。

"成者王侯败者寇"就是高马基雅维利主义者的行为原则，"不饮盗泉之水，不受嗟来之食"则是低马基雅维利主义者的宣言。

5. A型人格与B型人格

最早把人格分成A、B两种类型的是心脏病学家弗雷德曼等人，他们对3500名35～59岁的各类男性进行了长期研究。依据研究结果，他们按照是否容易患心脏病将这些男性分成两类。一类是他们称为A型人格的人，另一类是他们称为B型人格的人。A型人格的人极有可能患心脏病，而B型人格的人患心脏病的可能性极小。把他们的研究成果运用到管理上非常有意义。

A型人格的人有两个基本特征，一是具有高度的竞争意识和动机，二是经常有时间紧迫感。A型人格的人一般有强烈的进取心和成就意识，他们不断为达到某种目标而努力工作，并常常感到时间紧迫。对他们来说，仅仅是奋斗和成功是不够的，今天就应该达到目的，明天就太晚了。他们在工作上速度快，对数量的要求高于对质量的要求。

自我测评

你属于A型人格吗？

A型人格的人也充满敌意，但他们将这种潜意识的敌意变成了同别人的不断竞争。他们在事业上与别人竞争，参加娱乐活动时也力求优胜。如果别人的节奏太慢，他们会不耐烦，并干涉别人，促使别人加快速度。

上述特征导致的结果是，A型人格的人长期处于紧张和应激状态，并最终成为易患心脏病或易"过劳死"的人。

B型人格的人的特征显著不同于A型人格的人。

在组织中哪一种类型的人更容易成功？最优秀的推销员常常是A型人格的人，但高级经营管理人员却常常是B型人格的人。前者可能重视数量而忽视质量，组织中能够得到晋升的人常常是那些睿智而非匆忙、机敏而非敌对、有创造性而非仅有好胜心的人。

四、个性心理特征

如前所述，个性心理特征包括能力、气质与性格等心理成分。能力是决定个体活动效率的个性心理特征；气质与性格是决定个体行为风格的个性心理特征。它们使一个人的心理与行为区别于他人而具有独特的风格与特点。

（一）能力

能力是人必须具备的心理条件，是个体的一种心理特征，通常是指个体从事一定社会实践活动的本领。

能力是影响活动效率的基本因素。能力的高低会影响一个人掌握活动的快慢、难易和巩固程度。此外，能力的高低也会影响一个人从事某种活动的效果。在其他条件相同的情况下，能力高的人可以比能力低的人取得更好的效果。

1. 能力的分类

根据不同的标准，我们可以把能力划分为不同的类型。

根据能力使用范围的不同，我们可以把能力分为一般能力和特殊能力。人在顺利完成某项活动时，必须既具备一般能力，又具备特殊能力。一般能力是指在多种基本活动中表现出来的能力，如观察力、记忆力、抽象概括能力等。特殊能力是指表现在某些专业活动中的能力，如数学能力、音乐能力、专业技术能力等。

根据活动性质的不同，我们可以把能力分为认识能力、实践能力和社交能力。在管理领域中，认识能力指员工对工作目标与任务的理解与领会能力；实践能力指员工具体实施工作计划、完成生产任务、解决实际问题的能力，包括技术操作能力、计划组织能力、调节控制能力等；社交能力指员工在生产和生活中保持良好的人际关系和迅速准确地传递信息的能力。

美国著名组织行为学家斯蒂芬·罗宾斯把能力分为心理能力与体质能力两大类。

心理能力指从事心理活动所需要的能力，包括以下几个方面。

（1）算术，即快速而准确地运算的能力。

（2）言语理解，即理解读到和听到的内容，以及词语之间关系的能力。

（3）知觉速度，即迅速而准确地辨认视觉上异同的能力。

（4）归纳推理，即鉴定一个问题的逻辑后果，并解决这一问题的能力。

（5）演绎推理，即运用逻辑评估某种观点的价值的能力。

（6）空间知觉，即当物体的空间位置发生变化时，想象出物体形状的能力。

（7）记忆力，即保持和回忆过去经历过的事物的能力。

体质能力指个体运用某种肢体或器官，执行某种动作的时候所表现出来的能力，包括以下几个方面。

（1）动态力量，即在一段时间内重复或持续运用肌肉力量的能力。

（2）躯干力量，即运用躯干肌肉（尤其是腹部肌肉）以达到一定肌肉强度的能力。

（3）静态力量，即产生抵抗外部物体力量的能力。

（4）爆发力，即在一项或一系列爆发活动中，产生最大力量的能力。

（5）广度灵活性，即尽可能地移动躯干和背部肌肉的能力。

（6）动态灵活性，即进行快速、重复的关节活动的能力。

（7）躯干协调性，即躯干不同部分同时活动时相互协调的能力。

（8）平衡性，即受到外力干扰时，依然保持躯体平衡的能力。

（9）耐力，即需要延长努力时间时，保持最高持续性的能力。

2. 能力测验

（1）智力测验。智力的高低用智商表示。编制智力量表的原则如下：第一，题目所涉及的知识、技能是人们有同等机会学习过的；第二，题目所涉及的知识、技能是人们都没有机会学习的。如果大家有同等机会去学习，有人学会了，有人没学会，这种差别就不能归因于经验，而可以归因于智力。如果大家都未曾有机会学习，都是从头开始学习，有的人学得快，有的人学得慢，这种快慢的差异也不能归因于经验，而可归因于智力。例如走迷宫，大家都没学过，因此谁通过得快，谁的智力就可能高一些。

视野拓展

什么是智商？

（2）能力倾向测验。在某些领域中，智力测验有其特殊的价值，但是日常被大量运用的是用于人员选拔和人员安置的能力倾向测验。

在智力量表的编制和使用过程中发现，人们在智力结构上存在着明显的个体差异，由于这种智力结构上的差异，同样一个智力分数对于不同的人可能有着不同的意义，单一的智力分数不足以刻画一个人的能力特点。因此，人们开始注意那些在智力测验上取得相近智力分数的人所表现出的不同的能力倾向。

推动能力倾向测验发展的另一个原因是社会需要。在学校的招生、工厂的招工以及职业咨询活动中，人们不仅要求受测者具有一般的智力，而且要求受测者具有一定的知识技能，并在某一方面或某几个方面具有发展的可能性。在这种社会需要的推动下，包括学术能力、机械能力、音乐能力、体育能力等在内的一系列能力倾向测验应运而生。这些能力倾向测验被广泛地应用于学校、企业、军队的人员选拔和人员安置方面。

（3）成就测验。无论是在教学过程中，还是在安置人员的情况下，了解一个人已有的知识技能水平都是非常重要的。在学生的学习成绩评定中，成就测验被广泛运用，这种测验通常具有很高的客观性、稳定性和一致性。在许多情况下，成就测验既可以用来发现学生在学习过程中出现的问题，也可以用来发现教师在教学过程中存在的问题。

成就测验的作用不仅在于发现学生在前一阶段学习中存在的问题和为后一阶段学习指示方向，更重要的是，可以为学生提供强化的依据，可以给学生以及时的激励，可以使学生保持学习的兴趣和动力。

适当地运用成就测验是"因材施教"的重要条件，对此心理学家已有大量的论述。

3. 能力差异与管理

员工是企业的宝贵资源。员工的能力有高有低，且其能力的类型有差别，能力的发展有早晚。因此，管理者要研究员工能力的个体差异，掌握其能力的特点，以便做到量才录用，人尽其才，才适其职。

（1）制定能力标准，合理招聘人才。不同性质的企业，各工种、各岗位对任职者都有不同的能力要求。例如，有的工作要求任职者有较强的思维能力，有的工作要求任职者有快速反应的能力，有的工作要求任职者有敏锐的洞察力，有的工作则要求任职者有某种特殊能力等，只有适合该组织能力标准的人，才能促进工作效率的提高。因此，企业管理者应该根据不同的工种和岗位制定相应的能力标准，合理招聘人才。

（2）根据员工能力差异，科学合理分工，做到人尽其才。企业管理者应当善于发现员工的长处，做到用人之所长、避人之所短。任何组织的工作都是多种多样的，而各种工作对员工的能力提出了不同的要求。如果一个人的能力符合工作要求，他就能胜任工作；反之，他就无法胜任工作。管理者要根据员工的实际能力为其安排工作，做到人适其职，职得其人。

管理心理学的研究表明，工作性质与工作者的能力发展水平之间存在一种"镶嵌"现象，即每一种工作都有一个能力阈限，它要求工作者的能力水平既不能超过这个阈限，也不能低于这个阈限。这就是说，工作者执行某种性质的工作，只需要具有恰如其分的某种能力水平。工作者的能力水平高于能力阈限，会造成浪费；工作者的能力水平低于能力阈限，则不能保证完成和做好工作。因为能力过高的人从事一项比较容易的工作往往会感到工作乏味，不能对该项工作维持兴趣，进而会影响工作效率。反之，如果一个能力发展水平偏低的人去从事一项比较复杂或比较精细的工作，往往会感到力不从心，产生焦虑心理、紧张心理，严重者还会感到群体压力，还可能出现人格异常，甚至出现事故。

（3）优化组合时，注意能力的互补性。由于不同的能力之间具有相互补充和相互促进的作用，因此，管理者在进行人员优化组合时，应该充分应用能力的这一特点，避免具有同类能力的人员过分集中，尽量把各种能力类型的人员编排在一起，以便组织成员之间优化互补。

（4）根据能力的差异，对员工进行职业技术教育和能力的训练。在进行员工培训时，管理者只有注意处理好一般能力和特殊能力的关系，才能强化培训效果。管理者既要抓好与他们当前所从事的工作或将来可能从事的工作直接相关的专业知识或专业技能的教育，增强员工的特殊能力，也要根据员工原有的文化水平、兴趣爱好，分别组织他们参加各层次的学习，使员工增加科学文化知识储备，增强观察能力、分析能力、计算能力、想象力、创造力等一般能力。一般能力的增强，可以为进一步发展特殊能力做好准备，为员工队伍的智力开发奠定坚实的基础。

 示例

天才少年有多优秀

阿迪亚，22 岁，程序员，谷歌在纽约的 AI 居住计划（Residency Program）给他发出了高达 1200 万卢比年薪（约 115.5 万元人民币）的聘书。来自孟买的阿迪亚是全世界被选拔进入该计划的 50 人之一。2018 年，印度有 5 人被选中参加该计划。阿迪亚击败了来自全球各地的 6000 名选手才获得了资格。

当被问及他对该计划的期望时，阿迪亚说："我们将致力于先进的研究，并撰写尽可能多的研究论文，获得有意思的结果。我还不知道我将被分配到哪个具体的领域。不过，我期待认识来自世界各地的高级研究人员和科学家。"

雅恩·霍恩，22 岁，谷歌网络安全研究员，他是公开英特尔芯片安全漏洞的第一人，这些漏洞是有史以来发现的最严重的芯片漏洞。直到霍恩公开漏洞后数月，其他研究者才发现这些漏洞，而且他们对霍恩能够一个人发现这些漏洞倍感吃惊。奥地利格拉茨技术大学的丹尼尔·格鲁斯表示："我们拥有数个团队，我们有线索，知道从哪里入手，而他是从零起步的。"

人们通过采访霍恩及他身边的人得知，坚定的意志以及过人的才智帮助他发现了这些存在了十多年但一直未被发现的芯片漏洞。

（二）气质

气质是指人的心理活动的动力特征。心理活动的动力特征主要是指心理过程的强度、速度、稳定性以及心理活动的指向性等方面的特点。人的情绪体验的强弱，意志努力的多少，知觉或思维的快慢，注意力集中时间的长短，注意力转移的难易，以及心理活动是倾向于外部还是倾向于内部等，都是气质的表现。一般讲的"脾气""秉性"等是气质的通俗说法。

气质为人的全部心理活动染上了独特的色彩，具有某种气质特征的人，经常会在内容很不相同的活动中显示出同样性质的气质特征。例如，一个具有安静、迟缓气质特征的学生，不论是参加考试、当众演说，还是参加体育比赛，都会表现出安静、迟缓的气质特征。这说明气质特征不以活动内容为转移，它是人生来就有的自然属性。

1. 气质类型

古今中外的学者对气质类型进行了不同的划分，其中最具影响力的是古希腊医生希波克拉底提出的体液说。希波克拉底根据临床观察，发现不同的人的行为模式有很大的差异。他认为，人体内有四种液体，即血液、黏液、黄胆汁和黑胆汁，每个人身上这四种体液的比例不同，使得人们有不同的心理和行为表现。据此，他把人的气质分为四种类型：胆汁质、多血质、黏液质和抑郁质。希波克拉底对气质的分类有一定的合理性，但其依据缺乏科学生理学基础。

苏联著名生理学家巴甫洛夫的高级神经活动类型学说为希波克拉底的气质分类提供了科学的解释。巴甫洛夫根据人的高级神经活动类型的特点及其在行为方式上的表现，揭示了高级神经活动兴奋过程和抑制过程的三种特性：①兴奋过程和抑制过程的强度；②兴奋过程和抑制过程的均衡度；③兴奋过程和抑制过程的灵活性。

他根据这些特征把高级神经活动分为四种类型：①强而不均衡；②强、均衡、灵活；③强、均衡、惰性；④弱。

这些高级神经活动类型是人的气质形成的生理基础，这四种类型分别对应着四种气质类型：胆汁质（兴奋型）、多血质（活泼型）、黏液质（安静型）和抑郁质（抑制型），如表2.4所示。

表2.4　四种气质类型

气质类型	特　　征
胆汁质	情绪兴奋性高、自制力差，反应速度快，直率、热情，精力旺盛；不灵活，脾气暴躁、易冲动，心境变换剧烈
多血质	情绪兴奋性高，外部表现明显，反应迅速、活泼好动、动作敏捷，喜欢与人交往、乐观开朗；兴趣广泛而不持久，注意力容易转移，情感丰富但不够深刻稳定
黏液质	情绪兴奋性低，外部表现少，反应速度较慢，一般表现为安静、稳重、反应缓慢、沉默寡言、善于克制忍耐，情绪不易外露，做事踏实、慎重细致；注意力稳定但难以转移，不够灵活，固执己见
抑郁质	情绪兴奋性低，反应速度慢而不够灵活，显得孤僻、多疑，行动迟缓；情感体验深刻、很少外露，善于觉察别人不易觉察到的细小事物

2．气质差异与管理

心理学研究表明，气质本身没有好坏之分，它本身不能决定一个人的社会价值和成就的高低，但是，气质对实践活动的性质和效率会产生一定的影响，可作为职业选择的依据。因此，企业管理者要善于了解和把握员工的气质类型及其特征，做到"一把钥匙开一把锁"。

（1）根据员工的气质类型，为其安排合适的工作岗位，发挥员工专长。气质不影响人们成就的高低，但不是说气质对人没有影响。气质对工作效率的影响是不容忽视的。一个人所具有的气质特征符合工作要求时，其会比较容易适应，工作起来会比较轻松；反之，则较困难。

实践证明，从事任何一项工作，都要求人们具有一定的心理品质或条件。在企业各部门的人员选择安排上，先确定完成某项工作所必需的特殊能力和气质特征，然后选拔、鉴定适合完成这项工作的人，是实现企业目标的　项重要工作。

（2）在同类工作岗位上，注意不同气质类型员工的适当搭配。不同气质类型的人所组成的群体，可以优势互补，提高工作效率，减少人际间的摩擦，有助于建立和谐的人际关系，营造良好的工作氛围。假如一个群体中都是黏液质和抑郁质的人，这个群体必然会沉闷有余，朝气不足；相反，如果一个群体中都是多血质的人，虽然他们共同语言多，但难以协调。如果一个群体同时具备不同气质类型的人，就比由单纯的同一气质类型的人组成的群体更容易协调人际关系，工作效率也要高得多。

（3）从员工的气质类型出发，使用不同的工作方式。首先，人与人之间的气质差异决定了员工的心理承受力不同。所以，员工对同一思想工作方式的反应是不同的。因此管理者在做思想工作时，针对不同气质类型的人要采用不同的方式、方法。其次，每个员工的气质都有优势和不足，思想工作内容应因人而异。在进行思想教育时，管理者要有针对性地培养员工的优良品质，帮助员工发展气质的积极方面，克服气质的消极方面。

（4）引导不同气质类型的员工，促进员工的身心健康。不同气质类型的员工对社会刺激的反应不同，心理承受力也不同。心理承受力差的员工在遇到重大挫折时，往往会产生沉重的心理负担，这会影响其心理和身体健康，这是管理者必须重视的问题。

（三）性格

现代心理学认为，性格是指一个人对客观现实的态度和从习惯化的行为方式中表现出来的较稳定的心理特征。它是个性中具有核心意义的部分。

在社会活动过程中，客观事物特别是社会环境对个体的影响会通过个体自身的认识和意志活动在个体身上保存并巩固下来，构成一定的态度体系，并以一定的形式表现在个体的行为中，构成个体特有的行为方式。因此，性格是个体在社会活动中与特定的社会环境相互作用的产物。

它具有态度倾向性、社会制约性、稳定性及可塑性等特点。

1. 性格的结构

性格是一种十分复杂的心理构成物，它的多个侧面形成了一个性格特征系统。

（1）性格的态度特征。人对现实的态度主要是指对社会、对集体、对他人以及对自己的态度。性格的态度特征在工作上表现为勤恳或懒惰、认真或马虎、细致或粗心、进取创新或墨守成规等的程度。性格具有一定的道德评价意义，所以性格是有好坏之分的。

（2）性格的意志特征。性格的意志特征是指个体在调节自己的行为和心理活动时表现出的心理特征，如自觉性、坚定性、果断性、自制力等。自觉性是指在行动之前有明确的目的，事先确定了行动的步骤、方法，并且在行动的过程中能克服困难，始终如一地执行；与之相反的是盲从或独断专行。坚定性是指能采取一定的方法克服困难，以实现自己的目标；与之相反的是执拗性和动摇性，前者不会采取有效的方法、一味我行我素，后者则是轻易改变或放弃自己的计划。果断性是指善于在复杂的情境中辨别是非，迅速作出正确的决定；与之相反的是优柔寡断或武断、冒失。自制力是指善于控制自己的行为和情绪；与之相反的是任性。

（3）性格的情绪特征。性格的情绪特征是指个体在情绪表现方面的心理特征。其主要表现在情绪的强度、稳定性、持久性、主导心境等方面。

在情绪的强度方面，有的人情绪强烈，不易于控制；有的人则情绪微弱，易于控制。在情绪的稳定性方面，有的人情绪波动大，情绪变化大；有的人则情绪稳定，心平气和。在情绪的持久性方面，有的人情绪持续时间长，对工作及学习的影响大；有的人则情绪持续时间短，对工作及学习的影响小。在主导心境方面，有的人经常情绪饱满，处于愉快的情绪状态；有的人则经常郁郁寡欢，闷闷不乐。

自古就有"百人百性百脾气"之说，不同性格的人有不同的表现。例如，有的人情绪高涨、鲜明，精力充沛；有的人情绪稳定、冷漠；有的人经常处于郁闷的心境中，可能表现出抑郁消沉、悲观厌世等特征。

（4）性格的理智特征。性格的理智特征是指个体在认知活动中表现出来的心理特征，其主要表现在感知、思维、记忆、观察、想象等认知方面。不同的人有不同的特点。例如，有的人侧重于注意事物的整体与总的结构，有的人特别注意事物的细节；有的人看问题全面、辩证，有的人看问题片面、形而上等。

案例 2-2

堕甑不顾

据《后汉书·郭符许列传》记载，在东汉时期，有一个名叫孟敏的人。有一次孟敏背着甑（古代瓦制器皿）行走，不慎失手，甑坠地被打破了，孟敏头也不回地继续向前走。这被当时的名士郭林宗看见了，便问他，他回答说："甑已经破了，看它有什么用？"郭林宗觉得他不一般，就劝说他去游学。

十年以后，孟敏名闻天下，位列三公。

2. 性格差异与管理

人与人之间的性格在种类、特征上都存在很大的差异。管理者要善于把握员工的性格特征，使之与所从事的工作相匹配，以提高工作效率。

（1）重视对员工性格的了解和把握，做到知人善任。性格是个性的核心，它对人的行为有很大的影响。因此，在企业管理工作中，管理者要分析和了解每一个员工的性格，以便预测和控制他们的行为，并能够引导其朝着有利于实现企业目标的方向发展。另外，具有不同性格特征的人，在日常工作和生活中有不同的表现，所能接受的管理方式也不同，管理者要做到管理因人而异。

（2）创造适宜的工作环境和条件，使之与员工的性格倾向吻合。美国著名职业生涯指导专家霍兰德提出了职业匹配理论。他认为，同一性格类型的人与同一类型的职业结合才能达到适应状态。人在一生中，面临着许多职业选择，甚至是具体项目的选择，这些选择是否能与其自身的性格类型相匹配，是影响其成败的重要因素。当员工从事的职业与其性格类型相吻合时，他们就可能发挥能力，容易取得成就；反之，则可能导致其原有才能的浪费，或者他们必须付出更大的努力才能成功。霍兰德的性格类型与职业匹配范例如表 2.5 所示。

表 2.5　霍兰德的性格类型与职业匹配范例

性格类型	典型性格和职业特征	适合的工作
现实型 （R 型）	1. 身体强健，动作敏捷，做事手脚灵活，具有较强的动手能力； 2. 喜欢在户外活动和使用工具，通常喜欢与机械和工具打交道，而不愿与人打交道； 3. 可能在自我表达和向他人表达情感方面稍感困难，不擅长与人交际，思想较保守	机械操作员、维修员、建筑工人、技术员、安装工人、矿工、木工、电工、司机、测绘员、实验技师、工程安装及某些军事职业等
探索型 （I 型）	1. 常常对自然现象和自然规律很感兴趣，喜欢同"观念"而不是同人或事物打交道； 2. 抽象思维能力强，求知欲强，肯动脑，善思考，但有时不愿动手； 3. 一般具有较强的创新精神，而不愿循规蹈矩	生物学、物理学、气象学、天文学等自然科学方面的科学工作者，化学、冶金、电子、无线电等方面的工程师，实验研究人员、计算机程序设计人员、飞机驾驶员等
艺术型 （A）	1. 喜欢以各种艺术形式的创作来表现自己的才能，实现自身的价值； 2. 想象力丰富，创造力很强，喜欢凭直觉作出判断； 3. 独立性、自主性较强； 4. 感情丰富，敏感，情绪易波动	音乐、舞蹈、戏剧方面的演员，艺术编导、编辑、诗人、画家、演奏家、作曲家、歌唱家、艺术家、导演、工艺美术设计人员、美容师，文学艺术方面的评论员、广播节目主持人、摄影师等
社会型 （S 型）	1. 往往有较强的社会责任感和人道主义倾向，喜欢参与解决人们共同关心的社会问题，以及从事他人服务和教育他人的工作； 2. 通常善于表达，善于与周围的人相处； 3. 一般喜欢与人而不是与事物打交道	教师、医生、护士、心理学工作者、行政人员、衣食住行服务行业的经理、职业指导顾问、社会活动家、政治家、校长等
企业型 （E 型）	1. 精力充沛、热情洋溢、富有冒险精神、自信、支配欲强； 2. 通常追求权力、财富、地位，比较适合进行那些需要胆略、冒风险和承担责任的活动； 3. 往往不喜欢那些需要精耕细作，以及长期智力劳动和复杂思维的工作	经理、企业家、推销员、管理者、电视节目主持人、政治家、行业部门和单位的领导者等
常规型 （C 型）	1. 工作踏实，忠诚可靠，遵守纪律；自我控制能力强；喜欢有秩序的、安稳的生活； 2. 做事有计划，讲求精确，喜欢从事高度有序的工作； 3. 习惯于接受他人指挥和领导，愿意执行上级命令，通常不习惯于自己对事情作出判断和决策；有时候可能会显得有些保守	与文件档案、图书资料、统计报表等相关的各类科室工作，常常包括审计员、出纳、会计、图书管理员、税务人员、统计员、交通管理员、打字员、办公室人员、秘书、旅游外贸人员、保管员、邮递员、人事职员等

 本章小结

本章介绍了个体心理中的知觉、个性两部分内容。

知觉是个体为了对自己所在的环境赋予意义而解释感觉印象的过程。知觉有四个特征：选择性、理解性、整体性和恒常性。

社会知觉就是对人的知觉。在社会知觉过程中，人通常会选择一些捷径，而结果常常会产生误差甚至错误，这些规律性现象被称为社会知觉误区。社会知觉误区主要有以下几个：第一印象、晕轮效应、投射效应、心理定式、刻板印象、期望效应、效果性偏见等。

自我知觉是指一个人通过对自己行为的观察而对自己心理状态的认识。随着个人自我意识的发展，自我知觉经历着不同的发展阶段：生理的自我、社会的自我和心理的自我。

个性是个人所特有的、区别于他人的、比较稳定的心理特征的综合。它包括个性倾向性和个性心理特征两个方面。

个性倾向性包括需要、动机、兴趣、理想、信念、价值观等心理成分。个性心理特征包括能力、气质与性格等心理成分。能力是决定个体活动效率的个性心理特征；气质与性格是决定个体行为风格的个性心理特征，它们使一个人的心理与行为区别于他人而具有独特的风格与特点。

个性理论部分主要介绍了卡特尔人格因素特质理论、弗洛伊德的人格结构理论、埃里克·伯恩的人格状态理论和大五人格理论。

综合练习题

一、填空题

1. 知觉的特性有_____、_____、_____、_____。
2. 个性的特征有独特性、稳定性、整体性和_____。
3. 希波克拉底的体液说把人的气质类型划分为胆汁质、多血质、黏液质、_____。
4. 性格的意志特征是指个体在调节自己的行为和心理活动时表现出的心理特征，如自觉、坚定、果断、_____等。
5. _____指的是社会上部分人对某类事物或人物所持的共同的、笼统的、固定的看法和印象。
6. 弗洛伊德的人格理论主要包括两大主题：人格结构与_____。
7. 埃里克·伯恩的人格状态理论认为人格是由三种自我状态构成的，它们分别是儿童自我状态、成人自我状态和_____。
8. 在大五人格结构理论中，人格被划分为五个独立的基本维度，分别是外向性、_____、_____、_____、_____。
9. 最早在心理学领域内规范化地使用内倾和外倾这一概念的是心理学家_____。

二、不定项选择题

1. 影响知觉的主观因素有（　　）。
   A. 性格　　　　　　B. 经验　　　　　　C. 情绪　　　　　　D. 兴趣
2. 性格是一个人对客观现实的态度和从习惯化的（　　）中所表现出的较稳定的心理特征。
   A. 行为方式　　　　B. 生活方式　　　　C. 学习方式　　　　D. 交往方式
3. 刻板印象是指人们头脑中存在的关于某一类人的（　　）。
   A. 初始印象　　　　B. 最新印象　　　　C. 固定印象　　　　D. 最后印象
4. （　　）的主要特点是以偏概全。
   A. 第一印象　　　　B. 晕轮效应　　　　C. 期望效应　　　　D. 刻板印象
5. 心理的自我是指人对自己的智慧、（　　）、道德水平的认识。
   A. 能力　　　　　　B. 精神　　　　　　C. 理想　　　　　　D. 身体
6. 由于（　　）的存在，我们常常可以通过一个人对别人的看法来推测这个人的真正意图或心理特征。
   A. 第一印象　　　　B. 晕轮效应　　　　C. 投射效应　　　　D. 期望效应

7. 先入为主就是（　　）的一种表现。
   A. 第一印象　　　　B. 晕轮效应　　　　C. 期望效应　　　　D. 心理定式
8. 能力是指顺利完成某种活动所必需的并直接影响活动（　　）的个性心理特征。
   A. 质量　　　　　　B. 节奏　　　　　　C. 效率　　　　　　D. 效益
9. 美国心理学家卡特尔根据自己的研究，确定人格包含（　　）种根源特质。
   A. 13　　　　　　　B. 14　　　　　　　C. 15　　　　　　　D. 16
10. 那种坚定地认为自己是自己命运的主宰，只有自己才能控制自己的命运的人是所谓的
（　　）型的人。
   A. 内倾　　　　　　B. 外倾　　　　　　C. 内控　　　　　　D. 外控
11. 根据霍兰德的职业匹配理论，适合从事教师这一职业的人的性格类型应该是（　　）。
   A. 现实型　　　　　B. 探索型　　　　　C. 社会型　　　　　D. 企业型

三、判断题

1. 知觉的对象和背景是可以相互转换的。　　　　　　　　　　　　　　　　　　（　　）
2. 气质本身无好坏之分。　　　　　　　　　　　　　　　　　　　　　　　　　（　　）
3. 第一印象的产生，主要是感知对方的容貌、表情等外在的东西。　　　　　　　（　　）
4. 知觉的恒常性不是生下来就有的，而是后天学来的。　　　　　　　　　　　　（　　）
5. 刻板印象是一种个体印象，而不是一种群体印象。　　　　　　　　　　　　　（　　）
6. 父母自我状态是人格中主管情感和情绪的部分。　　　　　　　　　　　　　　（　　）
7. 大五人格量表很少用于职业生涯规划管理。　　　　　　　　　　　　　　　　（　　）

四、简答题

1. 举例说明影响知觉的客观因素。
2. 什么是刻板印象？如何发挥刻板印象的积极作用？
3. 联系实际谈谈影响个性形成和发展的因素。
4. 什么是本我、自我、超我？它们三者有什么样的关系？
5. 什么是第一印象？了解第一印象对我们有什么启发？
6. 什么是性格？管理者如何根据员工的性格差异进行有效的管理？
7. 什么是气质？人力资源管理如何体现员工的气质差异？
8. 什么是能力？人力资源管理如何体现员工的能力差异？

五、思考题

1. 你如何评价大五人格理论？大五人格量表为什么很少用于职业生涯规划管理？
2. 高马基雅维利主义者的人格特点是什么？你如何评价高马基雅维利主义者？

案例分析题原文

六、案例分析题

扫描二维码阅读案例，并回答以下问题。
（1）你如何评价乔布斯的个性？
（2）为什么说取得杰出成就的企业家更容易有坏脾气？

第三章　态度与情绪

学习目标

通过本章的学习，你应该达到以下目标。

知识目标： 了解态度的基本知识，尤其需要重点掌握态度与行为的关系，了解有关态度的形成和改变的理论；了解影响工作满意度的因素，尤其应掌握工作满意度对工作绩效的影响；理解主观幸福感和工作幸福感的含义；了解情绪理论及情绪的效能，理解积极情绪体验的含义与意义。

技能目标： 根据相关知识学会测量工作满意度及提高主观幸福感的方法。

能力目标： 依据态度的形成和改变相关理论掌握改变他人某种态度的能力。

案例导读

谁夺走了职场人的幸福

（中外管理杂志 2019-03-05）前一段时间，"996" 工作制几乎成为全民讨论的内容，如果你知道了这场全民讨论带来的真实后续影响，则能更深刻地理解年轻人的窘境。根据某些创业公司工程师的反馈，社会对 "996" 工作制的批判不仅没有帮到他们，反而让公司掀起了 "向 '996' 工作制学习的热潮"。因为创业公司普遍发现：它们正拼命追赶的行业巨头，不仅比它们有更高的市场地位、更多的资源，甚至比它们更努力！

在日本，代表日本企业优越性的 "终身雇佣制" 已走向终结，日本企业对老员工的态度也在发生改变。例如，日本有很多企业规定：员工到 50 岁或 55 岁以后，其工资不再上涨，甚至会随着工作年限的增长而降低。有些日本企业明确表示：公司是 "按劳付酬"，当老员工 "工不抵薪" 时，他们就需要调整岗位或离职。而与终身雇佣制配套的 "年功序列制" 也正在日本企业里消失。松下电器在 2015 年即已全面废除年功序列制，索尼公司也紧随其后……

移动互联网时代的竞争遵循的不是 "二八定律" ——20% 的人或公司占据 80% 的资源，而是迅速演变成了 1∶99，乃至 1∶999 的竞争——1% 或 0.1% 的人或公司直接占据了 99% 或 99.9% 的市场。这意味着，即使企业在 1000 家公司中排名第二，也有可能是落败者，因为消费者很容易就接受排名第一的品牌的服务。如此，行业竞争能不加剧吗？

企业的苦恼，终会转化为员工的苦恼；而员工的苦恼，也是企业成长中的苦恼。只是可叹的是，科技进步的速度远远超过了人类社会治理能力的成长速度。几代人在科技创新和全球化上的努力，却让现在的职场人不得不过起了更辛苦的日子。所以对企业而言，解决问题的关键就是把员工和企业推进快乐工作、共同发展的幸福企业良性循环中——因为，员工的 "幸福力" 就是企业的竞争力。

从某种意义上来说，管理的本质是创造幸福。上述案例表明，当企业为客户的幸福添砖加瓦时，客户可让你持久盈利；当企业让员工幸福时，员工会在压力和成就的循环中持续成长、获益；当企业对社会的幸福作出贡献时，企业家会受人尊重，企业也更有可能 "健康长寿" ……本章我们主要介绍态度与情绪以及与此有关的工作满意度和工作幸福感。

第一节 态 度

态度是一种复杂的心理现象，它的形成和发展受到个体过去的知识、经验、动机等因素的影响。某种态度一旦形成，就会对人的行为产生极大的影响。因此，要想深入了解人的心理和行为，就必须研究人的态度。

一、态度的概念、结构与特点

不管人们的职业性质如何，几乎每个人都会关心态度。例如，工厂的厂长或经理会关心员工的工作态度，因为它会影响员工的生产积极性和生产效率；市场营销管理人员会关心顾客对产品质量和服务的态度，因为它直接影响企业的生存和发展。

（一）态度的概念

态度是社会心理学近几十年来研究的重点领域之一。"态度"这个词已经成为社会心理学的核心概念。从一定意义上说，人的一切社会行为都受个体态度的影响。

态度是指个体对某一对象所持有的评价和行为倾向。态度的对象是多方面的，其中有人、事件、物、团体、制度以及代表具体事物的观念等。

人们对一个对象会作出赞成或反对、肯定或否定的评价，同时还会表现出某种反应的倾向性，这种倾向性就是心理活动的准备状态。所以，一个人的态度会影响他的行为取向。

案例 3-1

态度决定出路

1997 年 12 月，英国路透社发出一张英国查尔斯王子与一位街头游民的合影。这是一段令人惊异的相逢！原来，查尔斯王子在寒冷的冬天拜访伦敦的穷人时，意外遇见以前的足球球友。这位游民克鲁伯·哈鲁多说："殿下，我们曾经就读于同一所学校。"王子反问："在什么时候？"他说："在山丘小屋的高等小学。"两人还曾经互相取笑彼此的大耳朵。

王子的同学沦落街头，这是人生的无奈。克鲁伯·哈鲁多出身于金融世家，曾经就读于贵族学校，后来成为作家。上天送给他两把金钥匙——"家世"与"学历"。但是，在两次婚姻失败后，克鲁伯开始酗酒，并逐渐从著名作家沦落为街头游民。所以，打败克鲁伯的是英国的不景气吗？不是，是他的态度。从他放弃正面"态度"的那一刻起，他就输掉了一生。

让我们把场景从伦敦街头移到台北。同样的低迷与不景气，却演绎着不同的人生剧情。

阳明山上的一栋别墅正在大翻修，59 岁的瓷砖师傅吴清吉正蹲在地板上，专注地铺设瓷砖。经济的不景气让很多装修师傅失去了工作，但是，吴清吉的工作却排到火年。

吴清吉，一个只有小学学历、年近 60 岁的蓝领工人，本应该是竞技场上的弱者，却格外受欢迎。他的要价比别人高、工时比别人长，他追求 100 分的工作态度，使自己的工作时间表排得很满。

他不像克鲁伯一样能与查尔斯王子就读于同样的贵族学校，但拥有另一把更可贵的人生金钥匙——追求 100 分的工作态度。态度，改变了吴清吉的下半场人生。

（二）态度的结构

作为个体对特定对象的一种心理反应倾向，态度具有一定的结构。它主要包括三种成分，即认知成分、情感成分和意向成分。

认知成分是指对人、对事物的认识、理解和评价，即我们通常所说的印象。认知成分既包括对某人、某事物的认识，也包括对某人、某事物的评价，它是态度形成的基础。情感成分是指对人、对事物所做的情感判断，如尊敬或轻蔑、喜欢或厌恶、热情或冷淡等，它是态度的核心，并且与人们的行为紧密相关。意向成分是指个体对态度对象的反应倾向，即行为的准备状态。

态度的三种成分是协调一致的，即有什么样的认知就有什么样的情感体验和行为反应倾向。不过在一些情况下，态度的这三种成分也有不协调的现象，在这种情况下，情感成分对认知成分和意向成分具有支配和调节作用。在态度的三种成分中，情感成分与意向成分的关联程度要高于认知成分与情感成分、认知成分与意向成分的关联程度。所以，态度的情感成分通常在心理的深层次非理性地左右着人的心理反应倾向，使态度成为一种非常特殊的心理现象。

（三）态度的特点

态度具有以下几个方面的特点。

1. 对象性

态度必须指向一定的对象，若没有对象，就谈不上态度。态度是针对某一对象而产生的，具有主体和客体的相对关系。人做任何事情，都会形成某种态度，在谈到某种态度时，就会提到态度的对象。

2. 社会性

态度是通过学习获得的，不是生来就有的。态度不是本能行为，虽然本能行为也有倾向性，但它是不学就会的。所有的态度都不是遗传而来的，而是后天获得的。

3. 内隐性

态度是一种内在结构。一个人究竟具有什么样的态度，我们只能根据他的外显行为加以推测。例如，一个员工在业余时间里总是抱着各种专业书看，那么我们就可以从他的行为中推测出他对学习有着积极的态度。

心理学家罗森伯格描述了态度的内在结构特征，如表3.1所示。

表3.1　态度的内在结构特征

刺　　激	态　　度	反　　应
刺激是可以观察到的独立变量，如个人情况、社会问题、社会团体及其他对象等	态度是中介因素，有三种成分：认知成分、情感成分、意向成分	反应是可以观察到的从属变量，包括情感反应、认知反应、观点的言语反应以及外显行为

表3.1说明了刺激、态度、反应三者之间的关系，态度这一内在结构是刺激与反应之间的中介因素。

4. 稳定性与可变性

态度的稳定性是指态度形成后在相当长的时间内保持不变。态度是个性的有机组成部分，它使人在行为反应上表现出一定的规律性。当然，态度也并非一成不变，当各种主客观因素发生变化时，态度也会随之改变。

5. 调整性

态度的一个重要特点就是它具有调整功能。所谓调整，就是当事人在社会奖惩或亲朋意见及榜样示范作用下改变自己的态度。这种功能有助于人们在心理上适应新的或困难的处境，使自己不必亲身经历或付出代价而实现态度的改变。管理上的示范作用就属此理，对先进的表彰奖励、对落后的批评惩罚不但会影响当事人的思想和行为，还会影响其他接触到相关信息的人的思想和行为，从而使他们的思想和行为发生改变。

 视野拓展

态度影响社会性判断

哈斯托夫和坎特里尔将普林斯顿大学和达特茅斯学院两个校队的足球比赛录像分别放给两校学生看，结果是，普林斯顿大学的学生发现达特茅斯学院球队的犯规次数比裁判实际指出的多两倍，而达特茅斯学院的学生则相反，他们更多地指出了普林斯顿大学球队犯规而未受罚的次数。显然，这是两校学生维护各自学校荣誉的立场和期望以及对本校球队获胜的积极态度造成认知判断上偏差的有力证据。

二、态度与行为

态度与行为的关系是非常复杂的，这不仅是由于态度本身具有复杂性，而且还由于人的行为受到多种因素的影响，态度仅仅是影响人的行为的诸多因素中的一种。

有关态度与行为之间的关系的探讨历史几乎与对态度本身的研究历史一样长。大多数学者对态度与行为之间的关系基本上持肯定意见，即认为一个人的态度决定了他的行为。例如，你觉得不该发展烟草工业，你就不大可能是个抽烟的人。这也正如前文所述，态度是行为的准备状态，因而我们可以通过态度来预测行为。然而，也有人通过研究发现，在一些情况下，态度与行为可能并不一致。

 示例

早在 20 世纪 30 年代初，美国学者拉皮尔就在一项著名的研究中对态度与行为相一致的看法提出了异议。在这项研究中，拉皮尔与一对年轻的中国留学生夫妇一起进行了一次环美旅行。由于当时美国人对东方人普遍持有歧视态度，拉皮尔他们旅行前预计在旅途中将很难得到旅馆和饭店的良好接待。但是，在万余英里的行程中，他们光顾的 184 家饭店和 66 家汽车旅馆只有 1 家拒绝接待。

为了对特定的行为作出预测，费希伯恩等人提出了"行动意图模式"。他们认为，人会考虑自己行动的含义，因此人的大部分行动都是受意识支配的。因此，一个人是否采取某一特定行动的最直接的影响因素是意图。意图又取决于两个变量：一是行为者对该行为的态度；二是行为者的主观行为规范，它由个体所知觉的行为期待构成。一个人的意图是这两个变量的函数。预测特定意图和行为的模式如图 3.1 所示。

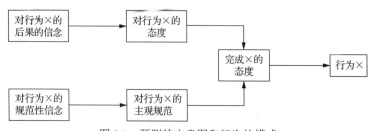

图 3.1　预测特定意图和行为的模式

在这一模式中，态度是个人对特定行为的态度，而不是个人对一般对象的态度。因此，我们可以通过这种特定态度和主观规范来预测一个人的特定行为。

案例 3-2

态度在学习中的作用

琼斯（Jones）等做过一项实验。研究者选择对"白人与黑人分校学习"有不同态度的大学生作为被试，第一组为反对分校者，第二组为赞成分校者。然后，研究者让两组被试分别朗读 11 篇主题为"反对黑人与白人分校学习"的文章，读后请两组被试分别将读过的文章内容尽量完整地写出来。结果发现，第一组被试所记忆的材料数量（即成绩）优于第二组。

三、态度的形成和改变

人的态度不是生来就有的，而是在一定的社会环境中形成的。刚出生的婴儿，无所谓态度，其在发育成长过程中不断接触周围事物，从而在大脑中形成了各种印象、看法，获得了相应的情绪体验，就逐渐形成了对事物的态度。

（一）态度的形成和改变理论

1. 阶段理论

心理学家凯尔曼提出态度形成需要经过三个阶段，即服从阶段、同化阶段、内化阶段。

（1）服从阶段。个体为了满足物质和精神的需要或避免惩罚而采取表面顺从的行为被称为服从。服从阶段的行为不是反映个体真实意愿的行为，而是个体一时的为顺应环境要求而产生的行为。其目的在于获得奖赏、赞扬，被他人承认，或者避免惩罚、免遭损失等。当环境中奖励或惩罚的可能性消失时，服从阶段的行为和态度就会马上消失。服从行为和态度，在日常生活中非常普遍。例如，有些刚入学的大学生没有早起的习惯，对于学校出早操的规定，刚开始觉得非常别扭，甚至觉得学校真是多此一举。可是他们必须执行学校的规定，否则就要受到惩罚，无奈只能出早操。这种不愿早起而又不得不早起的行为，就是服从行为。

（2）同化阶段。同化是指个体不是被迫而是自愿地接受他人的观点、信念，使自己的态度与他人的要求相一致。同化阶段的态度不同于服从阶段的态度，它不是在环境的压力下形成或发生转变的，而是出于个体的自觉或自愿。例如，一个人想加入某个有吸引力的社会团体，他就会遵守该团体的章程，愿意以该团体的规范约束自己的行为，接受该团体对他的要求和指导，并以作为该团体的一分子的态度对待工作与生活。以大学生出早操为例，某学生坚持出早操一段时间以后，由于出早操给他的身体和精神都带来了好处，即使不出早操也不会受到任何惩罚，他还是会遵守学校的这一规定。

（3）内化阶段。内化是指人们从内心深处真正相信并接受他人的观点从而彻底转变自己的态度，并自觉地用其指导自己的思想和行动。在这一阶段，个体把那些新思想、新观点纳入了自己的价值体系，以新态度取代旧态度。一个人的态度只有到了内化阶段，才是稳固的，才能真正成为个人的个性心理特征。

态度的形成通常要经历从服从阶段到同化阶段再到内化阶段的过程，这是一个复杂的心理过程。当然，并不是所有人对所有事物的态度都要经历这整个过程。人们对一些事物的态度的形成可能经历了整个过程，但对另一些事物的态度可能只停留在服从或同化阶段。

2. 认知平衡理论

认知平衡理论的创始人是美国社会心理学家海德。海德认为，人类普遍地有一种平衡、和谐的需要。一旦人们在认识上有了不平衡和不和谐性，就会在心理上产生紧张和焦虑，从而促使他们的认知结构向平衡和和谐的方向转化。显然，人们喜欢完美的平衡关系，而不喜欢不平衡的关系。

认知平衡理论可用"P-O-X"模型来说明其原理。其中，P是认知主体，O是认知客体，X是与 P、O 有关系的某种情境、事件、观念或第三人。P、O、X 三者具有情感或态度上的联系，态度可以是肯定的，也可以是否定的。在反映 P 的认知结构中，三者的关系既可以是平衡的，也可以是不平衡的。当三者关系均为肯定，或两方为否定、一方为肯定时，是平衡状态，否则就是不平衡状态，如图 3.2 所示。

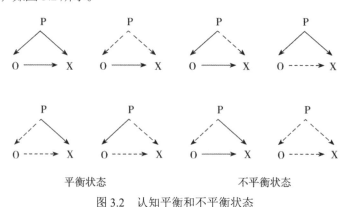

平衡状态　　　　　　　　　不平衡状态

图 3.2　认知平衡和不平衡状态

注：虚线表示否定，实线表示肯定

 视野拓展

态度影响认知

社会心理学家兰伯特曾让一些加拿大学生根据声音判断说话者的人格特征。他让被试听十个人朗读同一篇文章的录音带（实际上只有 5 人朗读，只不过每人用英语、法语两种语言各读一次），然后让被试判断这十个人的人格特征。结果发现，同一个人用英语朗读比用法语朗读获得了更高的评价。同一个人在说英语时被认为个子高、有风度、聪明、可靠、亲切、有抱负；而说法语时被认为缺乏幽默感。实践证明，人们是根据已有态度来判断他人的，因为很多英裔加拿大人的社会背景更好，所以被试对英裔加拿大人的态度优于法裔加拿大人。

3. 认知失调理论

认知失调理论是美国社会心理学家费斯汀格提出的。他认为，每种认知结构都是由诸多基本的认知元素构成的，而认知结构的状态自然取决于这些基本的认知元素相互间的关系。他认为认知元素相互间的关系有三种可能：①协调，此时两种元素的含义一致；②不相干，此时两种元素的含义互不牵连；③不协调，此时两种元素的含义彼此矛盾。

费斯汀格认为，作为心理上的不适，不协调的存在将推动人们去努力减少不协调，并力求达到协调一致的目的。减少不协调的具体途径有三个：①改变行为；②改变态度；③引进新的认知元素。

当不协调出现时，除了设法减少它以外，人们还可以能动地避开那些可能使这种不协调增加的情境因素和信息因素。

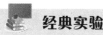 **经典实验**

行动刺激法

传统的改变人们行为的方法要么是从理性层面改变人的想法，要么是从感性层面改变人的感觉。这些方法都能影响人的最终行为。而行动刺激法恰恰相反，它是先改变人的行动，因为人的思维、感觉、行动是一体的，一个方面改变，剩下两个方面都会改变。所以改变人的行动，会让人的思维和感觉自动发生改变。

这里介绍一个心理学实验。

人员被分为四组，实验目的是提高这些人的慈善捐款额。

A组：收到了理性的信息，如山区儿童的现状和数据。

B组：收到了感性的信息，如一些山区儿童的笑脸照片，以及一些感人的配乐。

C组：被要求设计一个针对慈善捐款项目的广告方案。

D组：被要求做完全不相关的事情，如玩一些拼图游戏。

A组是从思维方面改变人的行动；B组是从感觉方面着手；C组是从行动方面着手；D组是参照组。最终结果是，C组的捐款额最高。C组的捐款额更高的原因可以总结为如下几点：C组的人有参与感；C组的人先行动，行动影响了思维和感觉，从而提高了捐款额；C组的人有自主感，而非被强迫去做某事。

所以，我们可把行动刺激法提炼并总结成一个"套路"：设定需要改变的行动后，让人们主动参与进来，设计一些他们可以为企业做的事情，那么他们就会自动完成行动的改变。也就是说，设计有参与感的活动，让人们先付出行动，从而改变其行动。

（二）改变态度的方法

改变态度的方法有很多，这里主要介绍以下几种。

1. 角色扮演

角色这个词来源于戏剧，它指的是那些处于特定社会位置的人被期望表现出的行为。当人们扮演一种新的社会角色时，人们起初可能觉得很虚假，但很快就会适应，并表现出符合"身份"的行为。

在一个有关角色扮演的经典性研究中，研究者先测量被试对某一事物的态度，然后要求几个被试扮演演说家的角色，按照既定的要求作一次发言，每次发言所表达的是一种比被试本人原有态度更为极端的态度，其他被试则仅仅是这几位发言者的听众。完成角色扮演后，实验者对被试的态度重新做了测量。结果发现，扮演演说家角色的被试态度沿着发言时所做表现的态度方向发生了重大的改变，而听众的态度却很少受影响。还有一些研究进一步揭示，在角色扮演中所花费的力气越大，改变态度的效果就越好。

 经典实验

角色扮演实验

一项相当具有说服力的角色扮演实验是由斯坦福大学的心理学家菲利普·津巴多（Philip Zimbardo）和他的同事完成的。他们在斯坦福大学心理系办公楼的地下室建起了一座"监狱"，以每天15美元的价格雇用了24名大学生参加实验。这些学生情绪稳定、身体健康、遵纪守法，在各项人格测试中的得分均属"正常"。实验者给这些学生随机分配了角色：一部分人为"看守"，另一部分人为"犯人"，并制定了一些基本规则。

为了使实验有一个"逼真"的开始，津巴多得到了帕洛阿尔托县警察署的协助。警察们在事先没有通知实验者的情况下进入扮演"犯人"的学生家中，在朋友和邻居的面前逮捕了这些学生，给他们戴上手铐，并将他们押入警车。然后，警察们把这些学生带到警察署，录了口供并按了手印后，才将其送入斯坦福大学的"监狱"。

实验原定持续两周时间。刚开始时，做"看守"的学生和做"犯人"的学生之间没有多大差别。而且，做"看守"的学生也没有受过专门训练。他们只是被告知要"维护监狱的秩序"，不理会"犯人"的胡言乱语（例如，"犯人"说的"禁止使用暴力"）。为了更真实地模拟"监狱"生活，"犯人"可以像在真正的监狱中那样，接受亲戚和朋友的"探视"。不过，"看守"可以每八个小时换一次岗，而"犯人"除了吃饭、锻炼、上厕所以及办些必要的事情之外，必须全天待在"牢房"里。

没过多长时间，"犯人"就承认了"看守"的权威地位，或者说，"看守"就适应了自己的新的权威角色。特别是在实验的第二天，"看守"们"粉碎"了"犯人"们试图进行反抗的计划之后，"犯人"们的反应更为消极。不管"看守"们吩咐什么，"犯人"们都唯命是从。"犯人"们开始相信，正如"看守"们经常提醒他们的那样，他们低人一等、无力改变现状。而且，在实验过程中，每一位"看守"都做过虐待"犯人"的事情。例如，一位"看守"说："我觉得不可思议……我让他们互相谩骂，还让他们擦洗厕所。我真的把"犯人"当成牲畜，而且我一直在想，'我必须看住他们，以防他们做坏事'。"另一位"看守"补充说："我看到'犯人'就心烦，他们穿着脏衣服，监狱里臭气熏天。在我们的命令下，他们相互撕扯、打斗。他们已经不觉得这是一次实验，好像一切都是真的，尽管他们还努力保持自己原来的身份，但我们向他们灌输我们才是老板的理念，这使他们的努力收效甚微。"令人诧异的是，在整个实验过程中——甚至在遭受"虐待"的日子里，没有一个"犯人"站出来说："不许这样。我和你一样是学生，这只不过是一个实验而已。"

这次的实验相当成功地证明了个体扮演一种新角色是多么迅速。由于参加实验的学生在实验中表现出了病态反应，实验者不得不在实验进行了6天之后将其终止。请注意，参加这次实验的学生都是经过严格挑选的神志正常、情感稳定的人。

这个实验能够告诉我们许多东西。首先，一个人进入一种新角色是非常迅速的，尽管新角色可能与他原有的角色差异非常大。其次，一个人表现出的行为似乎更接近自己的角色而非自己的道德，修养在角色要求面前显得微不足道。这样的解读似乎让人感到悲哀。这给我们在管理上的启示是，我们更应该关注制度、环境条件，而不是寻找具有某种品质的人，前者要比后者更具确定性。看来，在生活中，我们要改变一个人的态度，一个有效的办法是赋予他相关的角色，随着他采取相应的角色行为，他的态度就会发生变化。

2. 登门槛技巧

登门槛技巧是一种常见的推销术，原意是指推销员只要把脚踏进人家的大门，就能成功地实现推销的目的。现在，"登门槛效应"是指在提出较大要求前，先提出较小的要求，通过使别人接受较小的要求，从而改变其对较大要求的态度并相应提高其接受度。心理学实验表明，如果想让别人帮你一个大忙，一个有效的策略就是先请他帮你一个小忙。这也称"得寸进尺"现象，即要想"进尺"，首先要"得寸"，"得了寸"，"进尺"的可能性就非常大了。也就是说，如果没有遭到拒绝，成功就在眼前了。

需要注意的是，人们最初的顺从行为（帮小忙）都是自愿的。当人们承诺公众行为并且认为这些行为是自觉做出的时候，他们会更加坚信自己的所作所为是对的。

3. 吃闭门羹技巧

这正好是与"登门槛技巧"相对应的现象，是指人们拒绝了一个较大要求后，对较小要求的接受度提高的现象。

心理学研究者查尔迪尼等人曾做过一项研究。研究人员将参与实验的大学生分成两组，对于第一组大学生，研究人员要求他们带领少年们去动物园玩一次，时长为两个小时，但只有17%的大学生答应了这个请求。对于第二组大学生，研究人员首先请求他们花两年时间担任一个少年管教所的义务辅导员，这是一件费时费力的工作，几乎所有的大学生都谢绝了；研究人员接着提出了一个小的要求，让他们带领少年们去动物园玩两个小时，结果有50%的大学生答应了这个请求。

（三）影响态度改变的因素

态度是人在社会实践中逐渐形成的。虽然态度一经形成就具有稳定性，但它也不是一成不变的。随着主客观条件的改变，态度也会发生改变。

态度的改变有两种情况：一是方向的改变，二是强度的改变。例如，原来不喜欢某种交通工具，后来变得喜欢了，这是方向的改变；原来对是否到某饭店消费犹豫不决，后来则非常喜欢去或根本不去，这就是强度的改变。当然，方向的改变与强度的改变也可能同时发生，从一个极端转变到另一个极端，既是方向的改变，又是强度的改变。

影响态度改变的因素主要有以下几个方面。

1. 个体本身的因素

人的需要、性格特点、智力水平、自尊心、受教育程度以及社会地位等因素，都会对态度的改变产生影响。

（1）需要。态度的改变与人当时的需要密切相关，如果能最大限度地满足他当时的需要，则容易使其改变态度。

（2）性格特点。从性格上看，依赖性强、暗示性高或比较随和的人都容易相信权威、崇拜他人，因而容易改变态度；反之，独立性、自信心强的人则不容易被他人说服，因而不容易改变态度。

（3）智力水平。通常，人们认为高智力水平者不易接受劝导、改变态度，而低智力水平者则相反，但这个观点并没有得到证实。现有的研究证明：智力水平高的人，由于具有较强的判断能力，能准确分析各种观点，易受强调理解的信息的影响；反之，智力水平低的人，难以判断是非，则易受强调顺从的信息的影响。

（4）自尊心。自尊心强的人，其心理防卫能力较强，不容易接受他人的劝告，因而态度改变比较困难；反之，自尊心弱的人则敏感易变。

（5）受教育程度。受教育程度高的人改变态度的方式与智力水平高的人相似。

（6）社会地位。一个人的社会地位越高，其态度就越难改变。

2. 态度本身的特性

态度的强度、态度的三种成分之间的关系、态度的价值性，以及原先的态度与要求改变的态度之间差距的大小等特点都能对态度的改变产生影响。

（1）态度的强度。态度的强度直接影响态度的改变。态度的强度指人对某一对象赞成或反对、喜爱或厌恶的程度。一般来说，人受到的刺激越强烈、越深刻，态度的强度就越高，因而形成的态度就越稳固，也越不容易改变。

（2）态度的三种成分之间的关系。态度的三种成分（认知成分、情感成分、意向成分）的一致性越强，人的态度越不容易改变。如果三种成分不一致，则态度的稳定性较差，也就比较容易改变。

（3）态度的价值性。态度的价值性对人的态度的改变有重要影响。态度的价值性是指态度的对象对人的价值和意义的大小。如果态度的对象对人的价值很大，那么对他的影响就会很深刻，因而某种态度一旦形成，就很难改变。反之，态度的对象对人的价值小，则他的态度就容易改变。

（4）原先的态度与要求改变的态度之间差距的大小。心理学家采用态度的主观量表（如图3.3所示）来表示态度之间差距的大小。

从图3.3中可以看到，第一行中，"-1"与"+1"表示两个极端，"0"表示中间量；第二行中，"1、2、3、4、5"表示态度的等级；第三行中，"0、50%、100%"表示态度强弱的百分比。

-1		0		+1
1	2	3	4	5
0		50%		100%

图 3.3　态度的主观量表

量表上的任何两点都可以表示原先的态度与要求改变的态度之间差距的大小。如果两点落在两端，则表明两者差距很大；反之，如果两者靠得很近，则表明两者差距很小。

态度改变的难易要视两者差距的大小而定。这说明，改变一个人态度的难易取决于他原来的态度如何，如果两者差距太大，往往不仅难以改变，他反而会更加坚持原来的态度，甚至与要求改变的态度对立。

3．团体的影响

人的态度通常是与其所属团体的要求和期望相一致的。这是因为团体的规范和习惯力量会形成一种无形的压力影响团体内成员的态度。个人与所属团体内大多数人的意见相一致时，他就会得到有力的支持；否则，他就会感受到来自团体的压力。

人都处在一定的团体中，团体的准则、规范可以有效地改变个人的态度。社会心理学家勒温的实验说明了团体规定与态度改变之间的关系。

 经典实验

团体规定有助于态度改变

美国的家庭主妇们一般都不喜欢用动物的内脏（如猪心、牛肝等）做菜，但第二次世界大战期间，由于食品短缺，美国政府希望能说服家庭主妇们购买那些一向不受欢迎的动物内脏做菜。心理学家勒温设定了两种情境：一是把上述要求作为讲解与劝说；二是把上述要求作为团体规定。然后，他观察两种情境对态度改变的影响，并加以比较。他把家庭主妇们编成六个小组，每组13～17人，其中三个小组接受讲解与劝说，三个小组接受团体规定。前三组的家庭主妇们听了半个小时的讲解与劝说，知道了这些食品如何美味、营养价值有多高、将这些内脏当作食品对国家有贡献意义等，同时还获赠了一份烹调内脏的食谱。当时许多家庭主妇都听得津津有味，很想马上实行。后三个组的家庭主妇们被简单地告知团体规定大家今后要使用动物内脏做菜，并不解释其原因。一周以后进行检查，前三个组中仅有3%的人改变了对用动物内脏做菜的态度，而后三个组中有32%的人改变了态度。

这个实验说明人的态度会在无形中受到团体内其他成员的态度的影响。在该实验中，后三组的家庭主妇们被简单地告知要求，她们把这看成一种团体规定，因而态度改变比较明显。

4．宣传的影响

宣传对态度的改变是有影响的。宣传对被宣传者态度改变的效果取决于以下几个因素。

（1）宣传者的权威。宣传者本身有无权威对被宣传者态度的改变有很大的影响。宣传者的权威由两个因素构成，即专业性与可信性。专业性指宣传者的专家身份，如学位、社会地位、职业、年龄等。可信性是指宣传者的人格特征、外表仪态，以及讲话时的信心、态度等。显然，讲话时结结巴巴、畏首畏尾，总不如理直气壮、信心十足那样使人感到可信。

（2）宣传内容及其组织。宣传内容是仅仅强调一方面有效，还是强调正反两方面更有效呢？心理学家对此进行过研究，结论如下。对于文化程度低的人来说，单方面宣传容易改变他们的态度；而对于文化程度较高的人来说，正反两方面内容宣传的效果较好。人们最初的态度与宣传者所强调的方向一致时，单方面宣传有效；若最初的态度与宣传者的意图不一致，那么正反两方面宣传更有效。

（3）引起恐惧的宣传。宣传内容要有一定的压力，使被宣传者产生不安全感，产生一定的焦虑，这样就更容易改变被宣传者的态度。

（4）被宣传者的个性特点和智力水平。人们在同一情境下接受宣传，但有的人容易改变态度，有的人却难以改变态度，这些都与每个人的个性特点和智力水平有关。一般来说，智力水平高的人比智力水平低的人更不容易改变态度；自尊心强的人比自尊心不强的人更不容易改变态度。

四、态度与价值观

态度是个体对某一对象所持有的评价与行为倾向。态度与价值观有密切的联系，人的态度实际上是价值观的具体反映。

（一）价值观的概念及特性

价值观是个体关于事物、行为的意义、重要性的评价和总体看法。对诸事物的看法和评价及其在心目中的主次、轻重次序，就是价值观体系。价值观和价值观体系是决定人的行为的心理基础。我们可以从以下两个方面来理解价值观的含义：第一，价值观决定了事物或行为对于个体是否具有可接受性及重要程度如何；第二，价值观具有个体性，同一事物或同一行为对不同的人，其意义和重要程度均有很大不同，每个人都有自己的价值观。

价值观具有以下特性。第一，价值观是因人而异的。每个人的先天条件和所处的后天环境不同，人生经历也不尽相同，每个人的价值观的形成会受到不同因素的影响，因此，每个人都有自己的价值观。在同样的客观条件下，具有不同价值观的人，其动机模式不同，产生的行为也不同。第二，价值观是相对稳定的。价值观是人们思想认识的深层基础，它形成于人们的世界观和人生观。价值观是随着人们认知能力的发展，在环境、教育的影响下，逐步培养而成的。人们的价值观一旦形成，便是相对稳定的，具有持久性。第三，价值观在特定的环境下是可以改变的。由于环境的改变、经验的积累、知识的增长，人们的价值观有可能发生变化。

 示例

一辆劳斯莱斯

有三个人要被关进监狱三年，监狱长答应满足他们每人一个要求。美国人爱抽雪茄，要了三箱雪茄；法国人最浪漫，要一个美丽的女子相伴；而犹太人说，他要一部与外界沟通的电话。三年后，第一个冲出来的是美国人，他嘴里、鼻孔里塞满了雪茄，大喊："给我火，给我火！"原来他忘了要打火机。接着出来的是法国人，他已经有了两个孩子。最后出来的是犹太人，他紧紧握住监狱长的手说："这三年来我每天与外界联系，我的生意不但没有停顿，营业额反而增长了200%。为表感谢，我要送你一辆劳斯莱斯！"

从这个故事中我们可以看到，人生态度决定了人们的价值观，人们的价值观又决定了人生的选择，人生的选择对于人一生的发展影响深远。不同的选择，会带来不同的结果。

（二）价值观的分类

价值观是一种多维度、多层次的心理倾向系统，它是和社会、经济、文化的发展密切联系的。不同的学者对价值观的研究角度不同，对其进行分类的方法也不同。

1. 根据社会文化生活方式划分

斯普兰格根据社会文化生活方式把人的价值观划分为以下几类：①经济价值观，以有效实惠为中心；②理论价值观，以知识真理为中心；③审美价值观，以外形协调匀称为中心；④社会价值观，以群体和他人为中心；⑤政治价值观，以权力和地位为中心；⑥宗教价值观，以信仰为中心。

2. 根据人员的不同对象划分

人的价值观根据人员的不同对象可划分为以下几类：①个人价值观，即只属于个人的并指导个人行为的价值观；②集体价值观，即集体、组织中人员共同承认、接受并指导他们行为的价值观；③社会价值观，即全社会的人共同承认、接受并指导他们行为的价值观。

3. 根据人员的不同行为方式划分

人的价值观根据人员的不同行为方式可划分为以下几类：①反应型，只对自己的基本生理需要做出反应，不考虑其他因素；②忠诚型，从父母和领导那里学到的价值观，带有一点儿封建色彩；③自我中心型，为达到自己的目标，愿意做任何工作；④顺从型，忠诚努力，谨小慎微，喜欢明确的工作；⑤权术型，重视现实，好活动，有目标；⑥社会交往型，重视集体气氛的和谐，喜欢发展友谊；⑦现实主义型，重视具有挑战性的工作和学习成长的机会。

 视野拓展

国外知名企业的企业价值观

迪士尼——健康而富有创造力。

吉百利——竞争力，质量，明确的目标，朴实，开放，责任感。

美林——客户为本，尊重个人，团队精神，负责的公民感，正直诚实。

惠普——尊重个人。

宝洁——领导才能，主人翁精神，诚实正直，积极求胜，信任。

默克公司——诚实与正直，共同的社会责任，基于科学的创新而不是模仿，公司各项工作的绝对优势，利润应来自有益于人类的工作。

（三）价值观的功能与管理

价值观是指导人们行为的准则。由于人们的价值观不同，在同一种客观条件下对待同一个事物时，人们就会产生完全不同的行为。因此，树立和培育员工健康的价值观，是企业、组织各项事业成功的保证之一。

1. 价值观的功能

企业的生存，其实就是价值观的维系，以及员工对价值观的认同。因此，价值观具有以下功能。

（1）价值观是企业行为规范的内在约束。在企业的运营过程中，所有员工的行为都应该遵守规范。员工只有在价值思想上认为自己应该做什么、不应该做什么，才形成了内在约束。有什么样的价值观就会有什么样的行为文化，有什么样的行为文化就会产生什么样的物质文化。

（2）价值观是企业制度创新和战略创新的理念基础。精神状态和价值观往往是一切经营活动及其创新的根本和基础。员工的价值观受企业制度和企业战略的约束；反过来，价值观也会对企业的制度安排和战略选择产生反作用。人是有思想的，人的价值观支配人的选择和行为。因此，企业文化的创新，必然会带来员工价值观的创新，而价值观的创新又必然会推动企业制度和企业战略的创新。

（3）价值观是企业活力的内在源泉。企业活力最终来自人，也就是来自人的积极性，只有人的积极性被调动起来了，企业才能充满活力。而人的积极性的调动，往往受人的价值观的支配，人只有在价值思想上愿意做什么，才会有积极性。好的价值观会带来员工的忠诚和社会的广泛支持，能产生凝聚力和激励作用，不断激发员工的积极性和创造性，使员工为着一个共同的目标，并在一个共同的价值观的引导下，在行为方式上达成一致，形成一个协调融洽、相互信任、高效率的有机整体，从而使企业产生巨大的生产力和强劲的竞争力。

 示例

今天我们熟知的华为的四条核心价值观——以客户为中心，以奋斗者为本，长期艰苦奋斗，坚持自我批判，在华为创办初期，华为人就已经开始践行。到现在，其价值观只是从萌芽阶段逐渐长大成熟而已。

对企业来说，在创立伊始就要树立起正向的价值观。任正非曾说过："资源是会枯竭的，唯有文化才能生生不息。"但更重要的，同时也更难做到的是知行合一。任正非是军人出身，他有强大的执行力。华为要求员工做任何事都必须不打折扣地做好，而任正非也始终身体力行，用自己的行动来带动大家。

在华为，每个新员工都会有一个专门带领自己的指导员，指导员负责从日常生活和价值观两个方面，给新员工指导和帮助。指导员会将华为核心价值观所要求的关键行为，以通俗易懂的语言传递给新员工，但是不会强行灌输。指导员只会告诉新员工，华为认同什么、不认同什么。如果新员工愿意接受，那么就接受；不想接受，也不勉强，不融入的结果可能就是选择离开。

2. 价值观管理

价值观管理在企业文化建设中是一个很重要的方面。价值观管理体现了企业的价值追求和价值观在后期成长中的丰富和完善。

企业文化建设的关键在于核心价值观体系的确立。价值观管理过程分为以下三个阶段。

（1）清晰阐明企业的核心价值观。企业价值观管理的第一个阶段是管理者要明确企业的使命，描绘企业的愿景，清晰阐明企业的核心价值观；随后，依据核心价值，建立组织和个人的关键行为准则，促进企业文化的行为养成；同时，构建企业文化的关键驱动要素，依据要素制定企业文化管理标准和操作指标，实施企业及各个部分的目标管理，增强企业文化管理能力。

（2）企业的核心价值观转变为员工共同的价值观。企业价值观管理的第二个阶段是把企业的核心价值观逐步转变为员工共同的价值观的过程。这个过程包括宣传贯彻、内化、外化三个小环节。管理者通过宣传贯彻将企业的核心价值观内化于每个员工的心中，通过管理体系和制度的保障将企业的核心价值观外化于每个员工的日常行为中。在这个阶段，管理者要特别重视企业文化载体的作用。企业文化载体多种多样，包括报纸、期刊、广播、电视、网站、博客、微博等企业媒体以及各种文化活动。

（3）企业核心价值观体系持续进化和升级。企业核心价值观转变为企业所有员工共同的价值观之后，管理者还需要对其转变效果进行评估，并采取措施提升其转变效果。企业核心价值观一旦形成，自然有企业官方的、标准的解释，但其在向员工共同的价值观转变的过程中，会出现与官方的、标准的企业核心价值观版本不同的诸多解读。这种情况是正常的，也是必需的。它客观反映了企业核心价值观体系是弹性的，而不是僵化的，这是企业成长、进步所必需的。企业在经营过程中，赖以生存的环境每天都在发生改变，这些变化最终都会反映到企业价值观的嬗变上，因此企业核心价值观体系也要与时俱进，进行持续进化和升级。

总之，企业的文化现象、特征及创新都以价值观为载体来表现；企业的基本选择、行为规范都以价值观为轴心来调节；企业的生存、发展都以价值观为核心来实现。因此，对价值观的认识就是对员工的认识，对价值观的把握就是对企业管理方式的把握。

 课程思政

远大集团的价值观

（中外管理传媒 2018-09-21）远大集团（以下简称远大）独特的企业治理模式，它对环保节能近乎偏执的追求，它对颠覆性创新的高度重视，它的产品品质和价值观，都让人津津乐道。

这是一家创立时就把自己命名为"远大"，以保护生命为使命，坚持走独创、颠覆性创新路线的企业，它所有的产品都致力于低碳环保、保护人类生命，多年来不忘初心。自主创新、颠覆性创新在远大已经成为一种企业信仰，而支撑这个信仰的，也许就是远大的创始人张跃的企业家精神和远大的企业文化。

远人城自产有机食品、自行加工粮油、自制反渗透水、奖励不购车员工、垃圾分类回收、超市无人值守、餐桌无一粒剩饭、地面无一片纸屑，所有房间 100%新风且能 99.9%过滤 PM2.5，并具备剧场、运动馆、瑜伽馆、图书馆、精品酒店，是一个环境价值与人生价值平衡的小社会。从汽车、居室到机场、地铁，远大为各种场所提供了洁净的空气。

远大是一家用价值观色彩覆盖产品、服务和管理活动的企业。对于初创企业，也许利润最重要，对于雷同化企业，也许规模更重要，而对于价值观色彩浓厚的企业呢？难能可贵的是，在中国社会转型时期，远大一直坚持做到"七不一没有"，即不污染环境、不剽窃技术、不蒙骗客户、不恶性竞争、不搞三角债、不偷税、不行贿，没有昧良心行为——可以说，远大把道德看得比生存更重要。在多元化经营、规模化运作盛行的时代，远大一直坚持只做自己擅长的事、做好别人做不好的产品、做完别人做不完的服务——远大把责任看得比发展更重要。

与此同时，远大还有 200 多份 50 余万字的制度，这些制度从工作规则到生活守则应有尽有，甚至细化到"建议员工每天刷牙两次，每次刷牙不少于三分钟"。

在有 2000 余人工作生活的远大城里，厂房整洁，环境优美，没有其他制造企业常见的三五员工勾肩搭背的现象，上千人在自助餐厅用餐时秩序井然，远大自助超市自选自刷卡，上至总裁，下至员工，仪表整洁，每个人都朝气蓬勃。

这是一家向全世界 80 多个国家和地区提供空调、自己却很少使用空调的企业。在气候变化、臭氧层被破坏的时代，远大开始全力传播建筑隔热理念，力图让客户少买 80%的空调。

从空气、饮水到食品，远大的环保理念渗透到企业的每一个"细胞"。远大的企业文化和价值观非常值得推广，但它们也许又不需要被推广，远大园区里的每一座雕像、每一处花草，都像是远大的自媒体，在默默有力地发着声。

第二节　工作满意度

工作满意度反映了个体在工作中获得成就感的程度。员工工作满意度与员工工作稳定性和工作流动率有一定的关系。一般来说，更换员工的成本约占员工薪酬的 30%～40%，可见更换员工的成本是非常高的。

一、什么是工作满意度

工作满意度是指个体对其所从事工作的一般态度。其内容包括员工的工作满意度现状如何，多少员工是满意的，什么因素决定员工的工作满意度，工作满意度对员工的工作积极性有什么影响等。

影响工作满意度的因素有很多，从不同的角度进行分析得出的结论是不一样的，概括来讲主要有以下几个方面。

1. 工作性质

无聊单调的工作，没有反馈的工作，没有技术含量、不能展示自己的能力的工作，以及太死板、没有自由度的工作，都是不被人喜欢的工作。相反，具有挑战性的工作多受人喜欢。但是，并不是挑战性越高越好，无法完成的工作是不受人喜欢的，经过努力能够完成的工作才受人喜欢。也就是说，具有中等挑战性的工作最能使人感到愉快和满意。

2. 公平性

追求公平是人的普遍心理，工作中的公平主要体现在报酬和晋升两个方面，如果在这两个方面存在不公平，员工就会感到不满意。在这里，公平不是指客观上的绝对公平，而是员工自己主观感受上的公平，所以问题的关键似乎不是怎样做到公平，而是怎样让员工感到公平。由此，管理方法和沟通就变得非常重要了。第四章会对相关内容做更详细的介绍。

3. 工作环境和工作条件

良好的工作环境和工作条件能够给员工带来舒适感，同时也是使其更好地完成工作的前提条件。

4. 同事关系

人工作的一个重要原因就是通过工作来满足自己社会交往的需要。人的工作动机不是单一的而是复杂的，人同时存在多个追求，这些追求构成了人的工作动机系统。融洽的同事关系会提高员工的工作满意度，其中与上司的关系是影响工作满意度的最大因素。

5. 个性与工作的匹配程度

如果一个人的个性特征适合某项工作，他就更可能对工作感兴趣，并从工作中得到快乐。比如，一个人的能力特点与工作相匹配，他才有可能把工作干好，并由此得到外部奖励和内部奖励。只有这样，其工作满意度才可能提高。

二、工作满意度对工作绩效的影响

大量的研究表明，员工的工作满意度会影响员工的工作绩效。这种影响主要体现在缺勤率和离职率上。

（一）工作满意度与缺勤率

一般来说，工作满意度与缺勤率成负相关，即员工工作满意度越低，缺勤率越高。但有学者指出，工作满意度与缺勤行为之间的关系可能不是很明显，这是因为缺勤行为可能由许多因素导致，如个人或家人患病、参与社交活动、照顾子女等，工作满意度高的员工也可能因为这些原因而缺勤。如果能消除其他因素的影响，工作满意度对缺勤率的影响还是非常明显的。

 经典实验

关于工作满意度与缺勤率关系的研究

西尔斯（Sears）和罗巴克（Roebuck）的研究表明，当其他因素的影响被降低到最低限度时，工作满意度与缺勤率之间存在明显的负相关关系。西尔斯提取了公司在芝加哥和纽约两个总部上班的所有员工的工作满意度数据。另外，值得一提的是，芝加哥总部有规定，不允许员工因为可以避免的原因而缺勤，否则就要受到惩罚。芝加哥某日一场反常的暴风雪的到来，为比较芝加哥总部的员工的出勤率和纽约总部的员工的出勤率提供了机会。纽约当天的天气是相当好的。在该项研究中，芝加哥总部的员工为观察组，而纽约总部的员工为控制组。一个有趣的因素就是暴风雪为芝加哥总部的员工创造了不去工作的借口，大雪使城市的交通处于瘫痪状态，每个人都知道他们今天可以不去上班，且不会受到任何惩罚。这个自然实验，可以比较两个地区满意和不满意员工的出勤记录：作为控制组的纽约总部的员工必须去上班（处于正常的上班压力之下），而观察组的芝加哥总部的员工则可以自由选择是否去上班且不会因为不去上班受到惩罚。如果剔除了其他因素的影响，工作满意度与缺勤率之间确实有明显的负相关关系的话，我们可以推测出在芝加哥总部有较高满意度的员工应该会上班，而不满意的员工则更有可能待在家里。

（二）工作满意度与离职率

对于一个企业来讲，提高员工特别是核心员工的忠诚度是十分重要的。探讨工作满意度在离职意向预测上的作用，对个人发展和组织发展都显得非常重要。有学者指出，员工离职的原因主要有三个：经济原因、工作关系原因和个人原因。其中经济原因主要包括本地的失业率、劳动力市场的变化、薪酬水平和经济机会等；工作关系原因主要包括组织原因及其导致的个人态度；个人原因主要包括个性、职业和生活特征等个人背景方面的差异带来的影响。

著名组织行为学家时勘教授认为，从外在经济因素的角度来解释员工的离职率，在某些条件下是有效的；但是，在这些外在经济因素和离职行为之间，个人态度是一个很重要的中介变量。员工对工作激励、工作回报和管理措施的满意度越高，他就越不愿意离开企业。经济因素、市场条件及个人的差异等因素会先影响员工对企业的态度，然后才可能使员工产生离职意向，直至最后使其产生离职行为。

外源性工作满意度与内源性工作满意度相比，内源性工作满意度与离职行为之间的负相关关系比外源性工作满意度与离职行为之间的负相关关系更为稳定和明显。社会经济和失业状况是非常重要的调节因素。在经济萧条时期，工作满意度与离职率之间的负相关关系不明显；在经济繁荣时期，工作满意度与离职率之间的负相关关系显著。

 视野拓展

人们为什么跳槽？

（搜狐网 2021-04-12）2020 年的职场，"打工人"一面享受着人才流动所激活的机遇，一面集体对抗着内卷引发的焦虑；新经济搅热了新的就业机会；海外人才开始回流……

数据显示，相较于 2020 年，职场人 2021 年更在意"存钱"和工作的稳定；计划"换工作"的比例为 16.2%，低于 2020 年，去年真正换了工作的受访者占 34.4%……

另据《中国职场人士跳槽报告》显示，中国职场人士的跳槽频率显著高于美国，已经成为常态。其中，互联网是员工流动性最大的行业，在中国，这一行业员工的平均在职时间为 31 个月。基于京津冀经济圈、长三角经济圈、珠三角经济圈、中部经济圈四个经济发展圈的关于职场人士的调研发现，中国职场人士的平均在职时间为 34 个月，相比美国的 56 个月，少了几乎两年；中国职场人士的在职时间的中位数为 24 个月，比美国少半年之多。

在不同职业的人士流动性方面，不同行业在职人士的流动性有较大差异。在国内，商业服务（如律所、会计师事务所、咨询公司）、金融保险和互联网是平均在职时间最短、跳槽频率最高、员工流动性最大的三个行业。

资料显示，工作强度是最不被重视的指标，这也说明了为什么互联网行业工作那么累，每年却仍有大批的人才蜂拥而入。此外，企业国际化、企业品牌知名度、工作地点、工作时间和职位职级也不是重要的考虑因素。而发展空间、工作内容、学习知识、工作氛围和薪酬福利则是最受重视的指标，其中发展空间排在了第一位。这一方面是因为国内经济发展变化节奏太快，职场人士面临不断的能力更新和成长压力；另一方面，则是由于国内企业普遍缺乏内部培养人才的体系，人才的内部成长往往面临瓶颈，此时就得通过跳槽来实现。

面对压力和焦虑的双重考验，职场人给出了自己的解法——以流动争取更多机遇。在调研中，27.6% 的受访者没有变化，34.4% 的受访者换了工作，10.5% 的受访者选择了创业，9.8% 的受访者勇敢裸辞，4.4% 的受访者不幸被裁员。

如果职业生涯不得不发生变化，职场人最先考虑的因素是收入，其次是个人能力的提升，兼顾家庭位居第三。不过，随着职级的升高，职场人对于薪酬待遇的重视程度会有所降低。

（三）工作满意度与工作绩效的关系

工作满意度与工作绩效之间的关系是传统的工业与组织心理学一个古老的研究课题，也是现代组织行为学的一个重要研究课题。20 世纪 30 年代以前，泰勒就已经注意到工人的态度会影响其工作行为。第二次世界大战后，随着人际关系运动的开展，许多学者开始关注管理中的人文精神，同时指出高工作满意度会带来高生产率。从此以后，各种关于工作满意度与工作绩效的研究层出不穷，对两者的关系也众说纷纭。

研究工作满意度与工作绩效的关系具有很重要的现实意义。工作绩效是衡量一个组织生产率的主要指标；而组织管理所关注的传统意义上的工作绩效，一般就是指员工的生产率。近 50 年以来，学术界对工作满意度和员工的生产率之间的关系进行了大量的研究。工作满意度与工作绩效之间存在以下几种关系。

1. 高工作满意度带来高工作绩效

这是研究两者关系时最早提出的一种观点。20 世纪 30 年代，梅奥组织的霍桑实验指出，生产率主要取决于员工的"士气"，对员工心理需要的满足是提高产量的基础。20 世纪 40 年代以来，许多人对工作满意度和生产力之间的关系的假设是，"快乐的员工，就是有生产力的员工"，即高工作满意度可以带来高员工绩效。

2. 高工作绩效带来高工作满意度

目前，许多研究者认为，工作满意度与工作绩效之间存在着一定的相关性。纽斯托姆（Newstorm）和戴维斯（Davis）用"绩效—满意—努力回路模型"来阐释工作满意度与工作绩效之间的关系。他们认为，更高的工作绩效一般会产生更高的经济上的、社会上的和心理上的回报。如果这种回报被认为是公平合理的，就会提高员工的工作满意度，因为员工会感到他们得到的奖励与工作绩效成正比；相反，如果这种回报相对工作绩效来说过少，往往会导致员工不满意。无论哪种情况，工作满意度总会提高或降低忠诚度，然后忠诚度会影响员工的努力，最终又影响工作绩效……另外，如果员工工作绩效低下，会出现不同的情况，即员工可能得不到他们希望得到的报酬，这也会导致不满意的产生。在这种情况下，员工可能表现出一种或多种消极行为。

3. 工作满意度与工作绩效相互作用

这种观点认为，工作满意度可以影响工作绩效，而工作绩效也可以影响工作满意度。瓦努斯（Wanous）对此进行了研究，他区分了两种不同的工作满意度类型：就外源性工作满意度而言，工作满意度影响工作绩效；就内源性工作满意度而言，工作绩效影响工作满意度。瓦努斯的观点深化了工作满意度与工作绩效相互作用的观点。

4. 工作满意度与工作绩效是两个独立的变量

一些学者认为，工作满意度与工作绩效没有明显的关系。对工作满意、持积极态度的人，其工作效率可能很高，也可能比较一般；而对工作不满意、持消极态度的人，其工作效率也可能很高。布雷菲尔德（Brayfield）和克罗克特（Crockett）对此问题进行了长达 40 年的研究，他们认为，没有什么证据表明通常的士气调查所测得的员工态度与工作绩效之间存在任何简单的、可以觉察的关系。

5. 工作满意度与工作绩效受第三变量的影响

许多学者倾向于认为工作满意度与工作绩效之间的关系受第三变量的影响，许多研究也确实找到了影响两者之间关系的一些变量。彻林顿（Cherrington）指出，工作满意度与工作绩效之间并无固定关系，是按工作绩效支付的奖酬导致了随后一段时间的高工作绩效，又诱发了高工作满意度。

以上研究表明，在员工工作满意度与工作绩效的关系方面，不同学者的观点存在一定的分歧。但是，罗宾斯指出，当我们不是在个体层面，而是在组织层面研究两者之间的关系时就会发现，员工工作满意度高的组织比员工工作满意度低的组织更高效。

 视野拓展

弗里施法则

管理学中的弗里施法则是由德国企业咨询顾问弗里施提出的，其核心是先有员工满意，才有客户满意。在一条完整的服务价值链上，服务产生的价值是通过人，也就是通过企业的员工在提供服务的过程中体现出来的。这就是弗里施法则。

一向以低调著称的王卫，一直非常神秘，真正让普通民众了解到他的，是他的"护犊"维权事件。

2016 年 4 月，顺丰一位快递员的三轮车与一轿车发生剐蹭，快递员道歉后，轿车车主仍辱骂并连续掌掴该快递员，这位快递员打不还手，骂不还口。相关视频在各大媒体平台传播并引发热议，王卫得知后冲冠一怒并发表声明："如果这事我不追究到底，我不再配做顺丰总裁！"

此后，打人者被拘留 10 日。王卫的举措不仅维护了员工的权益，更为自己赢得了大批粉丝。事件发生后，世界经理人网站曾通过微博做调查，问网友愿意给为被打快递员而愤怒的顺丰总裁王卫、机场深夜排队打车的华为总裁任正非、捐出 1 亿股股票（价值 138 亿元）的腾讯总裁马化腾中的哪一位点赞？结果 70% 的网友将票投给了关爱员工的王卫。

顺丰控股上市仪式上，穿着顺丰工作服的王卫不仅把"掌掴"事件中的快递员带来敲钟，还给40 万名员工发了红包，红包金额从 1888 元到 15000 元不等。不少员工在微博晒出了获得红包的图片，爱心满满。

正因为有了员工的满意，才会有客户的满意。作为中国快递行业的知名品牌，顺丰多年来始终坚持以客户为中心，不断提高自己的服务质量，努力为每一位客户提供最舒适的服务体验。

（四）员工表达不满的方式

通常情况下，员工表达不满的方式有以下几种。

1. 退出
员工的退出就是辞职。员工作出这种选择通常是因为后三种方式无效。从管理者的角度来看，要想避免员工退出，培养员工的忠诚和听取他们的建议是非常必要的。

2. 建议
员工表达不满的积极方式是向上司提出建议。如果这个渠道是畅通和有效的，那对组织和个人都是有益的。

3. 忠诚
忠诚不是指一味地无怨无悔地工作，而是在存在不满的情况下乐观地期待环境的改善。它是基于以往的经历形成的。

4. 怠工
怠工是指消极地听任事态向更糟糕的方向发展，这是一种"非暴力不合作"行为，如阳奉阴违、出工不出力、敷衍塞责等。

三、工作满意度的测量

1. 工作满意度的测量范式
近年来，在工作满意度的研究领域，态度被分为两大类：情感性态度和认知性态度。情感性态度指的是个体对态度对象整体的积极或消极的感受程度，而认知性态度指的是个体对态度对象的评价。通常，这两种态度是相关联的。

与此相对应，学术界对工作满意度的测量也存在两种不同的范式，即情感性工作满意度测量范式和认知性工作满意度测量范式。这两种工作满意度测量范式都承认工作满意度的本质是态度，但是两者的出发点是不同的。

情感性工作满意度测量范式是以对工作总体的、积极的、情绪上的评价为出发点的。这种范式的测量焦点是，工作是否能够唤起良好的心情、积极的感受等。基于这种范式的测量问卷通常会让被试评价其在工作时的感受或心情，常用表示不同满意程度的李克特量表进行测量，如 1 表示非常不满意、2 表示比较不满意、3 表示一般、4 表示比较满意、5 表示非常满意。

认知性工作满意度测量范式是以对工作要素进行更为合乎逻辑的评价为出发点的。其对工作满意度的评价不依赖于情绪性的判断，而是注重对各种工作条件、机会或成果的评价。基于这种范式的测量问卷通常会要求被试评价其工作特性，而不是感受；测量时，常用表示认知反应的李克特量表对工作特性进行评价，如 1 表示非常不同意、2 表示比较不同意、3 表示一般、4 表示比较同意、5 表示非常同意。

穆尔曼（Moorman）于 1993 年探讨了这两种不同测量范式在研究工作满意度与组织成员行为之间的关系时所产生的影响。研究发现，采用认知性工作满意度测量工具（如明尼苏达满意度量表等），工作满意度所解释的组织成员行为的变异百分比更高；而如果采用情感性工作满意度测量工具，则工作满意度所解释的组织成员行为的变异百分比较低。可见，这两种测量范式之间的确存在一定的差异，而且这些差异可能会对有关工作满意度，或对工作满意度与其他组织变量之间的关系的研究产生影响。

测量员工工作满意度的状况可以帮助管理者及时发现员工管理中存在的问题，以便对症下药，加以调整和改进。

2. 工作满意度的测量方法

工作满意度的测量方法分为单一整体评估法（Single Global Rating）和工作要素综合评价法（Summation Score）。单一整体评估法就是将工作满意度看作一个单一整体，不做维度上的区分，只要求个体回答一个问题。例如，"如果把所有因素考虑在内，你对自己的工作满意吗？"要求其从数字1~5所代表的分数等级中圈出一个符合自己情况的数字，这些数字代表了从"非常不满意"到"非常满意"的不同等级。工作要素综合评价法则是首先确定工作中的关键要素，然后询问员工对每一要素的感受。典型的要素包括工资待遇、同事关系、工作自主性、晋升、公司政策等。单一整体评估法简单易行，但是工作要素综合评价法可以看出组织管理中哪些方面有问题，然后可以有针对性地提出改进措施，因而工作满意度的研究大多集中于多要素划分的工作满意度上。

3. 工作满意度测量的主要工具

国内外该领域基于不同理论编制的工作满意度测量工具较多，如明尼苏达满意度量表、工作描述指数量表、需要满意度问卷等。

明尼苏达满意度量表（Minnesota Satisfaction Questionnaire，MSQ）由韦斯（Weiss）等编制而成，它分为短式量表和长式量表。

短式量表由以下20个项目构成内在满意度、外在满意度和一般满意度三个分量表，它们分别是能力使用、成就、活动、提升、权威、公司政策和实施、报酬、同事、创造性、独立性、道德价值、赏识、责任、稳定性、社会服务、社会地位、监督—人际关系、监督—技术、变化性和工作条件。

长式量表有100个题目，分别从20个方面测量员工的工作满意度，包括个人能力的发挥、成就感、能动性、公司培训和自我发展、权力、公司政策和实施、报酬、部门和同事的团队精神、创造力、独立性、道德标准、公司对员工的奖惩、本人责任、员工工作安全、员工所享受的社会服务、员工社会地位、员工关系管理和沟通交流、公司技术发展、公司的多样化发展、公司工作条件和环境等。它的特点在于对工作满意度的各个方面进行了完整的测量。但是，在使用中发现，长式量表题量比较大，被试是否有耐心答完题不得而知，因此其所测得的结果的准确性有待商榷。

史密斯、肯德尔和哈林提出，工作满意度可以通过对工作本身、升迁、薪水、管理者及同事的满意度五个方面的测量，形成工作描述指数量表（Job Descriptive Index，JDI）。JDI的特点是填表时不受教育程度的限制，被试只需要就不同方面选择不同的形容词就可以了。美国的研究者对此量表做过反复的研究，发现其施测效果良好。但也有研究者认为，JDI不像MSQ那样能对工作各方面进行精确的诊断，并不是很适合对组织的实际问题进行诊断和解决。

波特（Porter）设计的需求满意度问卷（Need Satisfaction Questionnaire，NSQ）是将工作满意度的差距理论和构面满意理论相结合的产物。问卷中，每个项目下都有两个问题：一个问题是目前有多少；另一个问题是应该有多少。在每个项目中，用被试选取的"应该"的值减去其选取的"目前"的值即为满意程度。所得的值越大，则表示被试对工作的某个方面越不满意。它的优点在于可使管理者对员工想象中的工作意向有大致的了解；但若以此格式编制题目，则问卷的长度问题将难以解决。

我国徐联仓等人根据改革开放和经济建设的发展需要，与同事合作完成的有关员工工作满意度调查报告在《光明日报》发表后，引起了热烈讨论，这是国内最早进行的员工工作满意度调查；之后，吴忠怡、徐联仓又对明尼苏达满意度量表进行了修订，使其更加符合中国实际；其他的相关研究还有，冯伯麟用因素分析和逻辑分析的方法提出了教师工作满意度的五个构成要素。

中国科学院心理研究所的卢嘉、时勘根据中国实际编制的满意度量表共25题，分别测量工资满意度、上级满意度、同事满意度、工作本身满意度和单位满意度；其中，工资满意度又分为绝对满意（自己的付出和收获相比）和相对满意（自己的工资与其他人的工资相比）。尽管国内已有不少人对工作满意度的结构进行了探索，但是，对中国企业员工的工作满意度结构的系统研究还有待深入。

第三节　工作幸福感

20世纪末，随着积极心理学的兴起，工作满意度和主观幸福感等与积极的情绪和体验相关的对象开始受到心理学研究者的广泛关注。而随着人们对幸福感的研究越来越具体，职场人士的幸福感也渐渐受到研究者的关注，工作幸福感这一名词便应运而生。

一、什么是幸福

近年来，美国、英国等发达国家非常关注"幸福指数"这一软指标。美国联邦政府和英国内阁拨巨资成立专门的研究机构，聘请诺贝尔经济学奖得主丹尼尔·卡尼曼等专家坐镇，设立衡量人的幸福感的指标，使它与GDP一样成为衡量一个国家发展水平的标准。当经济发展到一定程度时，也许"幸福指数"还会改变人们对经济增长指标的看法。

那么什么是幸福呢？这个问题太难回答了。自有人类文明以来就不断有人对它进行解释，它可以称得上人类历史上最混乱的概念之一。从普通民众到政界、学术界都力图给出答案。《现代汉语词典》（第7版）把幸福解释为"使人心情舒畅的境遇和生活"，把幸福定性为一种主观体验。

人类对幸福的探讨大致可以分为三个阶段。

第一阶段：古代期。中国古代文化的主流是儒家文化，它强调人生最大的幸福是对"内圣外王"完美人格的追求和实现。"内圣"指主体心性修养方面的要求，就是以追求"仁""圣"为目的，核心是善的德行。孔子曾把"仁"的具体内容解释为"恭、宽、信、敏、惠"。后来儒家文化把"格物""致知""正心""诚意"界定为"内圣"功夫，"齐家""治国""平天下"为"外王"功夫。简单地说，人生的最高境界就是修身、齐家、治国、平天下。古希腊和古罗马时期的幸福观主要可以分为理性主义幸福观和感性主义幸福观。苏格拉底、柏拉图等人认为，幸福就是抑制自己的感性、情感和欲望而服从理性的要求，不贪图感官享受而追求道德的完善和精神的意义。赫拉克利特、伊壁鸠鲁等人强调幸福就是感性欲望的满足，但也指出这种满足必须符合道德的要求，精神是人类最大的生活乐趣。

微视频
你幸福吗？

总之，这一阶段的主要观点都是从人性圆满的角度来探讨幸福的，并把道德和精神作为幸福的核心。

第二阶段：启蒙期。这一阶段以西方启蒙运动为标志，给过去的学说注入了人道主义思想，强调用理智审视信条和传统。

第三阶段：现代期。这一阶段始于20世纪后半叶，强调幸福的本质在于生活的质量和生活的真实意义。这一阶段的研究超越了抽象的哲学层面和现代社会的物质层面，用现实的观点、科学的方法对幸福作出了更全面的评价，幸福开始从层面和类型上得到界定。

二、主观幸福感

视野拓展

全球幸福指数调查

主观幸福感就是个体根据自己的标准对其生活质量进行综合评价后获得的一种积极体验。主观幸福感既是一个人对自我的生活状态、周围环境和相关事件的关于满意的认知和评价，也是一个人在情绪体验上对这些方面的主观认同。

（一）主观幸福感的特点

首先，主观幸福感存在于个体的体验之中，具有主观性。个体是否幸福主要依赖于个体自己的标准，而不依赖于他人或外界的标准，也就是说各人有各人的幸福标准。其次，主观幸福感不是指主体没有消极情绪体验，而是指主体能体验到积极的情绪。最后，主观幸福感不是个体对其某一个单独的生活领域评估后的体验，而是对其整个生活评估后的体验。

（二）主观幸福感的衡量指标

主观幸福感有三个衡量指标：体验到快乐情绪、较低水平的消极体验和较高水平的生活满意度。

主观幸福感的产生主要与一个人体验到的积极情绪和消极情绪的频度有关。经常的积极情绪体验（与强度无关）既是产生主观幸福感的必要条件，也是充分条件。积极情绪体验的强度本身并不直接影响主观幸福感的产生。研究还发现，在强烈的积极情绪体验之后，人们在心理上会产生一种失落感，甚至是痛苦感，并且这种强烈的积极情绪体验会造成个体对随后的事件或情形的扭曲理解或解释，这反而会降低个体已有的主观幸福感。

（三）影响主观幸福感的因素

主观幸福感是一种主观的、整体的概念，它是一个相对稳定的值。影响主观幸福感的因素有很多，这里主要介绍以下几个。

1. 经济因素

人的主观幸福感与经济因素有什么关系？人们通常有两种观点。一种观点认为物质决定意识，财富与主观幸福感是正相关的，拥有多少财富就拥有多少幸福。我们将这种观点称为物质幸福论。这种观点也是"常识"性观点，拥有较高的认同度。另一种观点认为幸福是独立于物质财富的精神现象，它们之间没有必然的联系。我们称其为精神幸福论。许多古圣和先贤都持这种观点，而且做到了这一点，如我国的孔子、陶渊明、范仲淹，古希腊的柏拉图、苏格拉底、伊壁鸠鲁学派的人物等。这两种观点都能找到支持性例证，这个命题陷于"公说公有理、婆说婆有理"的状态，一方人多势众，另一方圣贤荟萃，双方难分伯仲。

国外学者迈尔斯在分析人均国民收入和幸福的统计数据时发现，在贫穷的国家中，财富对主观幸福感的影响比较大，国家越富裕，人们越能拥有主观幸福感。当人均国民收入超过 8000 美元时，这二者之间的关系就消失了，而平等、人权等指标对主观幸福感的影响开始明显增大，西方发达国家都出现了这种情况。

2. 文化因素

文化模式分为三类：个人主义文化、集体主义文化和介于二者之间的中间文化。个人主义文化把注意点放在个体身上，强调个体的独立性、独特性和自主性，追求独立、自主、自强、创造和探索。美国是这种文化的代表。集体主义文化则把注意点放在群体或社会上，强调人与人之间的和睦、相互依赖，强调个体对集体或社会的责任和义务，提倡个体为集体或社会作出牺牲，倡导个体对集体的忠诚和依赖。中国是这种文化的代表。中间文化则居于中间位置。

研究发现，个人主义文化模式下的个体倾向于依据自身的内部情绪体验来判断自己是否幸福，而集体主义文化模式下的个体则更多关注他人对自己行为的看法和评价，他人的看法和评价常常决定了个体是否幸福。

研究还发现，自尊和外向性这两种人格特质对人的主观幸福感的影响在集体主义文化中比在个人主义文化中小。集体主义文化中的个体的自我容易分裂。

没有证据能够充分证明哪种文化对提高人们的主观幸福感更有价值。

另外，清明的政治、民主法制的社会、有效率的政府能增进人们的主观幸福感。

3. 人格特质

一般来说，幸福的人与不幸福的人有着迥然不同的人格特质。在西方文化中，幸福的人是外向的、情绪稳定的、责任心强的、宜人性高的、乐观的、自尊心强的、内控的；相比之下，不幸福的人是神经质的、内向的、责任心弱的、宜人性低的。有趣的是，智力与幸福无关。

研究发现，乐观的人比悲观的人的寿命平均长 19%，体验到更多积极情绪的人的身体机能更好。另有研究发现，如果你有运动的习惯，每次运动之后你会感到愉快。这是因为运动之后身体释放了更多的内啡肽，内啡肽是一种生物化学物质，它能使人产生愉快的感受。

大量证据表明，影响主观幸福感的主要人格特质，如外倾性和神经质等，其 50%的变异可以归于遗传。遗传率的基因行为研究为遗传因素与主观幸福感的相关性提供了有力证据。有人通过研究双生子发现，1 岁左右的婴儿的积极情感具有遗传特性。在不同家庭环境中抚养长大的同卵双生子，其主观幸福感水平的接近程度比在同一个家庭中抚养长大的异卵双生子要高得多。有学者认为，人具有快乐或不快乐的基因素质，气质的差异导致个人体验主观幸福感的水平不同。因此，遗传因素影响着主观幸福感的各个方面，是预期主观幸福感的重要因素，但个人所体验到的主观幸福感是随着时间和情境的变化而变化的。因而主观幸福感不仅仅是某种特质，还有类似情境的特性，是多因素交互作用的结果。在个体的发展过程中，遗传与环境因素都会对个体体验到的主观幸福感产生影响，外界环境中的各个因素通过个性影响主观幸福感。

4. 生活事件

积极（消极）生活事件会对主观幸福感产生影响，不过在很多情况下，这种影响是短期的、非长久性的。有人发明了"享乐主义踏板车"一词来描述以下现象：在绝大多数情况下，积极（消极）生活事件会导致主观幸福感骤然上升（下降），但是过不了多久（如几周或几个月），主观幸福感又会回到正常值。例如，一个中彩票的人和一个车祸致瘫的人，在事件发生后，前者极其高兴，后者极其悲伤，但是过不了多久，两者可能就都适应了。可见，人们能适应人生中的重大消极事件，如残疾；也能适应人生中的重大积极事件，如升职加薪。但是有研究表明，对于有些生活事件，人们难以完全适应，如丧偶、离婚或失业。

5. 人际关系

良好的人际关系有利于主观幸福感的生成。狄纳等曾以 222 名大学生为被试进行研究，对其中 10%的感到最幸福的人进行了因素分析。研究发现，丰富多彩的业余生活是其感到幸福的主要原因，这些人会在课余花大量的时间和他的朋友一起活动。

为什么良好的人际关系有利于主观幸福感的生成？原因可能有以下几个。首先，人缘好的人可能拥有一些优秀的人格品质，如乐于助人、热情、活泼、开朗、幽默等。这一方面使他们

自我测评

测测你的幸福感

受欢迎，另一方面他们可能是天性乐观的人。其次，他们的归属需要得到了满足。再次，他们感到自己随时会得到关怀和支持，这是一种愉快的感觉。最后，和朋友在一起，经常进行一些自己感兴趣的活动，因而获得了快乐。

此外，婚姻、友情、工作、教育、休闲、健康等也能对人的主观幸福感产生较大的影响。这里就不赘述了。

三、如何获得工作幸福感

随着经济的发展，绝大多数人的物质生活水平都得到了显著提高，但有很多调查证明，人们的幸福感却没有随着物质水平的提高而得到大幅度提高，甚至现在的人越来越容易感到不幸福。在使幸福感缺失的众多因素中，耗费了人主要精力的工作成为决定幸福感的重要方面。在当今社会，工作已经成为人们日常生活中重要的一部分，工作不仅能满足人们的物质需求，更是人们实现自身价值的一个重要途径。随着社会经济的发展，工作的种类和需求都在不断地变化，人们不仅仅需要付出劳动力和掌握工作技能，还需要在工作中享受，在享受中工作，发挥自己的主观能动性，在日常工作中体验属于自己的工作幸福感。

某人力资源开发网联合国内知名人力资源管理专家和心理学家以及部分媒体，在全国范围内进行了"工作幸福指数调查"（采用 5 级评分制）。其结果如下：28.8%的被调查者（得分为 1 分）工作幸福感偏低；如果加上得分为 2 分和 3 分采用的被调查者，则有 64%的被调查者工作幸福感偏低；工作幸福指数得分较高的被调查者只占 9.70%。从被调查者的情况来看，中国在职人士工作幸福感偏低。

（一）工作幸福感的含义与意义

工作幸福感是指人们在工作中通过自身价值的实现而获得的精神满足与快乐体验。

工作幸福感是主观幸福感在"工作"上的应用。在操作层面上，一些管理者往往把工作幸福感限制在一个单维的概念——"工作满意度"里面。实际上，两者既有联系也有区别。一方面，从内涵上说，工作幸福感比工作满意度更宽泛。对于幸福感的内涵，临床学界、心理学界、社会学界和哲学界有着惊人的共识，即幸福感包含心理、生理和社会三个维度。心理维度包括能动作用、满意度、自尊和能力；生理维度包括衣食住行和身体健康；社会维度包括参与社会活动、为公众所接受和助人。另一方面，从维度上说，工作满意度代表的是对工作积极的情感取向。由此可见，工作满意度这个代表个体对其工作喜爱程度的单维概念无法表现个体对其工作的情感反应的细微之处，因为情感的结构至少可划分为积极和消极两个维度，而在各种情感的倾向上又遵循二维模型。

总之，工作幸福感和工作满意度都是工作绩效的预测因子，而工作幸福感的概念比工作满意度更加广泛，其预测能力也优于工作满意度。

工作幸福感是目前组织行为学研究中最受关注的话题。研究表明，工作幸福感越强的员工，在工作中越充满活力，积极投入，且富有创造力，同时在面对工作压力和困难时，拥有更强的应对能力，能够有效提高组织和个人绩效。随着积极组织行为学的发展，人们对幸福的追求越发强烈，幸福管理开始成为人力资源管理研究的重要课题。然而，中国人力资源开发网的"工作幸福指数调查"及美国盖洛普公司连续多年的《全球幸福指数报告》均显示，我国企业员工工作幸福感偏低。可见，如何提高员工的工作幸福感，激发员工的工作热情，是管理心理学领域的重要任务。

（二）提高工作幸福感的方法

工作幸福感是幸福感在工作领域的反映。它是个体幸福感在工作领域的延伸，也是个体整体的幸福感的组成部分。对于工作的个体来说，工作是生活的一部分，个体通过对工作中各个部分的感知、评价，进而产生积极或消极的情绪体验，而这些不同的体验又导致了个体不同的工作幸福感水平。

与工作幸福感相关的因素主要包括两大方面：个体因素与环境因素。个体因素主要是指与个人认知相关的因素，环境因素主要是指社会和组织给人们带来的工作内容上的丰富、工作环境的改善、薪酬的提高以及和谐的人际关系等（详见本章第二节）。这里主要介绍与个人认知相关的因素，包括以下三个方面。

1. 目标定向

目标定向是个体社会认知在动机上的表现。目标定向包括学习目标定向和成就目标定向，成就目标定向又包括证实维度和回避维度，即目标定向可分为学习目标定向、证实目标定向和回避目标定向。学习目标定向的个体倾向于学习和工作所带来的价值和能力的提升，成就感来自自我的完善和发展；证实目标定向的个体倾向于证明自己的能力以获得积极评价；回避目标定向的个体倾向于逃避证实自己低能的机会以避免获得消极评价。已有研究发现，目标定向会影响个体的主观幸福感水平，且学习目标定向的员工比回避目标定向和证实目标定向的员工具有更高的主观幸福感。

2. 工作自我效能感

自我效能感是个体对自身成功完成任务所具有能力的判断与自信。除了一般自我效能感外，个体在不同的领域中具有不同的自我效能感。例如，工作自我效能感是自我效能感在工作领域的具体表现，是个体对自己具备所从事工作的能力的判断与自信，即个体认为自己能否胜任此工作并有所成就。工作自我效能感包含个体的认知、动机、情感等过程，会影响个体的目标定向、工作态度、动机水平等方面。工作自我效能感也影响着个体的主观幸福感。研究表明，工作自我效能感对主观幸福感具有显著的正向影响，且工作自我效能感在学习目标定向和主观幸福感之间起着完全中介的作用。

3. 工作投入

工作投入是一种积极的、充实的、持久的、普遍的情感——认知状态。它由三个因素表征：活力、奉献和专注。其中活力表现为工作中的高能量心理状态和很好的心理韧性，有利于个体面对工作中的困难并保持对工作的投入；奉献表现为全身心投入工作，获得积极的情感体验；专注表现为高度集中注意力并伴随着积极的情感体验去工作，忘记时间且高度投入工作。由此可以看出，工作投入反映着个体在工作中的身心状态。

 视野拓展

哪些人的工作幸福感更强

在职人群中，哪些人的工作幸福感更强？

（1）性别。女性的"工作幸福指数"为 2.76，而男性的"工作幸福指数"仅为 2.52。

（2）受教育程度。从参与调查人群的受教育程度来看，个体的受教育程度越高，其"工作幸福指数"越高。"初中或以下"受教育程度的人的"工作幸福指数"仅为 2.45；而"硕士或以上"受教育程度的人的"工作幸福指数"则高达 2.81。

（3）行业。可爱的白衣天使是职场中较为幸福的一群人，也许是救死扶伤能赋予他们沉甸甸的成就感吧！而从事"运输-物流"行业的人的"工作幸福指数"是所有行业中最低的。

得分最高的三个行业是"医疗-卫生服务""政府-公共事业""互联网-电子商务"；得分最低的三个行业是"运输-物流""金融业""石油-化工-原材料-矿产"。

（4）组织类型。公务员算得上职场中最幸福的人群了，紧随其后的是民企和外企员工。

（5）工作年限。从工作年限来看，职场新人和工作经验超过10年的人的工作幸福感较高，员工的工作幸福感呈现出"两头高、中间低"的状况。初入职场时，一切都是那么新鲜，只要有事干，就会感到幸福。可是一年以后，他们发现，职场并不像当初想象的那么美好，他们会对前途、方向感到迷惘，"工作幸福指数"也随之进入漫长的"蛰伏"期；转机发生在10多年之后，这时，他们多年的积累带来了质变——事业有所成就，工作幸福感也随之达到巅峰状态。

（6）职位。"工作幸福指数"与职位高低成正相关关系，即职位越高，"工作幸福指数"越高。高层管理者、高级专业人员、中层管理者、中级专业人员与一般员工的得分依次为3.18、2.88、2.75、2.60、2.32。

第四节　情绪与情商

情绪和情感是人类行为中最复杂的一面，也是人类生活中最重要的一面。试想，若是一个人没有情绪生活，这个丰富多彩的世界对他将毫无意义，他将无所谓悲伤忧愁，无所谓幸福快乐，不需要朋友的慰藉，也体验不到爱情的美好。生活中，人随时随地都有喜怒哀乐等情绪的起伏与变化。

一、情绪概述

1. 情绪和情感的定义

所谓情绪和情感，是人对客观世界的一种特殊的反映形式，是人对客观事物是否符合自己需要的态度的体验。

针对上述定义，我们可以从以下三个方面来分析。

（1）情绪和情感是人对客观现实的一种反映形式。客观现实中的对象和现象是人们的情绪和情感的源泉。因为人们同各种事物的关系不完全一样，人们对这些事物所抱有的态度也不完全一样，所以人们对这些事物的情绪和情感的体验也就不同。

（2）人之所以能对客观事物是否符合自己需要的态度有所体验，是因为人在与客观事物接触的过程中，客观现实与人的需要之间形成了不同的关系。例如，有些对象和现象，如清新的空气、悦耳的歌声、高尚的品德等，一般都符合人的需要，就会使人产生趋向于这些事物的态度，从而产生满意、愉快、喜爱、赞叹等情绪和情感体验；而另一些对象和现象，如卑鄙自私、庸俗虚伪、凶恶狠毒等，不符合、不满足人的需要，就会使人产生背向于这些事物的态度，从而产生不满意、烦恼、忧虑、厌恶等情绪和情感体验。

（3）在现实生活中，并不是所有事物都可以使人产生情绪和情感。例如，我们每天要接触很多事物，固然有很多事物能使我们产生爱好或厌恶的情绪和情感，也确实有不少事物对我们来说是无所谓的，是我们既不讨厌也不喜欢的。这里必须指出的是，与我们的需要具有这样或那样关系的事物，才能引起我们的情绪和情感。

2. 情绪情感的两极性

人的情绪情感是多种多样的，情绪情感的表现形式可分为最基本的两类，即所谓情绪情感的两极性。其表现形式有以下几种。

（1）肯定和否定的对立。例如，满意和不满意，快乐和悲伤，敬慕和蔑视，热爱和憎恨，兴奋和压抑，轻快和沉重，等等。当然，肯定或否定的情绪情感不是绝对互相排斥的，在一定条件下可以互相转化，如"乐极生悲""苦尽甘来"。

（2）积极（增力的）和消极（减力的）的对立。积极的情绪如愉快、热情等能够增强人的活动能力，促使人积极地去行动。消极的情绪如烦恼、不满等会减弱人的活动能力。在有些情况下，同一情绪可以既有积极的性质又有消极的性质。例如，在危险情境下产生的恐惧情绪，既会抑制人的行动，减弱人的精力，又可以驱使人调动自己的能量同危险情境作斗争。

（3）紧张和轻松的对立。紧张和轻松一般与人所处的情境、对个人需要的影响、面对的任务等相联系。当人所处的情境直接影响个人重大需要的满足，以及个人有重大任务需要完成时，人们的情绪就会紧张起来；否则，人们的情绪就比较轻松。一般来说，紧张的情绪与人参与活动时的积极状态相联系。人们在进行任何活动时都需要激发一定的紧张情绪；否则，人们因为情绪处在很低的水平而松松垮垮，甚至处在半睡状态，是无法完成任务和满足活动的要求的。但过度的紧张情绪也会引起抑制，造成心理活动的干扰和行为的失调。

（4）激动和平静的对立。激动的情绪表现为强烈的、短暂的、爆发式的心理体验，如激愤、狂喜、绝望等。激动情绪的产生，往往与人们在生活中占重要地位、起重要作用的事件的出现有关，而且这些事件违反原来的意愿并以出乎意料的形式出现。与激动的情绪相对立的是平静的情绪。人们在大多数情况下是处在平静的状态之中的，在这种状态下，人们能从事持久的智力活动。

（5）强与弱的对立。许多类别的情绪都有由弱到强的变化，如从微弱的不安到强烈的激动，从愉快到狂喜，从担心到恐惧等。情绪的强度越大，人自身被情绪卷入的程度就越高。情绪的强度取决于事件和活动对人的意义的大小，以及人的既定目的和动机是否能够实现。

上述每一对对立的情绪之间，都存在强度不同的中间情绪状态，如非常满意与非常不满意之间有满意、一般、不满意。

情绪情感的两极性是相辅相成的，没有满意，就无所谓不满意；没有快乐，就无所谓悲伤；没有紧张，就无所谓轻松；没有爱，就无所谓恨。所有情绪情感的两极都是相互联系的，同时也可以在一定条件下相互转化。

二、情绪理论

多年来，不少生理学家和心理学家对情绪的生理机制进行了很多研究，建立了不少学说。

1. 詹姆斯-兰格情绪学说

美国心理学家威廉·詹姆斯和丹麦生理学家卡尔·兰格各自分别于 1884 年和 1885 年提出了基本观点相同的学说，后来人们把二者的学说合在一起称为詹姆斯-兰格情绪学说。

詹姆斯认为情绪就是人对自己身体变化的感知觉。他说："我们一知觉到使我们激动的对象，立刻就引起身体的变化；在这些变化出现的时候，我们对这些变化的感觉就是情绪。"

兰格认为情绪是一种内脏反应。他以酒精和药物的作用为例，说明这些因素之所以引起人们的情绪变化，是因为酒精和药物影响了心血管系统的活动。他认为，血管扩张产生愉快情绪，血管收缩和器官痉挛产生恐惧情绪。

 经典实验

情绪是怎么产生的

有两位英国心理学家设计了一个实验，在一定程度上支持了兰格的观点。他们设计了三个温度不等的房间：第一个房间是"热室"，室温为 33 摄氏度，使人感到很热，浑身不舒服；第二个房间为"正常气温室"，室温为 20 摄氏度左右；第三个房间为"冷室"，室温为 7 摄氏度左右。他们将自愿参加实验的受试分别安置在三个房间中，然后对他们提出一系列问题，并要求他们以书面形式作答。当受试回答完问题后，一个十分"挑剔"的主考人通过一扇大窗对他们的答案作出带有侮辱性的、讽刺性的评价。每个房间还装有一个电钮。受试被告之：按下该电钮，主考人就会尝到"电击"的痛苦，以此可惩罚主考人。实际上该电钮只连接了一台录有人的惨叫声的录音机。结果是，"热室"的人不停地按电钮，甚至不管主考人的话是好话还是坏话，一律不听，只是按电钮；"冷室"的人只是在听到主考人评语中他认为"不公正"或"使人恼怒"的话时才按电钮；"正常气温室"的人没有进行任何报复。由此，两位心理学家认为，人的情绪与所处环境的气温有关。这个实验表明，人的情绪受其生理状态的影响，如果人在生理上不舒服、感到痛苦，则容易产生消极情绪。生理状况的正常是情绪正常的一个前提条件。

2. 情绪认知学说

美国心理学家阿诺德在 20 世纪 50 年代提出：情绪与个体对客观事物的评估相关。他给情绪下的定义是，情绪是趋向知觉为有益的，而离开知觉为有害的东西的一种体验的倾向，这种体验的倾向伴随着一种相应的接近或退避的生理变化模式。这种模式在不同的情绪中是不同的。这个理论强调了来自外界环境的影响要经过人的评价与估量才能产生情绪，这种评价与估量是在大脑皮层上产生的。情绪是由这种评价与估量所引起的。例如，在森林里看到一只猛兽，必然引起人的恐惧，而在动物园里看到一只关在笼子里的猛兽则并不一定能引起人的恐惧。之所以有这样的区别，关键在于人们对当时情境的评价与估量不同。

阿诺德的学说和詹姆斯-兰格情绪学说的不同之处在于：詹姆斯-兰格情绪学说的反应序列是情境—机体表现—情绪；而阿诺德的学说的反应序列为情境—评估—情绪。因为阿诺德认为，情绪的来源是对情境的评估，而认识与评估都是发生在大脑皮层的过程，因此，大脑皮层的兴奋是情绪产生的主要原因。所以，阿诺德的学说也称为情绪的评估-兴奋学说。

 **视野拓展**

"上天的判决"

我国古代官员审案时有这样的方法——给被告的嘴里放上一团干燥的米。如果在审讯之后，他吐出的米饭仍是干燥的，他就被认定为有罪。其心理学依据是，当人恐惧、焦虑时，人的一个生理变化是唾液分泌减少。

据说，从前印第安人也有类似的审案方法。法官向偷窃嫌疑人讲述与案情有关的词句，如"偷钱""钱袋""受害人的姓名""钱的数量"等。被告必须不加停顿地应答，同时还要用较小的力敲锣，敲出的声音只能让法官听到，不能让站得稍远一点儿的人听到。如果一个人真的有罪，由于恐惧和紧张，他在回答法官的问话时，就会语无伦次，并不自觉地使劲敲锣，旁听者听到锣声就会指控他是贼。

这一类"上天的判决"对那些深信这种方法一定会奏效的人效果最佳；那些不做亏心事，也怕"鬼"敲门的人则容易被冤枉。测谎仪同样存在这种缺陷。

三、情绪和情感的效能

人需要一定程度的情绪和情感的激发，才能顺利进行活动。情绪和情感的效能主要表现在以下几个方面。

1. 情绪和情感会影响人的动机和态度

喜欢、愉快等情绪可以增强人们参与活动的动机和态度，增加作出选择的可能性；消极的情绪会削弱人们参与活动的动机和态度。

2. 情绪和情感会影响人的活动效率

从情绪的性质来讲，积极的情绪，如热情、愉快等，可以激发人的活动能力，助长动机性行为，提高活动效率；而消极的情绪，如烦恼、悲哀、恐惧等，则会削弱人的活动能力，降低活动效率。从情绪的强度来讲，强度过高或过低的情绪都不会使人产生最佳的活动效率，因为强度过低的情绪不能激发人的活动能力，而强度过高的情绪会对活动产生干扰作用。

案例 3-3

培养同雇员之间的家庭式情感

（中华品牌管理网 2016-10-24）一次，索尼一家分公司不断接到某款产品的投诉。调查发现，是产品的包装出现了问题。该分公司立即更换了包装，及时解决了问题。

但是，索尼的创始人盛田昭夫不依不饶，并召开了董事会。会上，盛田昭夫对分公司的经理进行了严厉批评，并要求全公司引以为戒。这位经理在索尼干了几十年，为公司立下了汗马功劳，也是第一次在全体董事面前接受如此严厉的批评，禁不住失声痛哭。

会后，这位经理萌生退意，盛田昭夫预见了这位经理的感受，让董事长秘书请他一起吃饭。董事长秘书说："对于此事，董事长也是出于无奈，董事长没有忘记你的贡献，特地让我请你吃饭排解苦闷。"

酒后，刚进家门，妻子便说："你真是受公司重视的人！"这令他分外吃惊。原来，这天是他们结婚20周年纪念日，盛田昭夫专门为其订购了一束鲜花，并附上了亲自写上贺词的卡片。

那位曾被盛田昭夫严厉批评的经理感激不已，理解了盛田昭夫的良苦用心，并为索尼效力终身。

3．情绪和情感会影响人的体力

情绪和情感的作用在范围和效果上都是很大的，如影响人的生理，包括体力、器官的功能，还可能引发器质性病变。一般认为，在积极的情绪状态下，人有更充沛的精力和体力；而在消极的情绪状态下，人在活动中更容易出现疲劳、体力不支的现象。

4．情绪和情感会影响人的认知能力

情绪对人们认知功能的影响主要表现在人的注意力、社会知觉和自我知觉以及解释和记忆各种活动的特征上。研究者已经证明，情绪状态可以影响人的学习、记忆、社会判断和创造力。

心理学家曾就不同情绪状态对智力操作的影响进行了研究。结果发现，不同的情绪状态（愉快或痛苦）对智力操作效果的影响有显著差异。愉快组在操作时间、直接抓取和注视不动等三项指标上都比痛苦组成绩好。即使是在同一情绪状态下，由于情绪强度不同，智力操作效果也不同，即愉快情绪强度过高和过低时的智力操作效果都不如愉快情绪强度适中时好。但是，痛苦情绪的强度越大，智力操作效果越差。

 视野拓展

情绪感知技术与工作绩效

（世界经理人 2019-02-27）企业一直在探索提升工作绩效的方法。近年来，情绪感知技术的发展以及人工情绪智能方面的软件应用得到了一些企业高管的关注。

尽管上述技术及应用还处于早期阶段，但已经有研究表明，这些技术通过识别眼球运动、面部表情、皮肤电传导等，可以帮助员工优化决策，集中注意力，缓解压力。

荷兰皇家菲利浦电子公司与荷兰银行共同开发了一项技术，用于降低金融市场上的交易风险。研究表明，交易员在亢奋状态之下，容易高价买入资产，低估潜在风险，这种情况通常被称为"拍卖躁狂症"或"竞价狂热症"。

针对这一现象，荷兰皇家菲利浦电子公司与荷兰银行共同研发了一款名为"理性稳定器"的设备，它由两部分组成——手环和显示器：前者佩戴在交易员的手腕上，通过监测皮肤电活动来衡量交易员的情绪波动（工作原理和测谎仪类似）；后者则通过不同类型和颜色的指示灯来反映交易员的情绪强度。

研究人员发现，当交易员意识到自己情绪亢奋时，他们会重新思考自己的决策。

这类工具不仅可以帮助个人提高绩效，还可以通过汇总和分析在类似情况下采集到的数据，帮助管理者更好地理解影响群体风险行为的内外部环境因素。

情绪感知技术能够帮助人们集中注意力，相比风险，技术上的投资通常微不足道。例如，有研究发现，如果显示屏上光标的移动变得缓慢或轨迹不够平滑，这很可能说明操作人员注意力涣散或有负面情绪。发现这类异常现象并不需要安装昂贵的硬件设备，只要在计算机或智能手机上多写几行代码或多装一个软件就可以了。

情绪感知技术还可以帮助管理者根据不同团队情况设计合理的工作计划。例如，团队里某位员工清晨的工作效率最高，而另一位员工要到晚些时候才能进入状态。会议安排也可以考虑这类信息。

四、情商

情商（Emotional Quotient，EQ）又称情绪智力，是近年来心理学家们提出的与智力和智商相对应的概念。它主要是指人在情绪、情感、意志、耐受挫折等方面的品质。以往人们认为，一个人能否在一生中取得成就，智力水平是第一重要的，即智商越高，取得成就的可能性就越大。但现在心理学家们普遍认为，情商水平对一个人能否取得成功也有着重大的影响，有时其影响甚至超过了智力水平。

情商这一概念由美国心理学家约翰·梅耶和彼得·萨洛维于 1990 年首次提出，但并没有引起全球范围内的关注。直至 1995 年，科学记者丹尼尔·戈尔曼出版了《情商：为什么情商比智商更重要》一书，引起了全球性的情商研究与讨论。因此，丹尼尔·戈尔曼被誉为"情商之父"。

1. 情商的构成

丹尼尔·戈尔曼认为情商主要包含五个方面。

（1）自我意识：监视情绪时时刻刻的变化，能够察觉某种情绪的出现，观察和审视自己的内心世界体验。它是情商的核心，人们只有认识自己，才能成为自己生活的主宰。

（2）自我管理：调控自己的情绪，使之适时适度地表现出来，即能调控自己。

（3）自我激励：能够依据活动的某种目标，调动、指挥情绪的能力。它能够使人走出生命中的低潮，重新出发。

（4）识别他人的情绪：能够通过细微的社会信号，敏感地感受到他人的需求与欲望，即认知他人的情绪。这是与他人正常交往，实现顺利沟通的基础。

（5）处理人际关系：调控自己与他人的情绪反应的技巧。

2. 提高情商的方法

一些研究表明，情商对工作绩效有重要的影响。一项研究考察了朗讯科技公司中被同伴评为"工作之星"的工程师，结论是，这些工程师在与人相处方面做得非常好。这些工程师的典型特点是情绪智力高，而不是认知智力高。

研究显示，一个人的成功，只有 20%取决于智商，80%取决于情商。美国哈佛大学的教授丹尼尔·戈尔曼表示："情商是决定人生成功与否的关键。"那么，如何提高情商呢？

（1）不抱怨不埋怨。抱怨和埋怨都是不良情绪，它们是会传染的。高情商的人只会做有意义的事情，而不做没有意义的事情。

（2）充满热情和激情。高情商的人能对生活工作或感情保持热情，有激情，知道调动自己的积极情绪，让好的情绪伴随每天的生活工作，不让那些不良的情绪影响生活工作。

（3）包容和宽容他人。高情商的人心胸宽广，眼界高，不斤斤计较，有一颗包容和宽容的心。

（4）善于沟通与交流。高情商的人善于沟通，善于交流，并且会以坦诚的心态来对待他人，真诚又有礼貌。沟通与交流是一种技巧，人们需要不断学习，并在实践中不断地总结摸索。

（5）多赞美别人。高情商的人善于赞美别人，这种赞美是发自内心的，是真诚的。能看到别人优点的人，才会进步得更快；总是挑拣别人缺点的人故步自封，反而会退步。

（6）保持好心情。高情商的人每天会保持好的心情，每天早上起来，送给自己一个微笑，并且鼓励自己，告诉自己"我是最棒"的，告诉自己"我是最好"的，并且周围的朋友们都很喜欢自己。

此外，善于聆听、记住他人的名字等也是提高情商的好办法。

五、积极情绪体验

积极情绪体验是近年来盛行于心理学情绪研究领域的概念，过去对情绪的研究主要集中在消极方面，现在人们开始关注其积极方面，并提出了积极情绪体验的概念。人们对积极情绪体验的理解有两种观点。

一种观点认为，积极情绪体验就是一种具有正向价值的情绪；另一种观点认为，积极情绪体验不一定具有正向价值，它指的是能激发人产生接近性行为或行为倾向的情绪。按照后者的标准，一些中性化价值的情绪就被划入了积极情绪体验范畴。例如，兴趣是中性化价值的情绪，但它能产生接近性行为或行为趋向，因此就属于积极情绪体验。而另外一些具有正向价值的情绪则不属于积极情绪体验，如满足、放松等。前者是从价值功能上定义，具有明显的价值意义，容易与生活常识接轨；后者具有操作意义，便于研究和应用。

（一）积极情绪体验的分类

从不同的角度划分，积极情绪体验可以划分为不同的类型。

1. 从情绪状态焦点角度划分

从情绪状态焦点角度划分，积极情绪体验可以分为积极情感（如愉快、欣喜等）和积极心境（如福乐、心醉神迷等）。这种划分方法没有把积极的行为特性表达出来。

2. 从特性角度划分

从特性角度划分，积极情绪体验可以分为感官愉悦和心理享受。

感官愉悦（Sensory Pleasure）是指机体消除自身内部紧张力后的一种主观体验，它来自某种自我平衡的机制，是人类感官放松的结果，属于生理需要范畴，如饥、渴、性等得到满足后的体验。

心理享受（Psychological Pleasure）来自对个体固有平衡的打破，即超越个体自身的原有状态后所获得的情绪体验，多属于心理需要范畴。与感官愉悦相比，心理享受更有利于个体的成长和积极品质的培养。

感官愉悦和心理享受的区别有以下三点。

（1）心理享受由相互关联的多个成分组成，它的产生以主体的认知评价为先导，是一种知觉类的心理现象。感官愉悦则没有认知评价过程，它是由外在刺激引发的一种直接感官反应，是感觉类的心理现象。

（2）心理享受持续的时间长，不同的外在刺激可能引起同一种心理享受，而同一种外在刺激也可能引起不同的心理享受。感官愉悦持续的时间短，具有专门化特性，一般随着外在刺激的消失而消失，随着外在刺激的改变而改变。

（3）心理享受多与心理需要相关，感官愉悦则与生理需要相关。

感官愉悦和心理享受的联系有以下两点。

（1）感官愉悦与心理享受在很多时候是同时发生的，而且它们之间是相互促进的。

（2）感官愉悦在一定条件下能转化为心理享受，特别是在某种感官愉悦与个体的自我实现需要相匹配时，这种转化就能实现。

3. 从时间状态角度划分

从时间状态角度划分，积极情绪体验可以分为针对过去的积极情绪体验，如满意感、满足感、成就感、骄傲感和宁静感等；针对现在的积极情绪体验，如福乐感、快乐感和愉快感等；针对未来的积极情绪体验，如乐观、期待等。

（二）针对过去的积极情绪体验——生活满意

过去对现在有很大影响，从某种意义上说，一个人现在的状态在很大程度上是他过去的经历的结果。这方面的研究主要集中在儿童早期不幸的经历上。研究表明：个体在童年期的不幸经历对其以后的人格有影响，但不是决定性的。就具体个体而言，其影响存在程度差异，有的影响很大，有的一般，有的几乎看不出来。

生活满意点（Life Satisfaction Set Point，LSSP）指一个人的生活满意的基准线，这个概念最早由美国心理学家布里克曼和坎贝尔（Brickman & Campbell，1971）提出。

生活满意的基准线高意味着这个人对自己的大部分生活满意；生活满意的基准线低意味着这个人总是对什么都不满意，是一个对生活苛刻的人。一些快乐的或沮丧的生活事件会在短时间内影响人，但经过一段时间后，人们会恢复到这条基准线附近。

艾迪（Eid）和狄纳（Dina）通过研究发现，人在经历有重大影响的生活事件（如中奖或重大创伤性事件等）之后，他的生活满意点在事件过去 4 周后就会基本恢复到原来的水平，但是有一些变化。这种恢复性变化 74%左右来自个体先天差异，16%左右由个体经历的特定情境决定，10%左右是随机误差造成的。

不同的人有不同的生活满意点，它首先来自先天的生物因素，人们无法对其进行大的改变；其次来自生活经历，它会以某种方式整合到生活满意点中。

（三）针对现在的积极情绪体验——福乐

福乐（Flow）概念最早由西卡森特米哈伊提出。他在 20 世纪 60 年代写博士论文时发现，一些画家在创作的时候可以废寝忘食、不辞辛劳，始终专心致志，表现出极大的兴趣和极强的坚持力，而一旦创作完成，这一切马上就会消失，前后判若两人。西卡森特米哈伊研究后发现，这些人是被绘画本身所激励，绘画过程给他们带来一种积极情绪，这种积极情绪如此强烈，使他们忘我创作，直到完成创作。

西卡森特米哈伊把这种情绪体验称为福乐体验，福乐就是指对某一活动或事物表现出浓厚而强烈的兴趣，并能推动个体完全投入进去的一种情绪体验。福乐是包含愉快、兴趣、忘我以及无理由的坚持等成分和状态的综合情绪，它由活动本身而不是其他任何外在的因素引起。

1. 福乐体验产生的原因

人在生存过程中，生物要求和社会要求都会对个体行为施加影响，而个体的意识会调节它们的关系，以便在限制条件下达到个体生存和发展的目的。在这个过程中，个体的自我就诞生了。当个体的自我产生后，自我在个体意识中的地位不断增强，并最终占据个体意识的全部（无意识的大部分）。因此，每个成年人的意识都是从其自我出发形成的，带有明显的自我特性。

独立的自我有两个倾向。一是存在性，就是自己的生存和延续，自我本身就是自我的目的。从这个角度来讲，"人都是自私的"的观点是对的。"自己的事无小事，他人的事无大事"，这就是自我在作怪。自我为了保持自己的存在，意识会主动地去除那些威胁自我存在的状态而保存有利于自我存在的状态。那些有威胁性的事物会使个体产生消极的情绪体验，而有利于自我的事物会使个体产生积极的情绪体验。二是自由性。自我形成后，它具有自由性，可以自私，也可以无私；可以积极，也可以消极。

人在这两个倾向的基础上又分化出愉快、能力和分享。在个体成长过程中，不同的人把三者进行了不同的组合，从而形成了不同的心理体验，有的以愉快为主，有的以能力为主，有的以分享为主。部分人逐渐把三者结合成一种新的形式——福乐体验。福乐就是个体意识中的一种自带目的的内在动机原型，它唯一的目的就是想体验行为本身，而不是行为所能带来的其他外在好处。福乐尽管不带有外在目的性，但常常伴随着新思想和新发明的出现。

2. 福乐的特征和产生条件

福乐概念提出之后，学者们纷纷对不同领域的福乐体验进行了研究。福乐的主要特征：①个体强烈地把注意力集中在当前从事的活动上；②意识与正在从事的活动合二为一；③自我意识暂时失去，如忘了自己的社会身份；④能意识到自己有能力掌控当前的活动；⑤出现暂时性体验失真，如觉得时间流逝得飞快；⑥活动体验本身成为活动的内在动机，完成它就是最好的理由。

通俗地说，要想进入福乐状态，要有所谓的赤子之心，全身心投入，物我两忘，当然还要能胜任。不能胜任、世俗功利心太盛、三心二意、过分自我关注则是远离福乐状态的情况。

福乐的产生条件有以下三个。

（1）能力要与挑战匹配。具体来说，就是经过努力战胜挑战，福乐才能产生；否则，不能胜任或太容易都"没劲"。太难则力所不能及，无法把活动进行下去；太易则胜之不武，既无成就感，身心也不能进入状态。

（2）活动要有结构性特征。具体来说，它是指一个活动应该具有确定的目标、明确的规则和相应的评价标准，也就是说活动要具有可操作性和可评判性。

（3）主体自身特点适合。有的人不容易产生福乐，有的人则容易产生福乐。西卡森特米哈伊把容易产生福乐的人格称为"自带目的的人格"。这种人把生活看作享受，他做事多是出于自我的原因，而不是为了实现其他外在目的。他们对生活充满好奇和兴趣，比较有耐心和坚持性，不以自我为中心，行为多出自内在动机，并会进行自我奖赏。另外，他们的注意力容易高度集中。

3. 两种非福乐体验

（1）分离体验与茫然体验。多数人在日常生活中难以得到福乐体验，主要原因是人们在工作和生活中的行为多带有外在的目的，很多事是被迫做的。与福乐体验相对应的两种典型的非福乐体验是分离体验与茫然体验，也称为厌倦体验和焦虑体验。

"分离"是一种迫于外在目的而缺少自我创造的工作体验，因任务的简单容易而使个体能力得不到发挥，由于缺乏内在动机而使工作成为负担和苦差。马克思针对工人在资本主义制度下的工作状况提出了"分离"概念。

"茫然"一词最早由法国实证主义社会学家涂尔干提出。在这里，茫然体验是指个体在处于一个目标不明确、环境不熟悉的境地时产生的一种总觉得自己做什么都做不好的心理体验。外在要求高于个体能力时个体也会产生茫然体验。

如果说前者是因为任务太容易而使能力得不到发挥，那么后者则是因为任务太难而无法胜任。

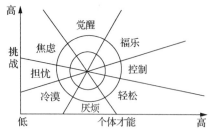

图 3.4　心理体验的八种状态

（2）福乐体验与两种非福乐体验的关系。西卡森特米哈伊和他的米兰研究小组在 1997 年把心理体验分为八种状态，并对它们与挑战、个体才能的关系进行了说明，如图 3.4 所示。

怎样摆脱非福乐体验？心理学家的建议是发展业余爱好。一个人干什么工作常常是身不由己的，可能多是出于偶然或者迫于生计。而业余爱好完全可以自由选择，一个人发展业余爱好可以做到不带外在目的，而只满足自己心灵的需要，因此也就更容易产生福乐体验。人们业余从事哪些活动更容易产生福乐体验？西卡森特米哈伊的研究已经告诉我们了，从事有挑战性并能展示自己才能的活动更容易使我们产生福乐体验。西卡森特米哈伊曾根据产生福乐体验的频度对日常生活的一些活动进行了分类，频度从高到低的顺序是，业余爱好（特别是体育活动、唱戏等）排第一；社会交往、学习和研究、工作、性行为等排第二；饮食、自我打扮等排第三；做家务、看电视很少产生福乐体验；游手好闲、无所事事几乎不会产生福乐体验。

　本章小结

本章介绍了态度与情绪。

态度是指个体对某一对象所持有的评价和行为倾向。态度是由认知、情感和意向三种成分构成的。态度的形成和改变理论包括阶段理论、认知平衡理论、认知失调理论等。影响态度改变的因素主要包括个体本身的因素、态度的特点、团体的影响、宣传的影响。

价值观是个体关于事物、行为的意义、重要性的评价和总的看法。价值观管理过程分为以下三个阶段：清晰阐明企业的核心价值观、企业的核心价值观转变为员工共同的价值观、企业核心价值观体系持续进化和升级。

工作满意度是指个体对其所从事工作的一般态度。影响工作满意度的因素包括工作性质、公平性、工作环境和工作条件、同事关系、人格与工作的匹配程度。员工表达不满的方式有退出、建议、忠诚、怠工等。

主观幸福感就是个体根据自己的标准对其生活质量进行综合评价后获得的一种积极体验。影响主观幸福感的因素包括经济因素、文化因素、人格特质、生活事件、人际关系。工作幸福感是指人们在工作中通过自身价值的实现而获得的精神满足与快乐体验。与工作幸福感相关的个人认知因素有目标定向、工作自我效能感、工作投入。

情绪和情感是人对客观世界的一种特殊的反映形式，是人对客观事物是否符合自己需要的态度的体验。情绪理论主要包括詹姆斯-兰格情绪学说和情绪认知学说。情绪和情感的效能主要表现在以下几个方面：情绪和情感会影响人的动机和态度、情绪和情感会影响人的活动效率、情绪和情感会影响人的体力、情绪和情感会影响人的认知能力。

　综合练习题

一、填空题

1. 态度是指个体对某一对象所持有的评价和＿＿＿＿倾向。
2. 态度包括三种成分，即认知成分、情感成分和＿＿＿＿。

3. 态度有以下几个方面的特点：对象性、社会性、＿＿＿＿、＿＿＿＿、＿＿＿＿。

4. 心理学家凯尔曼提出态度形成要经过三个阶段，即服从阶段、＿＿＿＿、内化阶段。

5. 费斯汀格认为减少不协调的具体途径有三个：改变行为、改变态度、＿＿＿＿。

6. 学术界对工作满意度的测量也存在两种不同的范式，即情感性工作满意度测量范式和＿＿＿＿工作满意度测量范式。

7. 主观幸福感有三个衡量指标：体验到快乐情绪、较低水平的消极体验和较高水平的＿＿＿＿。

8. 两种非福乐体验是指分离体验与＿＿＿＿体验。

二、不定项选择题

1. 影响态度改变的因素有（　　　）。
   A. 个体本身的因素　　B. 团体的影响　　　　C. 态度的特点　　　　D. 宣传的影响

2. 员工表达不满的方式通常有（　　　）。
   A. 退出　　　　　　　B. 建议　　　　　　　C. 忠诚　　　　　　　D. 怠工

3. （　　　）是指在提出较大要求前，先提出较小的要求，通过使别人接受较小的要求，从而改变其对较大要求的态度并相应提高其接受度。
   A. 吃闭门羹的技巧　　B. 登门槛效应　　　　C. 认知平衡理论　　　D. 角色扮演

4. 心理学家凯尔曼提出态度形成要经过三个阶段，分别是（　　　）。
   A. 服从阶段、同化阶段、内化阶段　　　　　B. 服从阶段、同化阶段、认同阶段
   C. 同化阶段、内化阶段、消化阶段　　　　　D. 服从阶段、深化阶段、内化阶段

5. 个体为了满足物质和精神的需要或避免惩罚而采取表面顺从的行为被称为（　　　）。
   A. 内化　　　　　　　B. 服从　　　　　　　C. 同化　　　　　　　D. 深化

6. （　　　）是指个体不是被迫而是自愿地接受他人的观点、信念，使自己的态度与他人的要求相一致。
   A. 内化　　　　　　　B. 服从　　　　　　　C. 同化　　　　　　　D. 深化

三、判断题

1. 在态度三种成分不协调的情况下，认知成分起主导作用。　　　　　　　　　（　　　）

2. 在一些情况下，态度与行为可能并不一致。　　　　　　　　　　　　　　　（　　　）

3. 构成态度的三种成分的一致性越强，人的态度越容易改变。　　　　　　　　（　　　）

4. 价值观是个体关于事物、行为的意义、重要性的评价和总的看法。　　　　　（　　　）

5. 意向成分是指个体对态度对象的反应倾向，即行为的准备状态。　　　　　　（　　　）

6. 兰格认为情绪是一种内脏反应。　　　　　　　　　　　　　　　　　　　　（　　　）

四、简答题

1. 影响态度改变的个体本身的因素主要有哪几个方面？

2. 宣传对被宣传者态度改变的效果取决于哪几个因素？

3. 斯普兰格根据社会文化生活方式把人的价值观划分为哪几类？

4. 影响工作满意度的因素有哪些？

5. 影响主观幸福感的因素有哪些？

6. 如何提高工作幸福感？

7. 简述阿诺德的情绪认知学说。

8. 简述情绪和情感的效能。

9. 情商主要包含哪几个方面？

10. 福乐的主要特征有哪些？

五、思考题

1. 联系实际谈谈工作满意度对工作绩效的影响。

2. 假如你想在大学生中形成对香烟消费的反对态度，那么你将侧重于影响态度的哪种成分？为什么？

3. 根据情商的构成描述你的一个朋友的强项和弱项分别是什么。情商是遗传的还是由经历形成的？

案例分析题原文

六、案例分析题

扫描二维码阅读案例，并回答以下问题。

（1）你如何看待所谓的"996"工作制、"715"工作制？

（2）你认为"收益等同辛苦，奋斗创造喜悦"这一价值观是否合理？谈谈你的看法。

第四章 激励理论及应用

学习目标

通过本章的学习，你应该达到以下目标。

知识目标：了解激励的概念与激励机制，掌握内容型激励理论、行为改造型激励理论、过程型激励理论的具体内容。

技能目标：掌握调动人的积极性的技能。

能力目标：具有运用激励理论了解人、分析人为什么工作的能力。

案例导读

企业如何激励员工最有效

（哈佛商业评论 2016-07-21）有一道古老的管理学难题：业绩好应当奖励谁，如何奖励？这个问题的答案通常是利己的。简单且容易监控的工作（如做汉堡）是天然适合采用绩效激励的。然而不知为何，领奖金的往往是高管们，尽管他们从事的复杂、难以度量的工作与绩效工资的粗糙性非常不吻合。

但是，我们假定，经理们真的想解决这个问题，其答案是极其复杂的。金钱很重要，但有时，我们发现金钱激励是无礼或无效的。金钱以外的奖励，如表扬、地位的提升或做好一份工作的成就感，也可以促使我们努力干好自己的工作。

所以，经理们可以进行一些实验，看看在某一特殊情境下，什么因素能够起激励作用。这种做法早已有之，可以追溯到 20 世纪 20 年代末 30 年代初哈佛大学教授埃尔顿·梅奥（Elton Mayo）在西电公司霍桑工厂所做的生产率实验。

可惜的是，霍桑实验本身存在缺陷，而且被神化了。更近一些的实验给出了有趣的结果。几年前，英国一家大型果园的所有者"农场主史密斯"与三位经济学家之间进行了奇特的合作。三位经济学家为"农场主史密斯"的果园设计了不同的激励方案，并对其进行了检验。（这种合作是双赢的："农场主史密斯"提高了生产率，三位经济学家得到了数据）

果园实验的结果表明，金钱激励确实重要，起码对于果园里的临时工来说是这样的。首先，计件工资计划把生产率提高了 50%；接着，对一线经理实施绩效薪酬制度，以确保他们不会再为了照顾朋友而把工作分配给他们，生产率又提高了 20%；然后，生产竞赛鼓励工人们自己组织成高效团队，生产率进一步提高了 20%。

在另一项研究中，赞比亚首都卢萨卡的发型师受聘去销售安全套，并就如何防止 HIV 感染提供咨询。结果证明，要激励他们卖更多安全套，在一个公开仪式上褒奖业绩最佳者比提供金钱激励的效果好得多。

上述案例表明，没有一种激励方案适用于所有情形，对不同的人要采取不同的激励措施。本章主要介绍有关员工激励的知识，包括激励的过程与激励机制、激励理论（包括内容型激励理论、行为改造型激励理论、过程型激励理论）以及激励方式等。

第一节　激励理论概述

一、激励的概念

从心理学的角度来看，激励是指激发人的动机、诱导人的行为，使其发挥内在潜力，为实现所追求的目标而努力的过程。它具有增强和激发动机，推动并引导行为指向目标的作用。通常认为，一切内心要争取的条件、欲望、需要、动力等都构成对人的激励。从管理学的角度界定，激励就是企业通过创设满足员工各种需要的条件，调动和发挥员工的工作积极性的过程。

激励是管理的核心。对人的激励是管理的关键，管理离不开激励。企业要让员工满意，离不开高明的管理。管理深处是激励。"你可以买到一个人的时间，你可以雇一个人到固定的工作岗位，你可以买到按时或按日计算的技术操作，但你买不到热情，买不到创造性，买不到全身心的投入。"

 经典实验

激励作用的实验

心理学家做了一个"警觉性"实验：要求 A、B、C、D 四个人数相等的组，辨别指定光源的发光强度变化，若认为有变化就向实验者报告。实验者对 A 组不给予任何奖励；对 B 组实行个人竞赛，比谁的觉察力最强；对 C 组实行集体竞赛，说要跟别的组比赛，比哪一组的觉察力最强；对 D 组每正确辨别一次奖励 5 角钱，每错报一次罚款 1 元。

实验结果：未实行激励的 A 组的绩效明显低于实行激励的其他三个组，个人竞赛组绩效最好。不同激励条件下光源判断结果如表 4.1 所示。

表 4.1　不同激励条件下光源判断结果

组　　别	激励条件	错误次数	结果比较
对照组（A）	不做任何激励	24	最差
个人竞争组（B）	你们这个组的成员是经过挑选的，你们每个人的觉察力都很强，现在，就要比较一下谁的觉察力最强	8	最好
团体竞争组（C）	你们这个组要同另一个组比赛，看哪个组的觉察力更强	14	较差
奖惩组（D）	判断正确予以奖励，判断错误予以惩罚	11	较好

二、激励的过程

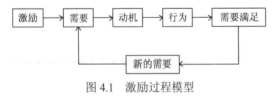

图 4.1　激励过程模型

激励是一个极其复杂的过程，它从个人的需要出发，到实现目标和满足需要结束，中间涉及许多因素。在了解激励过程的同时，我们还必须对与激励过程相关的重要因素进行分析。从大的方面来看，激励过程主要有三个部分：需要、动机、行为。这一过程可以用模型表示出来，如图 4.1 所示。

自我测评
测测你的个人动力

动机是人类所有行为的推动力。更正式地讲，动机是指引起和维持个体的活动，并使活动朝向某一目标事物的内部驱动力（内驱力）。因此，动机有两个组成部分：一是内驱力；二是目标事物。内驱力是在需要的基础上产生的一种内部唤醒状态或紧张状态，表现为推动有机体活动以满足需要的内部动力。目标事物是存在于外界的一种事物，拥有这种事物可以降低人们内心的紧张感。可见，内驱力为人们的行动提供力量，而目标事物则为人们释放力量提供了方向。动机虽以需要为基础，但只有需要个体并不一定会产生动机。动机的产生至少应该具备两个条件：一是需要；二是具有满足需要的对象。当需要处于萌芽状态，客观上缺乏满足需要的对象时，需要只表现为一种意愿或意向。只有当需要被强化到一定的程度，在客观上又有满足需要的对象时，需要才会转化为动机。

三、激励机制

对企业来说，在了解员工需要的基础上，设置某些既可以满足员工需要，又符合组织要求的目标，通过目标导向使员工出现有利于组织的动机，并按组织所需要的方法自觉行动，这就是激励机制。

激励机制是激励赖以运转的一切办法、手段、环节等制度安排的总称，它具有内在地按组织目标来进行运作、管理、调节控制的功能。从心理学的角度分析激励过程，有效的激励机制的实质就是要处理好三类变量之间的相互关系。这三类变量是指刺激变量、机体变量和反应变量。刺激变量是指对机体的反应产生影响的刺激条件，其中包括可以变化与控制的自然与社会的环境刺激；机体变量是指有机体对反应产生影响的特征，这些都是被试本身所具有的特性，如性格、动机、内驱力强度等；反应变量是指刺激变量和机体变量在行为上引起的变化。

人的行为的激励过程，实质上就是刺激变量引起机体变量（需要、动机）产生持续不断的兴奋，从而引起积极的行为反应。当目标达成后，其经反馈又强化了刺激，如此周而复始，连续不断。

四、激励理论分类

激励理论可以分为三种，即内容型激励理论、行为改造型激励理论、过程型激励理论。尽管这些理论还不完善，但是它们对于我们理解激励问题还是非常有价值的。

（1）内容型激励理论。这种理论涉及人的需要、欲望和要求等，解释人为什么做出这样或那样的行为。这种理论影响非常大，但有人认为它有迎合大众价值观之嫌。总之，这种理论满足了人们解释世界的需要，因为人们有对世界加以解释的需要。内容型激励理论有需要层次理论、ERG理论、成就需要理论、双因素理论等。

（2）行为改造型激励理论。这种理论重点研究如何改造和转化人的行为，以达到变被动为主动、变消极为积极的目的。行为改造型激励理论主要包括归因理论、目标设置理论、强化理论等。

（3）过程型激励理论，也称媒介型激励理论。与行为改造型激励理论不同，它探讨人的心理机制，人如何作出不同的选择，人怎样看待激励过程。过程型激励理论主要有期望理论、公平理论等。

 **视野拓展**

激励过程中的社会规范与市场规范

在企业管理中，社会规范有时比市场规范更有效。据说在美国，某一退休组织请求律师的帮助，问他们是否可以为退休的老年人提供低价帮助，结果没有律师愿意去。后来这一组织将"低价"改为"免费"，结果很多律师都表示愿意提供服务。

说"低价"的时候，律师们之所以不愿意来，是因为他们启用的是市场规范，一对比酬劳太低自然不愿意来；但是说"免费"时，律师们启用的是社会规范，这属于社会贡献范畴，他们就愿意来了。

所以从根本上来说，这是两套规范在起作用。那么在企业管理中，有没有社会规范大于市场规范的时候呢？肯定有。例如给员工发年终奖时，大部分管理者更愿意发现金，但也有人认为，"与其发 1 万元，不如发普吉岛自由行套票。因为你给钱，他会用市场规范来衡量，他未必对这一奖励满意；但发礼物，送的是感受，他会用社会规范来衡量，会更念你的情。"

客观来说，这一方法有奏效的时候，就有失效的情况。有些员工可能会将普吉岛自由行套票兑换成奖金数额来衡量老板的诚意，这属于个人选择，也无可厚非。但多一种规范，就多一种可能性。

这一方法的有效性即便不是 100%，也值得去尝试，因为作为管理者，其实你并不能十分准确地知道你的员工会启用哪种规范。

第二节　内容型激励理论

要了解激励理论，就必须先搞清楚"需要"这个概念，内容型激励理论就是围绕着需要概念展开的。

一、需要概述

（一）需要的定义

需要是个体缺乏某种东西时的一种主观状态，它是个体客观需求的反映，这种客观需求既包括人的生理需求和高级的心理需求，也包括外部的、社会的需求。

人是自然属性和社会属性的统一体，对其自身和外部生活条件有各种各样的要求。当某种生理或心理因素缺乏时，人会出现生理或心理上的匮乏状态。当这种匮乏状态达到一定程度、必须进行调节时，个体就会感受到需要的存在，进而产生恢复平衡的要求。首先是生理平衡。人体必须不断补充一定的物质和能量才能生存，如食物、水等。这些物质和能量的摄入量由体内复杂的生理系统进行调节，以维持人的生理平衡状态。以饮食调节为例，人的生理调节机制时刻监测着食物和水的摄入数量、时间和温度。当到达某种临界值时，人体便会产生某种生理需要，人受到激发从而产生饮食行为。其次是心理平衡。人的生理失调主要源于有机体内部的刺激，而人的心理失调主要源于有机体外部的刺激，这种外部刺激既有物质的，也有精神的。当心理失去平衡时，个体就会产生心理上的需要，如对爱的需要、求知的需要、审美的需要等。需要过程如图 4.2 所示。

未满足的需要 → 紧张 → 内驱力 → 寻求行为 → 满足需要 → 紧张得到缓解

图 4.2　需要过程

（二）需要的特征

1. 对象性

需要总是指向某种具体的事物。换句话说，需要总是与满足需要的目标联系在一起的。例如，人饿了就要寻找食物，渴了就要寻找水，冷了就要寻找衣服等。需要一旦实现，总能给人们带来生理或心理上的满足。离开了目标和对象，就无从观察和研究人是否具有某种需要。

2. 紧张性

需要是个体在生活中感到某种欠缺而形成的某种心理状态。当某种需要产生后，人便会产生紧张感、不适感或烦躁感等。

3. 驱动性

人们为了消除生理或心理上的紧张，会产生寻求满足需要的力量，这种力量会推动人们去行动，以求得生理或心理上的平衡。

4. 层次性

人的需要是有层次的，先是满足最基本的生活需要，而后是满足社会和精神需要。人们的需要总是不断地由低级向高级发展。

5. 发展性

人的需要随着社会生产力的发展和物质文化及生活水平的提高而发展。这不仅体现在需要的标准不断提高上，而且体现在需要的种类日益复杂多样上。

（三）需要的种类

1. 按需要的内容划分

按需要的内容划分，需要可以分为生理需要和心理需要。

生理需要是在自然界种族繁衍过程中形成的，是人类为了维持生命和种族繁衍而产生的需要，如对食物、水、空气、性和安全等的需要。

心理需要是在人类历史发展过程中形成的，是人们为了提高自己的物质文化及生活水平而产生的社会性需要。它是人所特有的高级需要，包括爱与被爱、尊重、自我实现等方面的需要。

2. 按时间顺序划分

按时间顺序划分，需要可以分为天然需要和社会需要。

天然需要是人类最原始、最根本的需要，如对食物、水、空气、睡眠等的需要。它同生理需要是一致的。

社会需要是人们为了参与社会生活、进行社会交往而产生的对客观条件的需要。它是在社会生活实践中产生和发展起来的，并受社会因素的制约，是人所特有的高级需要。

3. 按需要的对象划分

按需要的对象划分，需要可以分为物质需要和精神需要。

物质需要是人类对衣食住行以及社会交往中所需要的物质产品的需要，既包括生理需要，也包括社会需要。例如，人对食品、饮料、住房等的需要，既是生理需要，又是物质需要；对礼品、首饰等的需要，既是物质需要，又是社会需要。

精神需要是人们对精神生活和社会交往中所需要的有形或无形产品的需要，人的精神需要大多属于社会需要。例如，人对知识、艺术、道德等的需要，既是精神需要，又是社会需要。

 示例

雷尼尔效应

雷尼尔效应背后的故事是这样的：

华盛顿大学的校方打算在校园内的华盛顿湖湖畔建一个体育馆，结果遭到了教职工们的强烈反对，他们甚至以辞职要挟。原因是，体育馆将会影响他们的视野，让他们站在办公室里无法欣赏湖畔的风景，也无法看到远处的雷尼尔山。

这时校方才意识到，原来这些教职工的工资比其他大学教职工的平均工资低 20%，而他们还愿意留下来，就是因为能欣赏美好景色。

可以这么说，华盛顿大学教职工的工资，80%是以货币形式支付的，而另外 20%是由美好的环境来"支付"的。

二、马斯洛的需要层次理论

人类的需要一直是心理学家们研究的对象，因此产生了有关需要的不同理论。其中，马斯洛的需要层次理论影响较大。

图 4.3　人类需要的层次关系

（一）马斯洛的需要层次理论的内容

美国人本主义心理学家马斯洛（Maslow）在 1943 年出版的《调动人的积极性的理论》一书中提出了"需要层次理论"。这一理论是心理学家试图解释需要规律的主要理论。

马斯洛对人类行为的动力从理论上和原则上做了系统性整理，提出了人类动机领域最著名的理论之一——需要层次理论。马斯洛将人的多种多样的需要归纳为五大类，并按照它们发生的先后次序将其分为五个层次，如图 4.3 所示。

在马斯洛看来，只有当低层次的需要被满足之后，高层次的需要才会出现。但任何一种需要都不会因为一个高层次需要的出现而消失，只是高层次需要产生后，低层次需要对行为的影响会变小。各层次的需要呈相互依赖与重叠的关系，如图 4.4 所示。

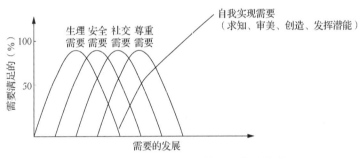

图 4.4　五个层次的需要的心理发展关系

（1）生理需要。这是人类最原始的、最基本的需要，包括饥、渴、性和其他生理机能的需要，它是推动人们采取行动的最强大的动力。马斯洛认为，人的生理需要是最重要的，只要这一需要还没得到满足，人就会无视其他需要或把其他需要搁置。

（2）安全需要。当一个人的生理需要得到满足后，他就会想满足安全需要。例如，要求获得生命和财产安全，要求避免职业病的侵扰，希望解除严酷监督的威胁，要求避免意外事件的发生等。个人寻求生命、财产等个人生活方面免于威胁、孤独、侵犯并得到保障的心理就是安全需要。马斯洛认为，整个有机体是一个追求安全的机制，人的感受器、效应器、智能和其他能量是用来寻求安全的工具。

（3）社交需要。社交需要有两方面的内容。一方面是爱的需要，即人都希望与伙伴之间、同事之间的关系融洽或与之保持友谊和忠诚，希望得到爱情，希望爱别人，也渴望接受别人的爱。另一方面是归属的需要，即人都有一种要求归属于一个集团或群体的感情，希望成为其中的一员并得到关心和照顾。社交需要比生理需要更细致，它与一个人的生理特性、经历、受教育程度等都有关系。

（4）尊重需要。当社交需要得到满足后，人还希望自己有稳定的地位，获得名利，要求个人能力、成就得到社会的承认等。马斯洛认为，尊重需要得到满足，能使人对自己充满信心，对社会充满热情。但尊重需要一旦受到挫折，就会使人产生自卑感、软弱感、无能感，会使人失去对生活的基本信心。

尊重需要还与个体感到自己对这个世界有用的感觉有关，也与有关事物如衣服、汽车、教育、旅游和接待重要人物等能否提升自我形象有关。

（5）自我实现需要。它是指实现个人的理想和抱负、发挥个人的能力的需要。也就是说，人必须干称职的工作，是什么样的角色就应该干什么样的事——音乐家必须演奏音乐，画家必须绘画，诗人必须写诗，这样才会使他们得到最大的满足。

马斯洛把生理需要和安全需要归为低层次需要，而把社交需要、尊重需要和自我实现需要归为高层次需要。低层次需要属于缺乏性需要，它从外部使人得到满足，人一旦得到满足，在相应时间段它便失去了行为动因作用。高层次需要从内部使人得到满足，需要满足来源于个体的认知和感受，就是说个体的主观因素是很重要的。高层次需要是发展性需要，它的激励作用不因满足而减弱，反而可能增强。

马斯洛的需要层次理论得到了人们的普遍认可，在实际管理工作中更是被广泛接受。需要层次理论与管理措施对应表如表 4.2 所示。

表 4.2　需要层次理论与管理措施对应表

需要层次	诱因（追求的目标）	管理制度与措施
生理需要	薪水、健康的工作环境、各种福利	身体健康（医疗设备）、工作时间（休息）、住宅设施、福利设备
安全需要	职位的保障、意外的防止	雇用保证、退休金制度、健康保险制度、意外保险制度
社交需要（爱与归属的需要）	友谊（良好的人际关系）、团体的接纳、与组织一致	协商制度、利润分配制度、团体活动制度、互助金制度、娱乐制度、教育培训制度
尊重需要	地位、名分、权力、责任、与他人薪水之相对高低	人事考核制度、晋升制度、表彰制度、奖金制度、选拔进修制度、委员会参与制度
自我实现需要	能发展个人特长的组织环境，具有挑战性的工作	决策参与制度、提案制度、研究发展计划、劳资会议

后来，马斯洛对他以前所提出的五个层次的需要做了补充，即认为人们还有认知和审美的需要。马斯洛认为，这两个需要与前面的五个层次的需要并不处于同一层次的发展系统之中，而是表现出一种既相互重叠又相互区别的关系。

 视野拓展

马斯洛补充的两种需要

1. 认知的需要

认知的需要也称为认识和理解的需要，这是人人都具备的一种基本需要，即人们对各种事物的好奇、学习，探究事物的原理，对事物进行实验和尝试的欲望。马斯洛从人们对安全的需要出发推出：人们进行各种学习和探究，其最终的目的也包括获得生活和生存的安全和取得安全的方法，洞悉事物的奥秘。满足认识事物的需要是一件令人快乐和幸福的事情，学习和探究事物的奥秘也是智者自我实现的一种方式，好奇还是儿童的一种天性，儿童能从他好奇的事物中得到最大的快乐。

2. 审美的需要

人们对于美的需要也是一种基本的需要。例如，希望行动的完美，对事物的对称性、秩序性、闭合性等美的形式的欣赏，对美的结构和规律性的需要等，都是审美需要的表现形式。

（二）对马斯洛的需要层次理论的评价

马斯洛把人的需要分为五个层次。对层次作这样的排列，是否符合客观实际，是否反映了人类心理活动的规律，这个问题在国外存在争论，在我国也有着不同的看法。

（1）马斯洛提出人的需要有一个从低层次向高层次发展的过程。这一过程的一般趋势在某种程度上是符合人类需要发展的一般规律的，有其科学的一面。

（2）马斯洛把生理需要作为需要结构的基础，列为第一需要，认为它是原始的、最基本的需要，有一定的参考价值。

（3）马斯洛的需要层次理论提出了在每一时期都有一种占主导地位的优势需要，而其他需要则处于从属的地位。要使对人的管理工作收到成效，管理者不仅要了解员工的一般需要，而且要特别了解和掌握员工在某一时期的优势需要。

（4）马斯洛的需要层次理论对人类需要的分类与其他心理学家的分类相比，比较全面、细致，是较为成功的需要理论。马斯洛从人的需要出发研究人的行为，抓住了问题的关键。

马斯洛的需要层次理论的核心是要使人人都成为自我实现的人，而这种自我实现完全是一个自然成熟的过程，社会的影响往往束缚了人的自我实现。这就完全否定了人的社会存在对人的成长有决定性影响。同时，这一理论又把这种需要层次看成固定的程序，看成一种机械的上升运动，忽视了人的主观能动性，忽视了通过思想教育在一定条件下改变人们需要的主次关系的可能性。马斯洛的需要层次理论只强调了一个人的各种需要之间存在的纵向联系，却忽视了一个人在同一时间内往往存在多种需要，而这些需要可能互相矛盾，导致各种动机的冲突。

（三）马斯洛的需要层次理论在管理中的应用

马斯洛的需要层次理论对于管理实践具有重要的启发意义，在管理中的应用主要表现在以下三个方面。

（1）掌握员工的需要层次，满足员工不同层次的需要。管理者在实践中应该根据员工不同层次的需要，采取相应的组织措施，以引导和控制员工的行为，使之与组织的或社会的需要相一致。

（2）了解员工的需要差异，满足不同员工的需要。员工不但有着不同层次的需要，而且其职业、年龄、个性、物质条件、社会地位各不相同，需要层次的排列及需要特点也各有差异。

（3）把握员工的优势需要，实施最大限度的激励。在同一时期内，员工可能存在着多种需要，但必定有一个占主导地位的优势需要支配、推动其行为。而且，随着时间、条件的改变，人的优势需要也会发生变化。因此，管理者不但要注意分析不同员工的需要差异，还要掌握一定时间内、一定条件下员工的优势需要及其变化。只有满足员工的优势需要，才能对其产生较大的激励作用。

 示例

满勤给奖

某校决定对教师采用"满勤给奖"制度来加强管理，每月给满勤的教师发放 500 元奖金，而上课、教研组活动、政治学习一次缺席、两次迟到者，该月就没有奖金。这一制度实行后，第一个月效果很好，无人缺席、迟到，教学秩序趋于正常。两个月后，工作一直认真负责的王老师，因患病请假两天，病未痊愈就来上班了，却被扣发了当月的奖金；李老师经常是小病大养，自由散漫，实行"满勤给奖"后，人是来了，课也上了，但教学效果差，奖金却照拿；赵老师在月初的第一周就迟到两次，在他看来，一个月的奖金已经没了，于是在后几周的工作中他也就不再认真对待了。

三、奥尔德弗的 ERG 理论

奥尔德弗（Alderfer）的 ERG 理论是在大量的试验研究基础上形成的。他认为人的需要只有生存的需要（Existence）、相互关系的需要（Relatedness）和成长发展的需要（Growth）三种。

（一）需要层次

1. 生存的需要

生存的需要类似于马斯洛的需要层次理论中的生理的和某些安全的需要。它包括多种形式的生理的和物质的欲望，如食物、水和住处等。

2. 相互关系的需要

这种需要类似于马斯洛的需要层次理论中的社交和尊重需要。它包括所有在工作场所中的与他人之间的人际关系。个体的这种需要在与别人分享和交流感情的过程中得到满足。

3. 成长发展的需要

这种需要类似于马斯洛的需要层次理论中的某些尊重需要和自我实现需要。它包括个体在工作上创造性的或个体成长的努力。成长发展需要的满足在一定程度上来自个体所从事的工作，个体不仅需要发挥自己的才能，而且需要培养新的才能。

（二）主要论点

ERG 理论的主要论点是，某种需要得到的满足越少，则这种需要越为人们所渴望。例如，满足生存需要的工资越低，人们越渴望得到更多的工资。

较低层次的需要得到的满足越多，人们对较高层次的需要就越渴望。例如，工人的生存需要越是得到满足，其对相互关系的需要和成长发展的需要就越渴望。

较高层次的需要满足得越少，人们对较低层次的需要越渴望。例如，成长发展的需要得到的满足越少，则人们对相互关系的需要就越渴望。

（三）奥尔德弗的 ERG 理论与马斯洛的需要层次理论的区别

第一，马斯洛的需要层次理论是建立在满足—上升的基础上的，也就是说一旦较低层次的需要得到满足，人们将产生更高层次的需要；而奥尔德弗的 ERG 理论不仅体现在满足—上升的方面，而且提出了挫折—回归这一概念。挫折—回归说明在较高层次的需要未满足或受到挫折的情况下，人们更着重或把更强烈的欲望放在一个较低层次的需要上。例如，成长层次需要受到挫折，人们就会对相互关系的需要产生更大的希望。

第二，马斯洛的需要层次理论认为，人的需要是严格地由低到高逐级上升的，不存在越级，也不存在由高到低的下降；而奥尔德弗的 ERG 理论则提出，人的需要并不一定严格按由低到高的顺序发展，而是可以越级的。例如，有的人在生存的需要得到满足后，就可以直接产生成长发展的需要；遇到挫折时，需要也存在由高到低的下降。例如，一个人得不到好的相互关系，就可能下降到希望多得几元钱就算了。

第三，马斯洛认为，人有五种需要，它们是生来就有的，是内在的；而奥尔德弗则认为人只有三种需要，其中有生来就有的，也有后天学习得来的，例如，成长发展的需要就是后天学习得来的。

有证据表明，不同文化中的人对需要种类的排序是不一样的。例如西班牙人和日本人把社会需要放在生理需要前面。这与奥尔德弗的 ERG 理论是一致的,但这不意味着它是普遍适用的。总之,奥尔德弗的 ERG 理论在需要理论中是一种比较有效的理论观点。

(四)人们为什么要工作

人们为什么要工作?他们想从工作中得到什么?

1. 多数人工作是想得到金钱

首先,在今天,没有钱人是无法生存的,要得到钱,人们必须工作。其次,钱在满足人们的其他需要上也是非常重要的,与他人的交往、个人的发展等离不开金钱。另外,一个人获得金钱的多少也成为衡量他个人社会成就的标志物。对于一些已经得到很多金钱的人,他们追求金钱是想得到金钱所代表的东西。既然金钱这么重要,管理者就可以通过控制它来影响员工的行为。

2. 人需要支出体力和脑力

心理学和生理学研究证明,人是受不了长期不活动的。整日无所事事,什么也不想、什么也不做,就如同行尸走肉,这是不正常的。总之,人必须适当地支出体力和脑力。而工作则是人们实现它的一种不错的途径。当然,人们似乎还有更好的方式来做到这一点,如旅游、参与体育活动、游戏等,但前提是你拥有足够多的金钱。对大多数人来说,工作是实现它的必需且一举多得的最佳途径。

自我测评

你想从工作中得到什么

3. 产出有价值的产品和提供有价值的服务

工作使人能为社会产出有价值的产品和提供有价值的服务,并因此得到社会的鼓励、奖赏,由此获得尊重、赞颂等,产生自我价值感。

4. 得到社会交往

工作环境是非常有价值、非常重要的交往场所。对今天的人来说,他们的绝大部分社会交往是在工作环境中发生的,如果没有工作给人提供的这种交往条件,难以想象人们的社会交往会是怎样的。需要注意的是,不能只顾交往而忘了工作。

5. 得到社会地位

做什么样的工作是一个人社会地位的标志。没有工作就能有较高的社会地位的时代已经过去了。工作及其上附加的许多东西,代表着人的社会地位、社会价值。例如行业、职位、办公场所和条件、配备的辅助人员和设备及权限等,这些附加在工作上的东西解释着拥有者的社会地位。

四、麦克利兰的成就需要理论

20 世纪 50 年代初期以来,美国哈佛大学心理学家戴维·麦克利兰(David Meclelland)对成就需要这一因素做了大量的调查研究,提出了成就需要理论。

(一)成就需要理论的主要内容

成就需要理论不讨论人的基本生理需要,主要研究在人的生理需要基本得到满足的情况下,人还有哪些需要。麦克利兰认为,人还有成就需要、权力需要和友谊需要三种需要。

(1)成就需要是指追求卓越、实现目标、争取成功的内驱力。具有挑战性的成就会引发人的快感,激发人奋斗的精神,对人的行为起主要的影响作用。

(2)权力需要是指使他人的行为发生改变的需要。具有高权力需要的人喜欢承担责任、努

管理心理学(附微课 第2版)

92

力影响他人，喜欢竞争性强、重视地位的环境。与有效的绩效相比，他们更关心威望和获得对其他人的影响力。

权力是管理成功的基本要素之一，个人的权力在不同阶段的表现各有不同，它有一个发展过程。权力的一般发展过程是：依赖别人→相信自己→控制别人→自我隐退，转而为全社会追求权力。

（3）友谊需要是指建立友好和亲密人际关系的欲望。高友谊需要的人喜欢合作性强而非竞争性强的环境，渴望拥有高度相互理解的关系。负有全局责任的管理者把友谊看得比权力更重要。

（二）成就需要理论的主要观点

（1）不同的人对这三种基本需要的排序和认为其所占比重是不同的，个人行为主要取决于其中那些被环境激活的需要。

（2）具有高成就需要的人的特点是事业心强、比较实际、敢冒一定的风险。这种人把个人成就看得比金钱更重要，从成就中得到的鼓励超过物质鼓励，把报酬看成衡量成就大小的工具；当从事能为其提供个人的责任、反馈、适度的冒险性的工作时（见图4.5），他的激励水平最高，在创造性活动中更容易获得成功，如经营自己的公司、管理一个独立部门等。

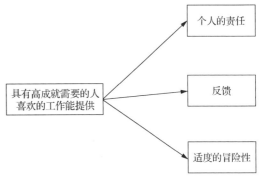

图 4.5　与高成就需要的人匹配的工作

（3）具有高成就需要的人对企业和国家有重要作用。一个企业拥有的这类人越多，它的发展越快，获利越多；一个国家拥有的这类人越多，国家就越兴旺发达。据麦克利兰的调查，英国1925年的国民经济情况很好，当时英国所拥有的高成就需要的人数在被调查的25个国家中名列第5位。第二次世界大战以后，英国经济开始走下坡路。1950年再做调查时，英国所拥有的高成就需要的人数在被调查的39个国家中名列第27位。

（4）具有高成就需要的人不一定是优秀的管理者，尤其是在一个大型组织中，他更感兴趣的是自己如何做好，而不是如何影响他人做好。大型组织中的管理者不一定是具有高成就需要的人。

（5）教育和培训可以造就具有高成就需要的人才，如开办学习班，宣传高成就需要人物的形象，并交流经验等。

（三）成就需要理论对管理工作的意义

成就需要理论从同一层面揭示三种需要，更为有效地分析了相同条件下不同类型的需要对行为方式的影响。其激励意义在于把成就需要看成成功的、有高度积极性的工作者的个性特征之一。成就需要激励着他们出色地完成自己所承担的每一项任务，组织似乎不必再施加激励措施，因为已经有了现成的激励因素。但是组织必须提供能使工作者的成就需要得到满足的工作条件。如果成就需要不能得到满足，这些人就会不愉快、不满意、没有工作效率。该理论对管理工作的意义是，如果工作需要高成就需要者完成，管理者可以选拔这一类型的人才，也可以通过培训来激发员工的成就动机。同时，成就需要理论重视教育对需要的培养作用。

具有高成就需要的人对企业和国家有重要作用，因此，企业必须加强对高成就需要者的管理。企业可以通过以下途径进行培养。

（1）教育和培训可以培养具有高成就需要的人才。具体做法如下。首先，通过介绍高成就需要者的事迹来激发受训者的成就需要；其次，制订个人成就需要规划，激发受训者将成就需要转化为实际行动；最后，通过学习、交流，增强受训者争取更高成就的信心。

（2）经常安排一些成就的反馈，使被激励者了解别人成功的原因，进一步激发他们对取得成就的渴望。

（3）对高成就需要者的成绩给予充分肯定。要把高成就需要者放在具有挑战性的岗位上，肯定他们的成就，鼓励他们多产出成果，并有计划地为其提供学习和进修的机会。

（4）将个人需要与企业、国家的利益相结合，鼓励员工创新，以激励他们脚踏实地，努力工作。

总之，麦克利兰的成就需要理论对于我们发现人才、重视对高成就需要人才的管理、合理用人等具有很大的启发。

五、赫茨伯格的双因素理论

双因素理论也叫激励-保健理论，由美国心理学家弗雷德里克·赫茨伯格（Frederick Herzberg）提出。赫茨伯格调查了 203 名工程师和会计师，以了解人们想从工作中得到什么。他让人们详细描述感到工作非常好和非常坏时的情形。对调查结果进行归纳后，赫茨伯格发现，人们对工作满意时的回答和对工作不满意时的回答大相径庭。赫茨伯格称能促使人们产生工作满意感的这类因素为激励因素，如工作富有成就感、工作成绩得到认可、工作本身、责任大小、晋升、成长等；赫茨伯格称能促使人们产生不满意感的这类因素为保健因素，这些因素与工作满意度有关。当被调查者对工作满意时，他们倾向于把这些成就归因于自己；当他们对工作不满意时，倾向于抱怨外部因素，如公司政策、行政管理、监督者、与主管的关系和工作条件等。从这个分析结果中我们能看到归因理论的影子：把成功归因于自己，把失败归因于外部因素。

（一）双因素理论的主要观点

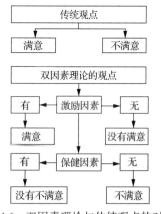

图 4.6 双因素理论与传统观点的对比

双因素理论改变了传统的关于满意与不满意的观念。统计资料表明，满意的对立面不是不满意，这与人们通常认为的并不一致。双因素理论与传统观点的对比如图 4.6 所示。赫茨伯格认为，消除工作中的不满意因素并不一定带来工作的满意。这一发现表明了一个二元连续体的存在：满意的对立面是没有满意，不满意的对立面是没有不满意。带来工作满意的因素和导致工作不满意的因素是截然不同的。他将带来工作满意的因素称为激励因素，将导致工作不满意的因素称为保健因素。缺少保健因素，员工会感到不满意，有了它，员工不会感到满意，而是没有不满意；有了激励因素，员工会感到满意，没有它，员工不会感到不满意，而是没有满意。

可见，并非所有的需要得到满足都能起到激励作用，只有那些被称为激励因素的需要得到满足才能激发人的积极性。

案例 4-1

最好的激励

通用磨坊食品公司收到了很多信件：众多的父母期望公司能生产不含麸质的麦片与蛋糕粉，因为麸质敏感型的孩子是不能吃大多数用谷物制作的食品的，包括麦片、饼干、生日蛋糕等。

你能想象一个七岁的孩子不能像其他孩子一样拥有生日蛋糕，或者不能在校园分享日带纸杯蛋糕和果仁巧克力饼干去学校吗？

通用磨坊食品公司一个小组的员工开始研究这个问题，并试图建立新的生产线，他们觉得应该帮助父母减轻这些孩子被当作"异类"的羞耻感。

通用磨坊食品公司最终推出了第一条无麸质奇克斯麦片生产线，用这种特殊的方式打动了消费者。

很多父母写信感谢通用磨坊食品公司，有位母亲详细描述了这样一个场景。早晨儿子用餐时，发现桌上有一盒麦片，以为是给姐姐的。母亲盛了一碗麦片粥给他，他不相信自己可以吃，还问是否真的是给自己吃的，母亲说是的，儿子瞬间容光焕发，叫道："我跟其他孩子一样啊！"

很多类似的信在公司里被分享和讨论。收到这些信的人找到了真正激励自己的方式，那就是为他人的日常生活创造一些不同。

👓 视野拓展

日立公司的"婚姻介绍所"

日本企业很重视员工的婚姻大事。例如，日立公司就设立了一个专门为员工架设"鹊桥"的"婚姻介绍所"。新员工进入公司后，可以把自己的学历、爱好、家庭背景、身高、体重等资料输入计算机。当某名员工递上求偶申请书时，其便有权调阅计算机档案，申请者往往利用休息日坐在沙发上慢慢地仔细翻阅这些档案，直到找到满意的对象。一旦有人被选中，联系人会将挑选方的资料寄给被选方，被选方如果同意见面，公司就会安排双方约会。约会后双方都必须向联系人报告对对方的看法。日立公司人力资源部门的管理人员说："一方面，由于人们工作紧张，职员很少有时间寻找合适的生活伴侣，而我们很乐意帮他们这个忙。另一方面，这样做还能起到稳定员工、增强企业凝聚力的作用。"

（二）对双因素理论的评价

赫茨伯格提出双因素理论后，引起了管理界的重视。人们对双因素理论的评价如下。

（1）赫茨伯格运用的程序受到方法论的限制。归因理论告诉我们，当事情成功时，人们倾向于把功劳记在自己身上；反之，人们倾向于把失败归因于外部因素。所以，赫茨伯格得出的结论可能只是人们事后对所发生事情的解释，是一种事后理由，而非事情发生的原因。

（2）双因素理论在一定范围内是有效的，能解释各种满意度，但它不是真正的激励理论。

（3）与以前的结论不一致，它忽视了环境变量。

（4）赫茨伯格假设满意与生产率之间有一定的关系，但他所用的方法只考察了工作满意度，没有考察生产率。

尽管有来自各方的批评，但20世纪60年代中期以来，双因素理论还是越来越受到人们的关注。

双因素理论已广泛地为各类组织的管理者所接受，特别是在企业管理中实行工作丰富化、工作扩大化、弹性工时等，其对激发员工的生产积极性、提高员工的生产效率起到了极大的促

第四章 激励理论及应用

进作用。

（三）双因素理论在管理中的应用

（1）与保健因素相比，激励因素更重要。在管理中，要调动和维持员工的工作积极性，首先要注意保健因素的作用。管理者要创造良好的工作环境和工作条件，防止员工产生不满的情绪；若员工产生不满的情绪，要及时安抚员工。在保健因素得到满足后，更重要的是利用激励因素去激发员工的工作热情，提高他们的工作满意度。如果只顾及保健因素的满足，而没有利用激励因素，还是不能使员工创造出一流的工作业绩。所以，在管理工作中，更重要的是利用激励因素。例如，不断地认可你的员工，给予真诚赞美，授予荣誉和头衔，给予一对一的指导、领导角色和授权，组织团队集会、劳动竞赛，制造榜样等。

 课程思政

老乡鸡董事长手撕员工联名信，却收获集体好评……

（新浪财经 2020-02-20）在新冠肺炎疫情期间，不少企业都投入抗疫行动中，有捐款捐物的，有改行生产物资的……

老乡鸡董事长束从轩出镜"手撕员工联名信"视频，视频中老乡鸡董事长手撕的是员工不领工资的联名信，这种"冲突"是老乡鸡这次大受好评的最大原因。

疫情无情，已经有不知多少企业开始犯难，老乡鸡自然也没有好到哪里去。束从轩在接受媒体采访时表示，因为疫情，从初一到初七的几天时间，保守损失可能有 2000 多万元。同时，为了春节提前订的货价值 1 亿多元，大多无法退货，还有大量蔬菜肯定要损坏。

"我们一个月的工资支出差不多有 8000 多万元，现在很多店停业了，工资照常发，资金有一定的压力。公司以前运营得比较好，支撑两个月应该没问题，但两个月以后就麻烦了。"

在这次的视频中，束从轩称，因为疫情影响，老乡鸡保守估计至少有 5 亿元的损失。

但在面对员工不要工资的联名信时，束从轩表示，"哪怕是卖房子，卖车子，也要确保 16328 名老乡鸡员工有饭吃，有班上！"

有人说这样的老板说话真有底气，真让人放心。视频从头到尾传递的都是满满的信心，充满正能量。

微视频

华为的福利

（2）可以利用双因素理论指导企业奖金发放工作。奖金虽然是一个重要的激励因素，但终究是一个外在的激励因素，其激励作用是有限的。要充分发挥奖金的激励作用，首先，奖金制度要充分体现"按劳分配"原则，反对平均主义，保证超额劳动得到超额报酬。如果把奖金当作附加工资，不问好坏一人一份，奖金就失去了激励作用。其次，要使员工认识到自己与企业的繁荣和发展的关系。要使员工的工资定额与奖金总额随企业的发展而变化，自然浮动，这样就能使外在的奖励发挥激励作用。如果不讲部门与个人成绩大小，采取平均主义的分配办法，就会使奖金变成"保健因素"。这样奖金就起不到激励作用了。

（3）运用双因素理论可以使员工工作丰富化、满足员工的高层次需求。分工专业化、流水线作业提高了工作效率，同时也造成了工作的单调、乏味，影响了人们的工作热情。一般来说，工作丰富化可以朝两个方向发展，一个是垂直工作加重，另一个是水平工作加重。垂直工作加重指重新设计工作，给员工更多的责任感、更多的成就感。水平工作加重是指让员工完成更多的前后工作程序，使员工有对工作的整体感、社会责任感、对自我能力发展的认同感。

运用双因素理论，应正确运用表扬激励，创造一个竞争的环境，增强员工的进取心和荣誉感。一个人在工作上取得了成绩，一旦得到同事或领导的认可和正面评价，就意味着得到了社会的认可, 其工作积极性会有较大的提高。

~~~ 案例 4-2 ~~~

普华永道的员工激励

（哈佛商业评论 2014-11-21）2011—2012 年，普华永道与南加州大学、伦敦商学院的研究员合作研究了“千禧一代”和他们的敬业度。

普华永道的员工极端年轻化，公司 2/3 的员工在 20 岁到 30 岁出头。公司一直在招聘大量年轻人，其中暗含一个假设：大部分员工会跳槽，仅有小部分人会一路晋升，最终成为合伙人。这一模型还有另外一个假设：员工认同成为合伙人是他们长期服务客户的回报和奖励。但是研究发现，成为合伙人的诱惑已经不足以提高员工的敬业度。

与“婴儿潮一代”相比，即便未来收入可观，“千禧一代”也不愿意让工作成为他们生活唯一的重心。研究表明，“千禧一代”希望公司的每个行动都能体现他们的价值观，他们比其他人更热衷于参与公司重大事项的讨论；“千禧一代”期望拥有更换职业发展轨迹的自由；“千禧一代”比他们的前辈们更希望获得支持和赞赏，金钱回报并不总能让他们获得满足感。他们倾向于寻求一些非金钱的回报，这些回报能让他们的人生或职业生涯受益。此外，在普华永道，参加过企业社会责任项目的员工留在公司的时间更长，表现也更加优秀。例如，参加过一次以上企业社会责任项目的员工的平均供职时间是 7.4 年，从未参加过此类项目的员工的平均供职时间是 6.3 年。“千禧一代”一旦发现公司言行不一，就会立刻做出反应。他们会在不再信任公司时选择离开。对任何管理者而言，这都是一大挑战，社交媒体则进一步加剧了这种挑战。

“千禧一代”的敬业度研究结果出来后，普华永道采取了一系列相关措施以达到他们的预期。例如在奖金方面，员工可以选择现金、礼品卡、产品包甚至是匹配的慈善捐款等不同形式的奖励；对长期为公司效力的员工给予一些非金钱回报。例如，当员工工作满一定年限后，公司送他们去加利福尼亚接受几天生活技能和领导力的培训；如果员工效力的时间更长，还可以获得为期 4 周的休假，在此期间，他们可以做自己喜欢的事情，去旅行，做义工，或者选择与家人待在一起。此外，当员工在公司任职到达一定年限后，他们将拥有很多机会尝试新鲜事物。

基于以上研究，普华永道完全改变了传统的人力资源策略，开发出一套基于当下人力资源实践的新系统，以适应员工需要的转变。过去 10 年里，普华永道人员流动率下降了约 3%，与此同时，员工敬业度上升了约 3%。

第三节 行为改造型激励理论

行为改造型激励理论注重对人外在行为影响的研究，它在实际中的运用既简便又行之有效，所以尽管它有简单化之嫌，但还是得到了广泛运用。行为改造型激励理论包括归因理论、目标设置理论和强化理论。

一、归因理论

人们做完一项工作之后，往往喜欢寻找自己或他人之所以成功或失败的原因，而这样做会对人们以后的行为造成非常大的影响，这种现象被称为归因。最早提出归因理论的是海德（Heider）。他认为，人们具有理解世界和控制环境这两种需要，使这两种需要得到满足的最根本手段就是了解人们行为的原因，并预测人们将如何实施自己的行为。

第四章 激励理论及应用

97

他认为，影响行为的因素有两种，即环境和主体。运气、工作难易等都是环境原因。如果把行为的原因归于环境，则个人对其行为结果可以不负什么责任。人格、动机、情绪、能力、努力等都是主体原因。如果把行为的原因归于主体，则个人要对其行为结果负责。

在海德的基础上，美国心理学家韦纳（Weiner）对行为结果的归因进行了系统探讨，并把归因分为三个维度：内在性归因和外在性归因，稳定性归因和不稳定性归因，可控性归因和不可控性归因。他又把活动成败的具体影响因素归纳为六种，即能力高低、努力程度、任务难度、运气好坏、身心状态和外界环境。如果将此三维度和六因素结合起来，就可组成一种归因模式。成就动机的归因模式如表 4.3 所示。

表 4.3　成就动机的归因模式

影响因素	内　在　性		稳　定　性		可　控　性	
	内　　在	外　　在	稳　　定	不　稳　定	可　　控	不　可　控
能力高低	+		+			+
努力程度	+			+	+	
任务难度		+	+			+
运气好坏		+		+		+
身心状态	−			+		+
外界环境		+		+		+

注：“+”表示某一因素在某一维度上的表现。

韦纳还研究了对行为成功或失败的不同归因对人的情绪的影响。原因维度与情绪反应关系表如表 4.4 所示。

表 4.4　原因维度与情绪反应关系表

行为结果归因倾向产生的影响		成　　功	失　　败
原因源	内部或外部	内部因素：能力、努力、品质、人格等	使人感到满意和自尊	使人感到内疚和无助
		外部因素：任务难度、机遇、环境等	使人产生惊奇和感激之情	使人气愤和产生敌意
	稳定或不稳定	稳定因素：能力、任务、要求、法律等	有助于提高今后工作的积极性	会降低今后工作的积极性
		不稳定因素：努力、机遇、外界条件等	以后工作的积极性不确定	可能会提高以后工作的积极性
	可控或不可控	可控因素：努力、注意力等	有助于产生积极的情感	归罪于客观任务，使人内疚、羞愧
		不可控因素：运气、健康等	使人感到惊奇	使人感到遗憾

韦纳的归因理论有助于人们对成就行为的原因进行分析。他认为，人们对成功和失败的归因会对其以后的行为产生重大影响。如果一个人把考试失败归因于缺乏能力，那么他对以后的考试还会预期失败，这是因为能力是一个稳定因素；如果一个人把考试失败归因于运气不佳，那么他对以后的考试就不大可能预期失败，这是因为运气是一个不稳定因素。

作为对成就需要理论的一个补充，归因理论特别强调成就的获得有赖于对过去工作成败的不同归因。如果把成功或失败都归因于自己的努力程度，就会增强今后努力行为的坚持性；反之，如果把成功或失败归因于能力太差、任务太重，就会降低自身努力行为的坚持性。运气或机遇是不稳定的外部因素，过分地归因于这一类因素会使人产生“守株待兔”的坚持行为，这是具有高成就需要的人所不屑的。总之，只有将失败归因于内外部的不稳定因素时，即努力的程度不够和运气不好时，才能使人进一步坚持原行为。

具有高成就需要的人会把成就归因于自己的努力，把失败归因于努力不够。他们不甘于失败，坚信再努力一下，便会取得成功。他们相信自己有能力应对，只要尽力而为，就没有办不成的事。相反，成就需要不高的人认为努力与成就没有多大关系。他们把失败归因于其他因素，特别是归因于能力不足；把成功归因于外界因素，如任务难度不大、运气好等。

由于归因理论是从结果出发来阐述行为动机的，因此它的理论价值与实际作用主要表现在三个方面：一是有助于了解心理活动发生的因果关系，二是有助于根据行为及其结果来推断个体的心理特征，三是有助于根据特定的行为及其结果来预测个体在某种情况下可能产生的行为。

海德的归因理论开创了归因问题研究的先河，它对行为结果归因所做的主体与环境的划分成为归因理论的基础，且影响深远。

二、目标设置理论

（一）目标设置理论的主要内容

目标设置理论是近年来被研究最多、影响最大的一种激励理论。它是美国马里兰大学管理学和心理学教授埃德温·洛克（Edwin Locke）于 20 世纪 60 年代提出的。他认为，接受一个具体、艰巨的目标作为自己目标的人，比没有接受这样目标的人的绩效更好。

具体的、艰巨的目标比笼统的目标（如"尽最大努力，好好干"等）的效果更好。具体的目标本身就是一种内部激励，它使人有掌控感、效果感，从而为恰当分配、安排自己的工作提供了可能。此外，当这个具体的目标实现了，人就能从中得到成就感；相反，没有具体的目标，人就无法享受工作结果所带来的快乐。因为目标笼统，人们自然就没有完成、实现这类目标后的积极的心理感受。

接受的目标越困难，绩效水平越高。这个假设成立的前提是目标必须被接受。人一旦接受了一个艰巨的具体任务，他就会想方设法地努力完成。在这种情况下，人们付出的努力肯定比在完成容易的任务时要多，绩效自然也就随之提高。当然，在经过努力仍难以完成时，在有些情况下，目标就可能被放弃或降低。

在人们为实现目标而努力的过程中，如果得到行为结果反馈，人们会做得更好。根据反馈，人们可以随时调整自己的工作，以使工作方法更有效，不偏离目标。另外，工作进展信息可以让人看到自己的工作成效，这能给人以鼓舞并增强信心，使人看到希望。但有时，过多失败的信息反馈可能会让人气馁，所以，并不是所有的反馈都有积极作用。

如果员工有机会设置自己的目标，他们会更努力工作吗？参与式目标是否比指定式目标更有效？答案是不确定的。参与式目标的优势是使困难的目标更容易被员工接受，通常目标越困难，其被员工接受的难度就越大。由于参与式目标是员工自己参与制定的，他们更易接受，并更可能投入努力。也就是说，员工参与目标制定可以使困难的目标更容易被接受，并提高其采取行动的可能性。还有一种说法是，如果是外行，则参与式目标比指定式目标更好；如果是内行，则最好采用指定性目标，这样效率更高，可以节省时间。当然，如果目标的被接受性是一个大问题的话，则另当别论。

目标设置理论是放之四海而皆准的真理吗？既明确又困难的目标永远会带来更高的绩效吗？事实并不是这样。除了前面谈到的反馈因素以外，目标承诺、适当的自我效能感和民族文化等都对目标和绩效的关系有影响。每个人必须接受并始终忠于目标，是目标设置理论成立的前提，若有人自行降低或放弃目标，则此理论假设就不成立。自我效能感是指一个人对他能胜任一项工作的信心。自我效能感越高，人们对自己获得成功的能力就越有信心。在遇到困难或消极反馈时，自我效能感低的人更容易减少努力或干脆放弃；相反，自我效能感高的人会更努力地迎接挑战。民族文化在此指一种文化背景下形成的、具有一定普遍性的人格特征。下列文化特征是目标设置理论成立的条件：下属有相当的独立性（在权力距离上得分低），管理者和下属都寻求具有挑战性的目标（在不确定性规避上得分低），而且双方都认为绩效是重要的（在生活数量上得分高）。

 **视野拓展**

OKR

最近几年，在企业管理中，OKR 这个名词出现的频率越来越高。随着外资企业的应用，OKR 也在国内的一些企业中逐步推广开来。有的企业将 OKR 运用得非常好，更多的企业在了解了 OKR 后，不知道是否该推行，也不知道如何去推行，仍然处于观望的阶段。

OKR 是由英文 Objectives and Key Results 的首字母组成的，指目标与关键结果。O（Objective）表示目标，KR（Key Results）表示关键结果。目标就是你想做什么事情（例如，上线一款旅游 APP），关键结果就是如何确认你做成了这件事情（例如，一天 1 万次的下载量或者一天 1 万元的收入）。企业可以按照年度、季度制定 OKR，但是一定要关联公司的使命愿景。可见，OKR 是一种战略目标任务体系，是一套明确目标并跟踪其完成情况的管理工具和方法，它由一个需要极致聚焦的明确目标和用于量化该目标的数个关键结果两大主要部分组成。OKR 是企业进行目标管理的一个简单有效的系统，能够将目标管理自上而下落实到基层。

OKR 的主要作用：团队的每个成员都知道其他人在做什么，避免浪费，通力合作；作为管理方法和沟通工具，时常提醒大家在一定时间内专注于一致的方向；帮助大家在有限的时间内快速分辨重点和优先事项；促进员工"自由发挥"的同时，引导员工不要"跑偏"；只讲求任务和完成的百分比，不涉及具体的数字指标，压力感不强，避免有人弄虚作假。

OKR 通过高效的交流，让团队去追求更加有野心的目标，并集中所有人的力量为目标而奋斗。

（二）目标设置理论在管理中的应用

1. 目标是一种外在的可以观察并且可以测量的标准

管理者可以直接设置、调整和控制目标，并将其作为激励员工的重要手段和技术。

2. 管理者如何为员工设置目标

管理者在为员工设置目标的过程中，首先应该尽量使员工参与目标设置，了解并且认同组织目标；其次，应帮助员工设立具体的并且有相当难度的目标；最后，应该采取各种形式的激励和肯定，以强化和调动员工达成目标的积极性。

3. 个人目标与组织目标保持一致

个人目标与组织目标可能一致，也可能产生偏差，如果出现偏差，就不利于调动个人的积极性，也不利于组织目标的实现。只有使它们趋于平衡，即组织目标向量与个人目标向量间的夹角最小，才能使个人行为朝向组织目标，使个人产生较强的心理内聚力，为完成组织目标而共同奋斗。

4. 既要有近期目标，又要有远期目标

只有远期目标，易使人产生渺茫感；只有近期目标，则易使人目光短浅，其激励作用也会减小或不能长久维持。

5. 积极做好目标信息的反馈

目标信息的反馈可以增强员工实现目标的积极性，并且使员工及时发现问题，调整方向，从而更好地实现目标。

6. 促进目标管理的实现

目标设置理论为管理中采用的目标管理技术提供了心理学上的理论依据。管理者通过不断设置企业的目标，让员工明白企业目标与个人目标的关系，并让员工积极参与目标的制定，这样既有利于员工个人目标的实现，又有利于目标管理的实现。

案例 4-3

一只鲸的奇迹

如果你看到一只体重达 8600 千克的鲸跃出水面 6.6 米，并为你表演各种动作时，你一定会感到惊讶，将这视为奇迹，而事实上，确实就有这么一只可以创造奇迹的鲸。

这只鲸的训练师向外界披露了训练的奥秘：开始时，他们先把绳子放在水面下，使鲸不得不从绳子上方通过，鲸每次经过绳子上方就会得到奖励，它会得到鱼吃，会有人拍拍它并和它玩儿，训练师以此对这只鲸表示鼓励；当鲸从绳子上方通过的次数逐渐多于从下方通过的次数时，训练师就把绳子提高，不过提高的速度很慢，不至于让鲸因为过多的失败而沮丧。

三、强化理论

（一）强化理论的主要内容

强化理论是由美国哈佛大学心理学教授斯金纳提出的。斯金纳认为，人或动物为了达到某种目标，会以一定的行为作用于环境，当这种行为的后果对人有利时，这种行为就会在以后重复出现；反之，这种行为就会减少或消失。人们可以用这种正强化或负强化的办法来影响行为的后果，从而修正行为，这就是强化理论，也叫行为修正理论。

所谓强化，是指增强某种刺激与个体某种反应之间的联系，它是操作条件反射的一个重要元素。

强化包括以下四种类型。

1. 正强化

正强化又称积极强化，是指当人们采取某种行为时，能从他人那里得到某种令其感到愉快的结果，这种结果反过来又成为推进人们趋向或重复此种行为的力量。例如，企业用某种具有吸引力的结果（如奖金、休假、晋升、认可、表扬等）表示对员工努力进行安全生产的肯定，从而强化员工遵守安全规程、进行安全生产的行为。

微视频
正强化和负强化

正强化既能起到强化被强化者积极行为的作用，又能使其他人出现积极行为的可能性增大。

2. 负强化

负强化又称消极强化，它是指通过某种不符合要求的行为所引起的不愉快的后果，对该行为予以否定。若员工能按要求行事，就可减少或消除这种令人不愉快的后果，从而增加员工符合要求的行为重复出现的可能性。例如，企业安全管理人员告知员工不遵守安全规程就要受到批评，甚至得不到安全奖励，于是员工为了避免出现此种不期望的结果，而认真按规程进行安全作业。由此可见，负强化与正强化的目的是一致的，只是二者采取的手段不同。

3. 惩罚

惩罚是指在消极行为发生后，以某种带有强制性、威慑性的手段，给人带来不愉快的结果，或者取消现有的令人愉快和满意的条件，以表示对某种不符合要求的行为的否定。批评、行政处分、经济处罚等，都是惩罚的手段。

4. 自然消退

自然消退又称衰减，它是指对原先可接受的某种行为强化的撤销，使这种行为逐渐减少，以至最终消失。研究表明，一种行为如果在一定时间内得不到正强化，将自然减少并逐渐消失。例如，企业曾对员工加班加点完成生产定额给予奖酬，后研究认为这样不利于员工的身体健康和企业的长远利益，因此不再给予奖酬，从而使加班加点的员工数量逐渐减少。

强化理论认为，正强化会影响人们重复这种行为的倾向，在激励过程中起着重要的激励作用。正强化可以分为连续强化和间断强化两种方式。连续强化是指对每次发生的行为都进行强化；间断强化是指非连续性的强化，不是对每次发生的行为都进行强化。与间断强化相比，连续强化具有快速强化的效果，但缺点是一旦停止强化，其行为将很快消失；间断强化的效果虽然不如连续强化快速，但更持久。

 经典实验

操作条件反射的形成

操作条件反射理论是由斯金纳最早提出的。该理论认为：学习是一种反应概率上的变化，而强化是提高反应概率的手段。如果一个操作或自发反应出现之后，有强化物或强化刺激尾随，则该反应出现的概率就会增加。

斯金纳的实验工具是一个自动控制的设计，称为斯金纳箱。他在箱内装了一个小杠杆，小杠杆与传递食物丸的机械装置相连，杠杆一被压动，一粒食物丸就滚进食盘。白鼠在箱内自由活动，当它踏上杠杆时，有食物丸放出，于是它可以吃到食物。它再按压杠杆，第二粒食物丸又放出。反复几次，这种条件反射会很快形成。白鼠在箱内持续按压杠杆，取得食物，直到吃饱。这就是操作条件反射的形成过程。

（二）对强化理论的评价

强化理论有助于我们深刻理解人是如何学习和获得各种行为、习惯的。但同时不能忽略的是，强化理论过分依赖外在的强化物来控制人的行为，而无视人的情感、态度、愿望和已有的经验等心理变量对人的行为所产生的影响。强化的确是塑造行为的重要因素，但极少有学者认为它是唯一的因素。因此，管理者在运用奖励或惩罚等强化方式时必须注意，强化本身并不是目的。

 示例

某公司的信息主管因提供了错误的市场信息而导致公司决策失误，如果你是该公司的总经理，你会如何处理这件事？让我们看看松下幸之助是怎样对待这一事件的。

松下幸之助完全有理由将其开除，但是他并没有急于给出最终的处理意见，而是分析了两种可能的情况：一种可能是这位主管本身并不称职，已不宜再继续担任这个职务；另一种可能则是"好马失蹄"，他由于一时大意而出现错误判断。

松下幸之助进一步考虑到，目前还没有更合适的人选担任这一职务，一旦将现在这位主管撤职，将会影响公司其他工作的有序进行。

于是，他把这位主管找来，告诉这位主管他将要对这次事件做出处理，但没有明确告诉他处理意见，于是事情就拖了下来。

在这段时间里，这位主管为了弥补上次的过失，一直兢兢业业地工作，多次提供了极有价值的信息，为公司的正确决策作出了贡献，同时也用事实证明了他是称职的，上次的失误是意外情况。

不久，松下幸之助又把他叫了过去，并对他说，鉴于他近期的业绩，本来应该给予他奖励，但因为上次的失误还没有处理，所以，将功抵过，既不奖励，也不处分。这种处理方法的效果无疑是非常好的，既没有影响公司整体的运作，又使这位主管及其他下属心服口服。

在这次事件当中，主动权始终掌握在松下幸之助的手中，虽然他没有马上将那位主管撤职，但他只要找到了合适的人选，随时都可以将现在的主管辞退。同时通过这段时间的考察，他避免了可能因仓促决策而造成的不必要的人才损失。

（三）强化理论在管理中的应用

1. 以正强化为主，奖惩结合

正强化对于影响行为来说是最省力和最有效的工具。正强化手段会给人以愉快的、积极的情绪感受，有利于调动人的积极性；惩罚手段可能使人由于不愉快的感受而出现悲观、恐惧等心理反应，甚至产生对抗性消极行为。所以，在强化手段的运用上，应以正强化为主。

但是，有时候惩罚也能起到正强化起不到的作用。必要时，管理者要对不良行为给予惩罚，做到奖惩结合。管理者在采用惩罚手段时要慎重，运用时应尊重事实，讲究方式方法，做到准确公正，尽量消除其副作用。

2. 因人而异，形式多样

根据不同的对象，管理者要采取不同的强化手段，不能搞"一刀切"。每个人的心理特点不一样，对强化的反应也不一样。有的人爱面子，口头表扬就能起作用；有的人讲实惠，希望有点儿物质鼓励。有的人脸皮薄，受不了在会上被公开点名批评；有的人则相反，不狠狠批评就无法引起他的重视。管理者采用强化手段时要因人而异，尤其是对青年人，他们敏感、自尊心强，因此对他们采用强化手段时更要注意他们的心理特点。

3. 及时反馈

所谓及时反馈，就是人们通过某种途径或形式，及时了解自己某种行为引发的结果。反馈，就是知道结果，它本身就有强化作用，能够给人以鼓励，鞭策人继续努力。例如，工厂每天公布工人的生产数量和质量，让工人知道自己的生产成果，据以估计当月能否完成任务。这样可以促使工人不断调整生产进度，寻找和改进提高产量的办法。因此，及时反馈也是影响和改变行为的重要环节。如果管理者漫不经心，对好与坏、先进与落后都不作任何表示，则会使好的得不到表扬，差的得不到批评，降低员工的积极性。

4. 实事求是

表扬、批评都必须在调查的基础上，做到实事求是、恰如其分。表扬时，不能添枝加叶，凭空拔高，为了突出某个人，把他人的功劳也贴到他身上，或者为了说明某个人的变化，就把他过去说得一无是处，这都起不到强化的作用。

 经典实验

赫洛克效应

世界经理人网站上的一篇文章说："人们对赞美的需求，要比自己想象中的更大，认可与肯定带来的积极效果，能帮助员工变得更好。"好领导往往是那些能有效激发员工正面情绪，又能有效击退员工负面情绪的管理者。

为了证明这个观点，接下来，我们一起看一个实验——赫洛克效应，如图4.7所示。

心理学家赫洛克找来一群志愿者，把他们分成四组来完成特定任务。赫洛克对这四组被试采取不同的态度，结果发现，即便是相同的任务，四组被试的表现也完全不同。

第1组叫作"受表扬组"，被试在每次完成任务后，会受到鼓励和表扬。

第 2 组与第 1 组完全相反，被试在完成任务之后，无论结果如何，都会受到严厉的批评，我们称之为"受训斥组"。

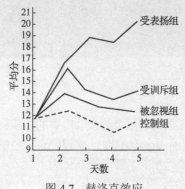

图 4.7　赫洛克效应

第 3 组和第 1 组、第 2 组不同，他们是被忽视的一群人，既没有得到表扬，也没有得到批评，我们称之为"被忽视组"。

第 4 组在整个过程中与前 3 组隔离，而且被试在事后没有得到任何评价，我们称之为"控制组"。

实验结果如下。

（1）表现最差的一组是第 4 组，表现最好的一组是第 1 组。

（2）随着时间的推移，第 1 组（"受表扬组"）的表现越来越好，呈现稳步上升的趋势。

（3）第 2 组（"受训斥组"）即便没有第 1 组表现好，但是和第 3 组（"被忽视组"）相比，数据也更好。

这就是著名的赫洛克效应，它告诉管理者，对工作结果及时给予评价，能够强化工作动机，对工作起到促进作用。适当表扬的效果显然比批评要好，而批评的效果又优于不给予评价。

心理学家、哲学家威廉·詹姆斯说："人类性情中最强烈的渴望就是受到他人认同。"赞赏可以激发员工的无限潜力，从而使其创造更大的价值。

尝试使用赞美的语言，等待随之而来的奇妙的效果，这是赫洛克效应的要义。

第四节　过程型激励理论

过程型激励理论与内容型激励理论和行为改造型激励理论相比，更注重细节过程，它主要研究人的行为是怎样发生和演变的，其内心经历了怎样的过程。内容型激励理论告诉管理者员工在追求什么，但没有向管理者提供有效的影响和控制员工行为的手段及工具。只靠了解员工为什么这样做并不能提高其工作绩效，管理者还需要知道提高员工积极性的具体方法。过程型激励理论就试图在这方面为管理者提供帮助。内容型激励理论告诉管理者员工为什么这样做，过程型激励理论则是要解决怎样做的问题。

一、期望理论

（一）期望理论的主要内容

期望理论是由维克托·弗鲁姆（Victor Vroom）提出的。尽管它受到了一些批评，但大多数的研究结果都支持这个理论。围绕期望理论的很多批评也是针对整个认知性理论的。例如，所有认知性理论成立的前提性假设是"人是理性的"。所谓理性人假设，就是说正常人在作出决策时，总是希望得到最大报偿，换句话说，人不会做对自己不利的事，趋利避害是人的天性。理性人假设有时也称为经济人假设，最早起源于享乐主义哲学和亚当·斯密（Adam Smith）的经济理论。心理学的研究确凿地告诉我们，尽管在大多数情况下人是趋利避害的，但人是理性和非理性的复合体却是科学结论。基于此，在理解和使用认知性理论时必须意识到这一点。

期望理论认为，一种行为倾向的强度取决于个体对这种行为可能带来的结果的期望强度，以及这种结果对个体的吸引力。当个体认为努力能带来良好的绩效时，个体会付出更大努力；良好的绩效能带来好的结果（如奖金、加薪、晋升等）时，个体会更加努力。

影响人的积极性的第一个因素是努力与绩效之间的关系，弗鲁姆称之为期望。期望指一个人认为他自己的努力带来一定绩效的可能性有多大。如果可能性很大，员工就会很努力；相反，员工就不会有积极性。这里还有个问题需要澄清：员工所创造的绩效不完全是客观的，因为组织中的绩效都需要领导或业已存在的评估体系来加以确认，而领导是否公正就成了绩效评估的第一个变数；组织的绩效评估体系也可能更注重其他方面，如忠诚、创造性或勇气等。这可能意味着更大的努力不一定会带来更好的绩效评估结果。如果情况是这样的，即员工认为无论自己多么努力，也不能获得好的绩效评估结果，最终结果可想而知——员工积极性降低。

影响人的积极性的第二个因素是绩效和结果之间的关系，弗鲁姆称之为媒介性。媒介性指人认为他做出的一定绩效同一定的结果之间的联系如何。当媒介性是正值时，意味着一个人认为他做出的绩效会带来相应的结果；当媒介性是负值时，意味着一个人认为他做出的绩效不会带来相应的结果。只有当媒介性是正值时，个体才会付出更多的努力。好的绩效一定会得到奖励吗？研究发现二者之间的关系不是明确的。原因在于，除了绩效，还有其他因素能使人赢得组织奖励，如资历、合作性、与上司的关系等。如果这些因素的影响在奖励的获得上是更重要的，就会降低绩效对员工的激励水平。

影响人的积极性的第三个因素是效价，即所得到的结果是否有吸引力，自己是否满意。效价是指个人对自己所要采取的行动将会达到的某一结果或目标的偏爱程度，是个体对这一结果或目标的价值的主观估计。效价值越高，动力越大。

并不是所有由绩效带来的效价都是正面的，都会使人满意。如果低的绩效也能带来高的效价，那是管理的最大失败。另外，管理者容易犯两种错误：一是认为所有员工都想得到同样的东西（假定相似性偏见），忽视了差别化奖励的激励效果；二是员工想得到"东"，管理者却奖励他"西"（他想晋升，你却给他加薪；他想得到一份更具挑战性的工作，你却仅仅给他几句表扬）。在这两种情况下，员工的激励水平不会很高。

弗鲁姆用一个公式表示激励与几个影响因素之间的关系：

$$F = E \times \sum VI$$

其中，E 代表期望值，V 代表效价，I 代表媒介性，F 代表激励。效价 V 被媒介性 I 权衡，其总和乘以期望值 E 就得出激励水平 F。F 是英文 Force 的第一个字母，是指个人所受激励的程度。期望值是指个人对其某一特定行动将会导致的预期结果（或目标）的概率估计，即个人根据其经验对自己所采取的行动将会导致某种预期结果的可能性的主观估计。

弗鲁姆认为，绩效是个人努力的结果，而事实上，努力不是影响绩效的唯一因素，个人的能力、环境所提供的机会都是不可或缺的。这就是中国人常说的"天时、地利、人和"，这些是个人因素之外的环境因素。绩效维度如图 4.8 所示。

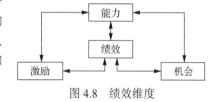

图 4.8　绩效维度

（二）对期望理论的评价

期望理论对组织管理具有一定的启示，它明确地指出员工的激励水平与组织设置的目标效价和可实现的概率有关，这对组织采取措施调动员工的积极性具有现实意义。

首先，组织应重视生产目标的结果和奖酬对员工的激励作用，既应充分考虑目标设置的合理性，增强大多数员工对实现目标的信心，又应设立适当的奖励措施，使目标对员工有真正的吸引力。

其次，组织要重视目标效价与个人需要的联系，将满足低层次需要（如发奖金、提高福利待遇等）与满足高层次需要（如加强工作的挑战性、给予某些称号等）结合。同时，组织要通过宣传教育引导员工认识生产与其切身利益的一致性，提高员工对生产目标及其奖酬效价的认识水平。

最后，组织应通过各种方式为员工增强个人能力创造条件，以提高员工对目标的期望值。

 示例

好的企业文化也是一种强大的激励

腾讯大方地发奖金、福利只是其激励员工的一个方面，而更能凝聚人心、激发员工创造力的是氛围，也就是企业文化。

注重用户体验几乎是腾讯每个员工身体力行且深植于心的工作准则，也正是因为用户体验方面做得好，QQ、微信等拳头产品才能成为影响几亿人的产品。把"用户体验"融入工作氛围并以此激励员工，腾讯是怎么做到的呢？例如，当你进入腾讯，你会发现你的同事、上司都在社交工具（QQ空间、微信朋友圈）上分享他们对优化产品细节的思考，而且这样的思考还常常引来"围观"。等你有了心得体会，哪怕是很小的感触，只要是关于产品优化、用户体验的，你把它们发表出来，就会受到同样的"围观"。试想一下，一个想法引来一群同事，包括你的上级和下属给你点赞、留言，你会有什么感受呢？你难道不会被激励吗？

（三）期望理论在管理中的应用

1. 激励应因人而异

激励的效用在于个人对激励的评价，因此管理者应针对不同的人使用不同的"激励物"。正所谓投其所好，奖励其最期望得到的东西才能发挥奖励的最大效用。管理者要摸清员工最期望得到的奖励是什么。

2. 提高员工对绩效的期望

员工对绩效的期望可以通过培训、指导改变，管理者应通过这些方式提高员工对绩效的期望，从而激发其工作积极性。

3. 制定报酬与个人绩效挂钩的制度

报酬要与对组织有重要意义的行为相联系，组织中的奖励政策、奖励水平因个人绩效而定。

二、公平理论

（一）公平理论的基本内容

美国心理学家斯塔西·亚当斯在20世纪60年代提出了公平理论。该理论侧重研究工资报酬分配的合理性、公平性对员工生产的积极影响。公平理论指出，员工的工作动机不仅受其所得的绝对报酬（自己实际收入的多少）的影响，而且受到相对报酬（自己的实际收入与他人的实际收入的对比）的影响，即一个人不仅关心自己收入的绝对值，而且关心自己收入的相对值。每个人都会不自觉地把自己付出的劳动和所得的报酬与他人付出的劳动和所得的报酬进行比较，也会把自己现在付出的劳动和所得的报酬与自己过去付出的劳动和所得的报酬进行比较。一个人如果发现自己的收支比例与他人的收支比例相当（或更高），或者现在的收支比例与过去的收支比例相当（或更高），便认为这是应该的、正常的，因而心情舒畅、努力工作；但如果发现自己的收支比例比他人的收支比例低，或现在的收支比例比过去的收支比例低时，就会产生不公平感，会有满腔怨气。

要消除或减轻这种不公平感，人们可能会采取下列五种措施中的一个或几个。

（1）减少投入。人们减少投入的主要方法是少出力和降低工作质量。换句话，人们失去了工作积极性。自然，对管理者而言，这是他们最不愿看到的。

（2）增加结果。人们可以通过向主管申诉，要求增加工资等，也可以另谋高就。如果减少投入的方法无法实施，则可以使用增加结果的方法，例如是计件工资制，可以提高产量却降低质量；如果是计时工资制，就可以既减少数量又降低质量。

（3）改变认知。有时由于外在监控和较大的压力，减少投入行不通，那么人们只有使用阿Q的精神胜利法了。歪曲与自己比较对象的投入和结果，夸大对方的投入，或者温习一下老庄哲学，还可以想想"吃亏是福"的老话。另外，人们可以通过美化其他方面的结果来使自己的心理天平重新获得平衡，如想想自己的工作环境好、压力不大、有一些业余爱好聊以自慰。

（4）改变比较对象。不和比自己获得结果多的人比，和那些获得结果不如自己的人比，有道是"前面骑马我骑驴，后面还有推车的"。

（5）辞去工作。人们如果无法通过以上措施来降低或消除不公平感的话，那么最后一个办法就是辞职。

心理学的研究表明，绝大多数不公平感的产生都是由于人们经过比较后认为自己的报酬过低（即支付过少）；但在少数情况下，如果一个人经过比较，认为自己的报酬过高（即支付过多），也会产生不公平感。而要降低或消除由于支付过多而产生的不公平感，就应该采取与上述完全相反的措施，如增加投入、减少结果等。当然，辞去工作这一项措施就没有必要采取了。

案例 4-4

比高薪更能激励员工的方法

（中华品牌管理网 2019-04-23）据《华盛顿邮报》报道，研究人员在一项实验中发现，支付较高薪水并不一定能增强员工的生产力；但是，作为一种礼物而没有任何附带条件的加薪，且这加薪不是当初雇佣合约中的内容，能使雇员工作更加努力。

该研究利用全球自由职业者在线网络 oDesk（现已升级为 Upwork）雇用了 266 人为该项实验做数据录入工作。由于 oDesk 给研究人员提供了录用人员以前的工作经历和所得的酬劳信息，所以他们知道录用人员对各种工资水平会如何反应。该研究雇用的是全球范围内的过去没赚过每小时 3 或 4 美元的工人。

研究人员将录用人员分成 3 组，第一组被告知工资为每小时 3 美元；另一组最初被告知工资为每小时 3 美元，但在工作开始前，他们得到了一个好消息，由于预算被意想不到地提高了，他们现在将会得到每小时 4 美元的酬劳；最后一组从一开始就被告知工资是每小时 4 美元。

研究人员发现，第二组比第三组工作努力，尽管二者的最终薪水一样。研究结果显示，获得意外"奖金"的第二组的生产率比另外两组高出大约 20%，那些经验丰富的录用人员的生产率甚至更高，或许他们的经验使得他们工作得更快，抑或是他们知道对于意外礼物该如何表现。

研究人员之一、哈佛商学院教授马尔霍特拉（Malhotra）说："对于我来说，该研究还提出了如果加薪和奖金含有更多的惊喜成分，管理者是否能从雇员身上得到更多回报的问题。如果不是在年终考核期间，在工作表现良好者期盼加薪的时候为其发放奖金，而是让雇员们猛然间得到奖励，情况会怎样？这种惊喜能使那些得到奖金而又没有想到的雇员更努力、更好地工作，而且使那些未获得奖金的雇员少些失望吗？"

（二）公平理论在管理中的应用

1. 公平理论强调公平对激励效果及人们行为的重大影响

组织要尽可能公平地对待每一位员工，并且让每一位员工感受到组织对他们真正公平。组织对所有员工应一视同仁，给予他们公正的报酬和待遇，按劳付酬，按贡献和业绩进行奖励和评价。

2. 引导员工正确地认识和对待公平

在组织内，公平是有效率的公平，是激励人们努力向上的公平，而不是相互攀比、相互拉扯的公平，也不是绝对的、简单的公平。管理者要在组织内营造比能力、比贡献、比绩效、比投入的积极向上的氛围，把公平建立在促进组织发展的基础上。同时，管理者要引导员工正确选定参照者，确定合理的参照标准和系数。

3. 要从组织的全局出发给予员工报酬，激励员工

公平和不公平的感觉来自比较过程。管理者给予某员工的待遇，不但会影响该员工，而且会影响组织内与该员工有接触的其他人。因此，管理者在设计奖励方案和报酬待遇时，要通盘考虑组织内各岗位的所有员工的状况，考虑每个员工的投入、岗位特点及相关职位和岗位人员的情况，并把每个员工的投入情况进行量化、公开，以便员工正确比较。

 示例

越来越多的人呼吁公开收入，但企业要明白公开收入的结果不一定如意。当然了，此举确实可以促进收入公平，也可以增强员工的动力。如果收入公开了，而各人之间的差别并不能体现业绩差异，公开收入就可能造成很恶劣的影响。

西雅图支付交易公司 Gravity Payments 在 2015 年规定所有员工的最低工资标准为年薪 7 万美元。此举一出，两位员工选择辞职。其中一位很不满"人们准点上班准点下班"，却挣得跟他一样多。另一位则认为薪水很不公平，所以很生气，他认为公司里"付出最多的员工没法获得更多奖励，水平最低、能力最差的员工也能跟着加薪"。

企业应该清楚，员工会比较收入，而且比较结果通常不够准确。与其隐瞒收入信息或使员工不明就里地随意比较，企业最好制定透明的业绩标准，并根据标准支付工资，而且要向员工开诚布公地解释各人的位置。说到底，这才是公开收入真正应该做到的。

第五节 激励方式

将各种激励理论运用于实践，是一个创造性的过程。激励理论所描述的只是一般性的原则、原理和规律，而实践中所遇到的问题是千变万化的，这就需要管理者灵活运用各种激励理论，在实践中结合组织特点进行大胆探索，摸索出行之有效的激励方式。

对人的激励主要有外在的激励和内在的激励两种方式。外在的激励方式能在短时间内显著提高员工的工作积极性，但效果不持久，甚至有时还会降低员工的工作积极性；内在的激励方式需要较长的时间，而且见效较慢，可是一旦起作用，不但可以提高员工的工作积极性，而且激励效果可以持续很长一段时间。下面介绍在实践中运用较广泛的几种激励方式。

1. 目标激励

所谓目标激励，就是设置适当的目标，激发人的动机，达到调动人的积极性的目的。员工都希望在工作中取得一定的成就和报酬，所以管理者需要设定适当的目标，发挥目标的激励作用，从而调动员工的工作积极性。

2. 奖惩激励

奖惩激励是奖励和惩罚激励的合称，奖励是对人的某种行为给予肯定或表扬，以此鼓励其

继续保持这种行为。奖励得当，能进一步调动人的积极性。惩罚是对人的某种行为予以否定或批评，以使人消除这种行为。惩罚得当，不仅能消除人的不良行为，而且能化消极因素为积极因素。

 **视野拓展**

卡尼曼的经济心理学研究

卡尼曼的理论可以用来解释很多传统经济学理论无法解释的问题。传统经济学一般假定人们受自身利益的驱动能够作出理性决策，而卡尼曼运用感知心理学分析法研究人类的决策行为后得出：人的心理其实非常复杂，当所得的比预期的多时，人们会非常高兴；而当失去的比预期的多时，人们就会非常愤怒、痛苦。这其中的关键在于这两种情绪是不对称的，人们在失去某物时愤怒及痛苦的程度远远超过得到某物时高兴的程度。

3. 危机激励

危机激励是指将组织面临的危难、不利条件和困难告诉组织成员，使之产生危机感，形成一种不进则退、置之死地而后生的竞技状态，使组织成员奋发进取，拼搏向上，勇往直前。"卧薪尝胆""破釜沉舟"等故事就充分说明了危机激励的重要作用。企业管理者要能够不失时机地唤起员工的危机意识、忧患意识，并促使其把这种意识转化为行动的动力。

视野拓展

巴菲特对股权激励的诟病

4. 竞赛与评比激励

竞赛在组织内是一种客观存在，在正确思想的指导下，竞赛及竞赛中的评比对调动人的积极性有重要意义。

案例 4-5

升职后的辞职

张小姐是一家软件公司的销售主管，工作能力强，热爱工作，成绩显著。今年她被派到上海分公司担任销售经理，薪水也增加了。但是，近期她不但没有工作热情，甚至还有辞职的念头。

为什么张小姐升职、加薪后反而想要辞职呢？经了解得知，原来张小姐不满的原因在于她的上司。她的上司李总对刚到上海工作的张小姐颇不放心，担心她做不好工作，总是给她一些简单的工作，并且在张小姐工作时总是进行干预。张小姐工作能力强，习惯于独立思考问题和解决问题，对上司的频繁干预非常不习惯，并逐渐生出不满。

5. 工作激励

工作激励是一种内在激励。日本著名企业家稻山嘉宽在回答"工作的报酬是什么"这个问题时指出："工作的报酬就是工作本身。"薛恩也提出自我实现的人是那些力求将自己的潜能最大限度地发挥出来的人。人只有在工作中表现出自己的才能，才会感到极大的满足。工作激励的关键就是使工作丰富化。工作丰富化是指改进工作设计，增强工作动机，变革工作内容，使人们体验到工作的意义和被赋予的责任，并了解到自己工作成果的好坏，从而满足人们成长和发展的需要。

6. 榜样激励

榜样的力量是无穷的。榜样激励对榜样自己，以及对先进人员、一般人员、后进人员都有激励的作用。这对榜样自己是一种压力，对先进人员是一个挑战，对一般人员有激励作用，能使后进人员产生心理上的压力。

除了上述几种主要的激励方式外，还有其他的激励方式，如环境激励、荣誉激励、行政激励、持股激励、文化激励等。管理者在实际工作中，要灵活掌握和应用不同的激励方式。

 经典实验

要有不同的激励方式

（中国人力资源开发网 2016-08-04）在某些情况下，公开表彰和金钱激励都不一定有用。例如，某长途航班的机长们拥有很高的地位和年薪，并有强大的工会捍卫他们的收入和工作条件。不久前，格里尔·戈斯内尔等人的一项实验探讨了哪些激励方式可能影响这些精英员工的行为。

戈斯内尔与一家想要鼓励机长们节约燃油的商业航空公司达成了合作。总体而言，有三种办法可以节约燃油：起飞前，认真计算燃油需求量；在飞行中，认真调整襟翼设置，并向空中交通管制部门争取最省油的海拔、航速和航线；降落后，在滑行过程中关闭部分引擎。航空公司自身的数据显示，机长们可能有潜力节约 3%～6% 的燃油——这可以节约大量资金，并带来可观的环保益处。但如何对他们实施激励呢？

戈斯内尔设计了一项不依赖于奖金支付的实验。机长们被告知，航空公司正在进行一项旨在节约燃油的实验，并且研究者将对所有机长的身份保密。实验将不设金钱激励，也不拟制排行榜。

机长们被随机分成四组。"信息"组每月收到反馈报告，报告中详细记载了他们有多少次在每次起飞前、飞行中和降落后节省了燃油。"目标"组会收到同样的报告，但为了促使他们改善表现，要对他们设定省油目标（达标的奖励是一句衷心的"干得漂亮！"）。"激励"组被告知，他们每达到一个目标，都将有 10 英镑被捐给他们选择的慈善项目——在八个月的研究中，如果每个月都完成了所有三个目标，那么慈善捐款总额可能达到 240 英镑。对照组则仅仅被告知，一项有关节约燃油的研究正在进行。

第一个结果是，实验存在巨大、持续的"观察者效应"。仅仅告诉机长们有这样一项实验正在进行，就能使他们更加注意，并节约大量燃油。但是也存在这样一种可能性，即机长们突然开始节约燃油其实跟这个实验无关，但也没有显而易见的其他原因。

第二个结果是，跟对照组相比，其他三组都节约了燃油，但设定目标（无论是否进行慈善捐款）产生了特别明显的效果。第三个结果是，达成目标的机长对自己的工作感到更满意。

"我简直无法相信我们对机长们工作满意度的影响。"梅特卡夫说。航空公司对节约燃油感兴趣并认可这方面的成功，似乎让机长们感到高兴，而不是生气。

上述实验表明，没有一种激励方式适用于所有情形，对不同的人要使用不同的激励方式。但节约燃油的研究确实暗示了一种值得更大规模尝试的方法：如果你想让员工做好工作，那就告诉他们，你认为做得好的标准是什么，而当他们达到了标准时，你要告诉他们，你已经注意到了。可见，要促使员工做好自己的工作，有时未必需要进行金钱激励，告诉他们做得好的标准是什么也能收到奇效。

 情境模拟训练

金钱具有激励作用吗

1. 训练目标

让参与者通过辩论的形式更加全面、深刻地理解激励的本质并掌握各种激励理论的内容。

2. 活动设计

（1）把学生随机分成（或自由组合）两组（每组 4～5 人），一组是正方，另一组是反方。

（2）正方的辩题是金钱具有激励作用（或金钱是万能的）；反方的辩题是金钱不具有激励作用（或金钱不是万能的）。

（3）辩论过程参照或模仿其他正规的辩论赛。

（4）课堂辩论时间：20分钟左右。

（5）老师进行点评，并给出两组的辩论成绩。

相关讨论：

通过激励理论的学习，你对各种激励方式理解透彻了吗？管理者应该如何组合使用各种激励方式？

 本章小结

本章介绍了管理心理学的核心理论——激励理论。激励理论可以分为三种：内容型激励理论、行为改造型激励理论、过程型激励理论。内容型激励理论主要包括马斯洛的需要层次理论、奥尔德弗的 ERG 理论、麦克利兰的成就需要理论和赫茨伯格的双因素理论。行为改造型激励理论包括归因理论、目标设置理论、强化理论。过程型理论包括期望理论和公平理论。

马斯洛将人的多种多样的需要归纳为五大类，并按照它们发生的先后次序将其分为五个层次：生理需要、安全需要、社交需要、尊重需要和自我实现需要。

奥尔德弗认为人的需要只有生存的需要、相互关系的需要和成长发展的需要三种。

成就需要理论主要研究在人的生理需要基本得到满足的情况下，人还有哪些需要。麦克利兰认为，人还有成就需要、权力需要和友谊需要三种需要。

赫茨伯格认为激励因素，如工作富有成就感、工作成绩得到认可、工作本身、责任大小、晋升、成长等与工作满意度有关。人们对工作的不满意与外部因素，如公司政策、行政管理、监督者、与主管的关系和工作条件等有关。

归因理论认为人们做完一项工作之后，往往喜欢寻找自己或他人之所以成功或失败的原因，而这样做会对人以后的行为造成非常大的影响。

目标设置理论认为接受一个具体、艰巨的目标作为自己目标的人，比没有接受这样目标的人的绩效更好。

强化理论认为人或动物为了达到某种目标，会以一定的行为作用于环境，当这种行为的后果对人有利时，这种行为就会在以后重复出现；反之，这种行为就会减少或消失。

期望理论认为，一种行为倾向的强度取决于个体对这种行为可能带来的结果的期望强度，以及这种结果对个体的吸引力。当个体认为努力能带来良好的绩效时，个体会付出更大努力；良好的绩效能带来好的结果（如奖金、加薪、晋升等）时，个体会更加努力。

公平理论指出，员工的工作动机不仅受其所得的绝对报酬（自己实际收入的多少）的影响，而且受到相对报酬（自己的实际收入与他人的实际收入的对比）的影响，即一个人不仅关心自己收入的绝对值，而且关心自己收入的相对值。

在实践中运用较广泛的几种激励方式：目标激励、奖惩激励、危机激励、竞赛与评比激励、工作激励、榜样激励等。

 综合练习题

一、填空题

1. 从大的方面看，激励过程主要有三个部分：需要、_____、行为。

2. 动机有两个组成部分：一是内驱力；二是_____。

3. 马斯洛的需要层次理论中，社交需要含有两个方面的内容。一个方面是爱的需要，另一个方面是_____的需要。

4. 马斯洛对他以前所提出的五个层次的需要做了补充，即认为人们还有认知和＿＿＿的需要。

5. 归因理论认为影响行为的因素有两种，即＿＿＿和主体。

6. 所谓＿＿＿，是指增强某种刺激与个体某种反应之间的联系，它是操作条件反射的一个重要元素。

二、不定项选择题

1. （   ）是激励赖以运转的一切办法、手段、环节等制度安排的总称，它具有内在地按组织目标来进行运作、管理、调节控制的功能。

    A. 激励过程   B. 激励理论   C. 激励机制   D. 激励方法

2. 麦克利兰的成就需要理论认为人的需要可以分为对成就的需要、对友谊的需要和（   ）。

    A. 对发展的需要   B. 对享受的需要   C. 对精神的需要   D. 对权力的需要

3. （   ）是指个人对自己所要采取的行动将会达到的某一结果或目标的偏爱程度，是个体对这一结果或目标的价值的主观估计。

    A. 期望值   B. 效价   C. 强化   D. 动机

4. 期望值是指个人对其某一特定行动将会导致的预期结果（或目标）的（   ）估计。

    A. 吸引力   B. 概率   C. 把握   D. 结果

5. 激励是指持续激发人的（   ）的心理过程。

    A. 情绪   B. 动机   C. 干劲   D. 欲望

6. 过程型激励理论主要有（   ）。

    A. FRG 理论   B. 公平理论   C. 期望理论   D. 归因理论

7. 行为改造型激励理论主要包括强化理论、归因理论、（   ）。

    A. 公平理论   B. 期望理论   C. 目标设置理论   D. ERG 理论

8. 按需要的内容划分，需要可以分为（   ）。

    A. 天然需要和社会需要   B. 生理需要和心理需要

    C. 物质需要和精神需要   D. 现实需要和潜在需要

9. ERG 理论认为人的需要有生存的需要、（   ）三种。

    A. 尊重的需要   B. 审美的需要

    C. 相互关系的需要   D. 成长发展的需要

10. （   ）又称消极强化，它是指通过某种不符合要求的行为所引起的不愉快的后果，对该行为予以否定。

    A. 负强化   B. 惩罚   C. 控制   D. 衰减

11. 企业安全管理人员告知员工不遵守安全规程，就要受到批评，甚至得不到安全奖励，于是员工为了避免出现此种不期望的结果，而认真按规程进行安全作业。这种强化类型属于（   ）。

    A. 正强化   B. 惩罚   C. 负强化   D. 衰减

三、判断题

1. 在马斯洛看来，只有当低层次需要被满足之后，高层次需要才会出现。（   ）

2. ERG 理论中相互关系的需要类似于马斯洛的需要层次理论中的自我实现需要。（   ）

3. 一切内心要争取的条件、欲望、需要、动力等都构成对人的激励。（   ）

4. 一种行为在一定时间内得不到正强化，此行为将自然减少并逐渐消失。（   ）

5. ERG 理论认为较高层次的需要满足得越少，人们对较低层次的需要越渴望。（   ）

6. 教育和培训可以造就具有高成就需要的人才。 （　　）

7. 双因素理论认为满意的对立面是不满意。 （　　）

8. 双因素理论认为责任和晋升属于保健因素。 （　　）

9. 归因理论认为人们只有将失败归因于内外部的不稳定因素时，才能使人进一步坚持原行为。 （　　）

四、简答题

1. 简述期望理论的主要内容。

2. 根据公平理论，人们消除或减轻不公平感的措施有哪些？

3. 简述成就需要理论的主要论点。

4. 简述 ERG 理论的主要论点。

5. 简述需要层次理论在管理中的应用。

6. 简述双因素理论在管理中的应用。

7. 简述目标设置理论在管理中的应用

8. 简述强化理论在管理中的应用。

9. 在实践中运用较广泛的激励方式有哪些？

五、思考题

1. 马斯洛的需要层次理论为什么得到了人们的普遍认可？学习该理论对管理工作有什么启示？

2. 联系实际谈谈人们为什么要工作，他们想从工作中得到什么。

3. 学习成就需要理论对管理工作有什么样的意义？

六、案例分析题

案例分析题原文

扫描二维码阅读案例，并回答以下问题。

（1）本案例中海底捞使用了哪些激励方式？

（2）根据马斯洛的需要层次理论，评价海底捞的激励措施。

第五章 群体心理

学习目标

通过本章的学习，你应该达到以下目标。

知识目标：了解群体心理和行为的规律，掌握群体决策的技术和人际关系的建立及维护。

技能目标：掌握人际交往的基本技能。

能力目标：具有与他人沟通和合作的能力。

案例导读

A公司面临的问题

（世界经理人 2021-02-09）A 公司是一家软件外包企业，总部设在北京，400 名员工分布在全国五个地区，为多个行业的头部企业提供外包服务。

前几年，A 公司发展迅猛，业务增长较快。但是，近两年来，A 公司利润下降明显。为了扭转这种局面，从去年开始，A 公司计划开发一款拳头产品，替代原来的驻场服务模式，以此提升公司利润。

对于 A 公司来说，这是一次重大转型，然而，实施过程困难重重。

首先，项目经理不能独当一面，不敢与较为强势的客户直接沟通，也无法有效管理客户，常常造成项目延期。

其次，各地驻场人员扑在各自的项目上，难以抽调人员整合形成产品研发团队，导致产品开发进展缓慢。

另外，公司 CEO 终日奔波于各个现场与客户周旋，筋疲力尽。由此带来的结果是，上下级关系紧张，员工士气低落，公司各部门时常相互抱怨。

面对公司出现的状况，管理层也做过讨论并采取了措施。例如，人力资源部为项目经理们开展了沟通技巧的培训，希望帮助他们增强与客户沟通的能力，但实际效果有限。

人力资源部还提供了合理授权的培训，但项目人员的能力仍不给力，公司 CEO 还得奔波于各个现场。

针对项目人员与总部之间的冲突，公司也组织了团队协作的培训，但冲突情况并未得到改善，甚至愈演愈烈。有几次，在和客户领导开会时，项目经理反过来帮客户说话，搞得公司 CEO 很尴尬。A 公司很强调"正能量"，管理层对个别发牢骚的员工提出了批评。

看到上述种种难题迟迟得不到解决，公司 CEO 甚是着急。他很想知道公司到底出了什么问题，有没有什么方法能解决这些问题。

在当今 VUCA（易变、不确定、复杂、模糊）的商业环境中，组织面临的一项挑战就是如何让管理者和员工适应这样的环境。在上述案例中，项目经理不能独当一面，无法有效管理客户；各地驻场人员扑在各自的项目上，难以抽调人员整合形成产品研发团队；公司 CEO 终日奔波于各个现场与客户周旋，筋疲力尽。由此带来的结果是，上下级关系紧张，员工士气低落，公司内时常相互抱怨……

要想解决这些问题，我们应先学习本章的内容。本章主要介绍群体的基本概念及群体的动态特性、群体决策、人际关系等内容。

第一节　群体心理概述

一、群体的定义、特征和分类

（一）群体的定义和特征

群体是一种十分重要的社会现象和管理现象，也是人类社会组织最基本的活动形式。但是，群体不是个体的简单相加或集合，它有自己特定的内涵。

群体是由两个或两个以上相互影响、相互作用的个体为了达到某一特定目标而组成的集合体。群体是一个整体，它建立在其成员相互依存和相互作用的基础上，是个体有条件的特殊组合。其特征如下。

（1）群体成员有共同的目标。每个群体都有其特定的目标，在特定目标的引导下，群体成员就有了共同的行动方向，群体成员的一切努力都应该紧紧围绕该目标展开。

（2）群体成员有共同遵守的行为规范。群体在形成和发展过程中会逐步形成一定的行为规范，这一系列的行为规范约束着群体中每一位成员的行为，每一位成员必须遵循该行为规范。这些行为规范可能是明文规定的，也可能是约定俗成的。

（3）群体成员之间有持续的互动。群体成员之间有经常的相互接触和联系。

（4）群体成员有群体意识和归属感。群体成员之间有"属于同一群人"的感受，相互之间被认为具有相当于"证件"的成员资格。

（二）群体的分类

现实生活中，群体形式多种多样。按照不同的标准，我们可以把群体划分为不同的类型。

1. 正式群体和非正式群体

根据群体构成的原则和方法，我们可以把群体分为正式群体和非正式群体。正式群体是指由组织结构确定的、职务分配很明确的群体。通常情况下，在正式群体中，其成员的行为是与组织目标相一致的。非正式群体指那些既没有正式结构，也不是由组织确定的关系密切的一群人。正式群体中产生非正式群体的原因可能是多方面的。在我国，非正式群体大量存在，在一些特定的时间和环境下，非正式群体甚至会左右正式群体。

案例 5-1

这些人为什么集体跳槽

广东省中山市 A 公司原总经理张先生，在改革开放的浪潮中，来到中山市闯荡，应聘进入当时规模很小的 A 公司工作。张先生凭自己的能力和独特魅力，在公司内的地位直线上升。他带领身边的一群人奋力拼搏，使 A 公司靠自己的拳头产品在短短几年间享誉全国，公司规模和利润水平成倍增长。但是，因在利润分配问题上与公司主要股东发生争议，无法调和，张先生辞职。后来，他在广东省东莞市创建了 B 公司，并使 B 公司在几年内得到迅猛发展，取得了巨大成功。

在促使 B 公司取得成功的众多因素中，关键因素之一是 A 公司的一批部门经理集体跳槽加盟 B 公司。这批人有经验、有能力，他们的加盟使 B 公司快速步入发展的正轨。有记者问这些部门经理为什么要放弃在 A 公司的名誉、地位和优厚福利而冒险跳槽到处于艰苦创业时期的 B 公司就职。他们的回答简单而耐人寻味："金钱不是一切。我们觉得跟着张先生做事舒服，张先生有独特的个人魅力……"

第五章　群体心理

115

2. 大型群体和小型群体

群体按照规模可以分为大型群体和小型群体。凡是成员之间有直接的、个人间的、面对面的接触和联系的群体就是小型群体。而大型群体则是成员之间是以间接的方式（通过群体的目标、各层组织机构等）联系在一起的群体。由于小型群体的成员之间有直接的相互接触，因此，他们在心理上的联系较密切。与大型群体相比，心理因素对小型群体的作用更大一些。小型群体一般具有以下特点：人数不多；成员之间有直接的个人交往和接触；群体成员因共同活动结合在一起，群体成员之间有感情关系；他们的行为受群体中形成的群体规范调节。一般来说，企业中的生产班组、学校中的班级等都是小型群体。

3. 成员群体和参照群体

群体也可分为成员群体和参照群体。成员群体是指个体为其正式成员的群体。

参照群体就是指对个人的行为、态度、价值观等有直接影响的群体。虽然个体并不一定是该群体的正式成员，但它对个体行为的影响却是很大的。

参照群体常被其他群体成员视为榜样，在某些情况下能起到模范作用，例如学校的先进班集体、车间的先进班组等；但有时也会起到带头破坏社会规范的作用。美国社会学家研究犯罪问题时发现，在犯罪率较高的社区内，一些男孩自幼就模仿犯罪团伙中大男孩的行为，认为他们勇敢、大胆，是真正的男子汉，视他们为楷模，直至最后堕落成犯罪团伙成员。这类犯罪团伙在该社区内成了许多小男孩心目中的参照群体。注重参照群体研究，认识、分析人们心目中的参照群体，能更好地发挥先进群体的带头作用，并及时发现和制止越轨团伙的破坏作用。

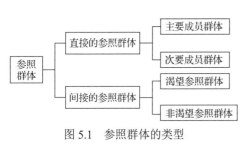

图 5.1　参照群体的类型

参照群体可以分为直接的参照群体和间接的参照群体，如图 5.1 所示。直接的参照群体是直接接触到人们生活的面对面的成员群体关系。他们可以是主要成员群体或次要成员群体。主要成员群体包括人们以非正式的面对面的方式经常相互影响的所有群体，如家庭、朋友或同事。相反，人们与次要成员群体的交往是非持续而且更正式的，这些群体如俱乐部等。

间接的参照群体包括渴望参照群体和非渴望参照群体。渴望参照群体是人们渴望加入的群体，非渴望参照群体是人们试图与其保持距离、避免与其有关的群体。

4. 松散群体、联合群体和集体

根据群体发展的水平和群体成员间关系的密切程度，群体可以分为松散群体、联合群体和集体。松散群体指人们只是在空间和时间上聚集在一起，而群体成员之间并没有共同活动的内容、目的和意义，因此，这种群体不能算作真正意义上的群体。例如，住在同一病房的病人、同一车厢的乘客以及刚建立起来的生产班组等都是松散群体。联合群体指参加群体的成员有共同的活动目标，但这种共同活动只有个人意义。集体是群体发展的高级阶段，把集体成员结合在一起的共同活动，不仅对每个成员有个人意义，而且有广泛的社会意义。真正的集体应兼顾个人、集体和社会利益。

5. 其他分类

命令型群体是指由组织结构确定的群体。例如，车间主任和他的一些下属组成的群体。

任务型群体是指由组织结构确定的，为了完成一项工作任务而在一起工作的人组成的群体。例如企业发生突发事件，领导协调各部门负责人员一起解决应对。

利益型群体是指大家为了一个共同的利益目标走到一起而形成的利益共同体。例如企业要削减福利，员工议论纷纷，经过商议，最后达成共识，组织起来和企业谈判。

友谊型群体与工作无关，纯粹是出于人的社交需要而组成的群体。

 示例

合作的力量

一位父亲和他七岁大的儿子在整理后花园，他们发现了一块埋在土中的大石头。父亲觉得这是一个教育儿子的好机会，于是他要求儿子将大石头移开。孩子用力推了半天，大石头纹丝不动，于是他就在石头旁边挖了个洞，找来一根木棍插进洞中，把另一块小石头垫在底下，使劲儿地往上撬，但大石头依然不动。显而易见，以孩子的力气是不足以撬动大石头的。

孩子告诉父亲他撬不动，父亲在一旁看得很清楚，但仍平静地说："你要尽全力。"这一次，孩子用尽了全身的力气，小脸儿都憋红了，到后来将整个身体的重量都压在木棍上了，大石头还是纹丝不动。

孩子大口喘着气，颓然坐下。父亲走到他身边，和蔼地问道："你确定你真的用尽全力了吗？"孩子说："当然用尽了。"这时父亲温柔地拉起孩子的小手说："不，儿子，你还没有用尽全力。我就在你旁边，可你没有向我求助。"

可见，走向成功的好办法就是寻求成功者的帮助，并与对方齐心协力完成工作。互助与合作永远不能被忽视。

二、群体的形成和发展

群体与其他事物一样，也有它形成和发展的过程。群体发展遵循着一种标准化的顺序，我们称这个顺序为群体发展的五阶段模型。群体的形成大致可以分为五个阶段，即形成阶段、震荡阶段、规范化阶段、执行任务阶段和终止阶段。

（1）形成阶段。在这一阶段，群体的结构、领导、目标等都没有确定。当大家觉得自己已经是群体中的一员的时候，这一阶段就结束了。

（2）震荡阶段。这一阶段是群体成员发生碰撞和冲突的阶段，大家对群体的目标和规范还没有从心里接受，角色分工也还没有确认。在这一阶段结束的时候，领导层次就清晰明确了。

（3）规范化阶段。在这一阶段，群体成员之间开始形成密切的关系，群体开始表现出一定的凝聚力。每个人在群体中担当的角色已经确定，并形成一定的友谊关系。群体规范形成了，这一阶段就结束了。

（4）执行任务阶段。在这一阶段，群体成员的注意力开始转向怎样完成工作任务。

（5）终止阶段。如果是长期性的工作群体，这一阶段就是群体形成和发展的最后阶段；如果是临时任务群体，则群体开始进入解散阶段。当然，在这个过程中，不同的人的心理感受会不一样。

实际上，群体的各个发展阶段之间并非泾渭分明，有时几个阶段可能并存。因此，并非所有群体都精确地遵循这一发展顺序。

三、群体的组成要素

作为一个工作群体，它不是由一两个要素组成的，而是由众多要素组成的，主要包括正式领导、角色、规范、地位、群体规模等要素。

（一）正式领导

正式领导是指领导者通过组织所赋予的职权来引导和影响所属成员实现组织目标的活动过

程。几乎每个工作群体中都有一个领导者。他们的头衔通常包括部门经理、一线主管、项目主管、特别任务小组组长、委员会主席等。领导者对群体绩效有着巨大影响。

（二）角色

莎士比亚说："世界是个大舞台，所有的人不过是舞台上的演员。"借用这一比喻，我们可以说，所有的群体成员都是演员，每个人都扮演着相应的角色。我们这里使用角色一词，是指人们对于在某一社会活动中占据特定位置的个体所期望的一套行为模式。在现实工作和生活中，我们都需要扮演多个不同的角色，由于不同的群体对个体的角色要求不同，所以我们的行为也因自己扮演角色的不同而不同。

1. 角色理论

利用角色理解个人社会行为的理论，一般称为角色理论，其中包括角色认同、角色知觉、角色期待以及角色冲突等内容。

角色认同是指在一个角色当中，个体的态度与实际行为保持一致，如果人们发现环境条件明显要求他们做出重大改变时，他们能够迅速调整自己的角色行为。

角色知觉是指个体对于自己在特定情境中应该如何表现的认识和了解，个体会在自己应该如何表现的理解基础上做出某种行为反应。这些角色认知来自我们周围的多种刺激，如来自朋友、书籍、电影和电视节目等的刺激。

角色期待是指在某个特定情境中别人认为你应该表现出什么样的行为。你的行为方式在很大程度上由你做出行为的背景所决定。

在工作场所中，心理契约这一概念有助于我们更好地理解角色期待这个概念。20 世纪 70 年代，美国心理学家施恩正式提出了心理契约的概念。心理契约就是组织与员工事先约定好的内隐的没说出来的各自对双方所怀有的各种期望。它是组织与员工之间、管理者与员工之间、员工与员工之间建立的相互期望和关于责任与义务的信念系统。心理契约是由员工需求、组织激励方式、员工自我定位以及相应的工作行为四个方面的循环构建而成的，并且这四个方面有着理性的决定关系。

心理契约以双方的相互期待，也就是管理者对员工的期待，以及员工对管理者的期待为出发点。实际上，正是心理契约界定了每个角色的行为期待。一般来说，员工期待管理者公平对待他们，给他们提供可以接受的工作条件，向他们清晰地表达每天的工作任务，对他们的工作状况给予反馈。管理者期待员工听从指挥及忠于组织。如果管理者没能满足员工的角色期待，会对员工绩效和工作满意度产生消极影响；相反，如果员工没能满足管理者的角色期待，员工可能会受到某种形式的处罚，甚至被解雇。

当个体面对相互之间存在分歧的多个角色期待时，就会出现个体服从了一个角色要求，而很难符合另一个角色要求的情况，这就是角色冲突。

常见的社会角色的冲突有以下几种情况。

第一，同一社会角色内心的冲突。由于社会上不同人对同一个角色的期待不一致，该角色的内心会产生矛盾。例如，对于朋友这一角色，有人认为，好朋友应该相互帮助，共同提高；另一些人认为既然是好朋友，如出现了越轨行为也应该包容。这两种人的角色期待不一致，反映到该角色的头脑中就发生了矛盾。

第二，新旧角色之间的冲突。一个人的角色不是一成不变的，当一个人改变旧角色时，新旧角色之间会发生矛盾。例如，许多离退休的老人离开工作岗位以后，往往不能一下子适应新的生活，就是因为新旧角色之间存在矛盾。

第三，同时扮演多个角色时的冲突。实际上，每个人在社会生活中都同时扮演着几个不同的角色，由于各方面对他提出了不同的角色期待，而他又无法同时满足各方面的要求，其内心就会产生矛盾。俗话"自古忠孝难两全"，就反映了一个人身兼多种角色时所面临的矛盾与冲突。

2. 成员的角色类型

在一个特定的群体中，群体成员往往有三种比较典型的角色表现，一是任务导向型角色，二是关系导向型角色，三是自我导向型角色。

任务导向型角色可以帮助制定和协调与工作相关的决策。其角色行为包括提出新想法，建议克服困难的方法；寻找信息以将建议分类和获得相关事实；协调并阐明想法和建议的关系，协调成员活动；评估群体的有效性。

关系导向型角色可以构建以群体为中心的情感交流和社会交往行动。其角色行为包括通过认可他人的观点来鼓励成员，同时营造温馨团结的气氛；调节群体内部的冲突和矛盾；鼓励他人参与；服从或建设性地处事；充当一名友善的成员。

自我导向型角色只注重一个成员之间（个人）的需求，会采取以牺牲群体利益为代价，维护自我的行为。其角色行为包括表现出消极、固执和不合理的对抗以阻止群体进步；通过吸引他人的注意力来获得认可，如自吹自擂等；通过强调职权、操纵群体或个人、宣扬优越性来赢得关注，阻止他人对群体作出贡献；与他人保持距离，不参与群体交往互动。

自我测评提供了一个问卷，用来评估你作为一名群体成员的任务导向型、关系导向型和自我导向型行为。在这个问卷调查中，请回答并评估你扮演每个角色的倾向，范围是1～5（或从"几乎从来不"到"总是"）。

（三）规范

所有群体都建立了自己的规范。所谓规范，就是群体成员共同接受的一些行为标准。群体成员知道自己在特定情境下应该做什么，不应该做什么。从个体角度来看，群体规范意味着在某种情境下群体对一个人行为方式的期望。群体规范一旦被群体成员认可并接受，就会成为影响成员行为的有效手段。不同的群体、社区和社会，群体规范各不相同。但不管怎样，所有的群体都有自己的规范。

工作群体的规范如同一个人的指纹，是独一无二的。但对大多数工作群体而言，其规范可以划分为以下几种类型。

（1）绩效规范。工作群体通常会明确告诉其成员：他们应该多么努力地工作，应该怎样完成自己的工作任务，应该达到什么样的产出水平，应该怎样与别人沟通，等等。这类规范对员工的绩效影响极大。它们在很大程度上能够校正仅根据员工的能力和动机水平所作出的绩效预测。

（2）形象规范。形象规范包括恰当的着装；对群体或组织的忠诚度；什么时候应该表现得忙碌、什么时候可以"磨洋工"等。有些组织制定了正规的着装制度，有些则没有。但即使在没有这类制度的组织中，组织成员对于工作时应该如何着装，也有一些心照不宣的标准。同样，个体表现出对群体或组织的忠诚十分重要。尤其对专业技术人员和高层管理者而言，公开寻找另一份工作常常被认为是不合适的。

（3）社交约定规范。这类规范来自非正式群体，主要用于规定非正式群体中成员的相互作用。例如，群体成员应该与谁共进午餐、工作内外的交友情况、社交活动等都受到这些规范的制约。

（4）资源分配规范。这类规范来自组织或群体内部，主要涉及员工报酬分配、困难任务的安排以及新型工具和设备的分发等。

作为群体中的一员，你肯定希望被群体接受，因此，你会倾向于按照群体规范做事。大量事实表明，群体能够对其成员施加巨大压力，使他们改变自己的态度和行为，以符合群体的规范。

个体是否会接受自己所在的群体给他们施加的所有从众压力呢？答案是否定的。因为人们通常会参加多个群体，而这些群体的规范各不相同。在有些情况下，这些规范还可能互相矛盾。人们会遵从那些自己认为很重要的群体规范。可见，并非所有群体都能对其成员施加相同的压力。

（四）地位

地位指的是他人对群体或群体成员的位置或层次进行的一种社会界定。它渗透到了社会的各个角落。在由地位等级构成的生活中，没有哪些方面与它无关，即使是最小的群体也会发展出用于区分成员的角色、权力和仪式。在理解人类行为方面，地位是一个重要因素，因为它是一个重要的激励因素。如果个体意识到自己对地位的认知与别人对地位的认知不一致，个体就会做出重大的行为反应。

对地位与规范的研究表明，地位会对群体规范和从众压力产生一些影响。例如，与其他成员相比，地位较高的群体成员具有更大的自由度，可以做出偏离群体规范的行为。他们比地位低的同伴更能抵制群体规范的从众压力。如果一名成员很受群体器重，而他又不需要或不在乎群体给他提供的社会性奖励，那么他尤其可能漠视从众压力。

这里需要强调的是，不同文化下地位的重要性各不相同。例如，法国人有着高度的地位敏感性。另外，不同国家中确立个人地位的依据也不同。例如，在拉丁美洲和亚洲国家，个人的地位更可能来自其在家族中所处的位置，以及个体在组织中的正式角色。相反，在美国和澳大利亚等国家，尽管个人地位也很重要，但它更多的是来自个人成就而不是头衔或家族。

以上信息可以帮助我们在与其他文化背景的人打交道时，了解谁的地位高及其在哪些方面拥有较高地位。例如，如果来自美国的管理者不了解办公空间的大小并不能反映日本高层管理者地位的高低，或者对英国的家族和社会阶层没有给予相当重视，就很可能在无意间冒犯了他的日本或英国朋友，而且，这样做也削弱了他的人际交往效果。

（五）群体规模

群体规模会影响整个群体的行为。研究表明，就完成任务而言，小型群体的完成速度要比大型群体的更快。但是，就解决复杂和困难的任务而言，大型群体总是比小型群体做得更好。运用具体数字来表明这些发现比较困难，但我们可以给大家提供一些指导原则。大型群体（一般是成员超过 12 人的群体）便于获取各种渠道的信息。因此，如果群体的目标是搜寻和发现事实，则规模较大的群体应该更有效率；小型群体在利用这些信息从事生产方面效果更好。一般来说，6～7 人左右的群体在采取行动时效率最高。

四、群体的动态特性

每个个体都有不同的个性，但在群体中由于受群体规范尤其是群体中其他成员的影响，人们往往会表现出不同于单独情境下的行为反应。这种反应是群体压力的产物，也是个体借以适应环境的方式。这就是群体的动态特性。群体的动态特性关注的是群体如何影响个体以及个体如何适应群体的问题。

（一）群体士气

1. 群体士气的概念

"士气"原用于军队，表示作战时的集体精神，现在也应用于企业中，表示群体的工作精神。心理学家史密斯（Smith）等把群体士气定义为个体对某个群体或组织感到满意，乐意成为该群体的一员，并协助达成群体目标的态度。群体士气是指群体成员对群体的认同与满意，并愿意为群体目标而奋斗的精神状态。它代表一种个人成败与群体兴衰休戚相关的心理，是群体的工作精神和成员对组织态度的表现。

群体士气是群体成员的群体意识，它与群体凝聚力有密切关系。士气高昂的群体，凝聚力自然会强；士气低落的群体，凝聚力就会较弱。高昂的士气虽不一定会提高组织的绩效，但要想提高组织绩效，提高士气是不可缺少的重要条件。

2. 影响群体士气的因素

（1）团队目标。古语云："上下同欲者胜。"团队管理的首要任务是要有明确的奋斗目标，这个目标要和个人的目标结合起来，即在实现团队目标的同时，个人的目标也能实现，个人与团队的目标在一定层面上是一致的。而士气是一种团队意识，是团队成员对组织的集体态度。如果团队成员接受、赞成、拥护团队目标，认识到团队目标反映了自己的要求和愿望，具有较高的价值，他们就愿意为达到团队目标而努力，那么团队士气就会高涨。

（2）经济报酬和奖励制度。金钱虽然不是个人追求的全部目标，但是金钱可以满足人们的许多需求。有时，它还代表一个人在组织中的成就和贡献以及在社会中的地位。所以，经济报酬和奖励制度一定要公平合理。不合理的工资和奖金制度会挫伤员工的积极性，引起员工的不满，降低员工的士气。

（3）工作满足感。员工的工作满足感会直接影响员工的工作行为、工作积极性、劳动效率及工作绩效。

著名的石油大王洛克菲勒曾经说过："要想充分发挥员工的才能，就要努力提高员工的工作满足感，让员工在工作中获得更大的满足，对工作感到满足就能够提高士气。"所谓对工作满足，就是指员工对本职工作非常热爱、感兴趣，而且工作有利于员工能力及特长的发挥，使其有用武之地。此外，民主的管理方式可以为员工提供参与管理的机会和融洽的人际关系等，这些都将使员工产生工作满足感。

（4）领导者及领导集团。俗话说："火车跑得快，全靠车头带。""一头狮子带领一群绵羊"和"一只绵羊带领一群狮子"的结果绝对不一样。领导者在企业的生存与发展中举足轻重。管理者需要从自身做起，改变态度，改变行为，成为群体士气的风向标。研究表明，领导者及领导集团如果作风民主，广开言路，乐于接纳意见，办事公道，遇事能同大家商量，善于体谅和关怀下级，则群体士气高涨；反之，遇事独断专行，压抑员工积极性、创造性的领导者及领导集团可能会使群体士气低落。

（5）人际关系与沟通。士气高昂的群体具有很强的凝聚力，成员之间有强烈的认同感，关系和谐融洽，愿意彼此合作。群体成员之间的有效沟通不仅有助于解决问题、提高效率，而且可以提高群体士气。

（6）工作环境。适宜的工作环境对人们的身心健康具有重大的影响。不良的工作环境容易使员工产生心理上的疲劳，甚至引起某些慢性病，从而降低工作效率。

（二）群体意识

群体意识是指成员对群体的态度，或称为以群体为主体的意识。这是某一特定群体内占主导地位的、对群体本身及所从事工作的看法。群体意识包括理想、价值观念、道德标准、工作态度等成分。

影响群体意识形成的因素多种多样，主要包括以下两种。

1. 特定群体构成

由不同的人构成的不同群体，其认知水平、理想、价值观念、文化素养、道德标准等都是不同的，这使不同群体具有了明显的差别。

2. 工作任务的特殊性

工作的特点也决定了群体意识的差异，这是由工作要求和制度决定的。因为工作任务不同，个人对工作的看法也不同。

群体意识对行为的影响是多方面的。首先，群体意识影响群体行为的方向。群体意识的导向作用要求一个企业将创立良好组织的意识放在重要位置上。主人翁意识、集体主义意识、竞争意识、创新意识等也是值得提倡的。其次，群体意识影响群体行为的强度和持久性，也影响成员的态度变化。最后，群体意识对群体的支配是不全面的，它不支配个人的具体行为，也不会使每个人都表现出相同的行为，它只指出群体成员行为的大致方向。所以，对群体意识的忽略和过分相信都是不现实的。

（三）群体凝聚力

1. 群体凝聚力的概念

群体凝聚力是指群体对成员的吸引力，或使成员愿意留在群体内的力量，也指成员之间的吸引力。它表现为成员对群体的认同感、归属感和力量感。群体凝聚力的强弱，在很大程度上决定着群体行为的效率和效果。如果这种吸引力达到一定强度，成员之间协调一致，这个群体就具有较强的凝聚力；相反，如果成员互不信任，对群体不认同，甚至人心涣散，则表明群体的凝聚力很弱。

2. 群体凝聚力的作用

群体凝聚力对群体及其成员起到的作用，表现为群体对成员的控制力增强、群体成员的自信心与安全感增强、成员之间的人际关系协调一致等。

（1）群体对成员的控制力增强。在凝聚力强的群体中，成员都愿意留在自己所属的群体中，怕被排斥于群体之外，因此容易接受群体的监督与控制，愿意遵守群体规范，积极参加群体组织的活动，承担群体规定的任务，努力实现共同目标。成员为了保持与群体的一致性，在遇到群体压力时，容易产生从众心理和从众行为。

（2）群体成员的自信心与安全感增强。在凝聚力强的群体中，各个成员之间观点一致，关系融洽，相互支持，因而在心理上增强了自信心与安全感。成员对自己所属群体的评价以及对自己的评价也会随之提高，从而更加热爱自己所属的群体，将群体视为自己的后盾与靠山。

（3）成员之间的人际关系协调一致。群体给予其成员归属感，凝聚力则将成员的归属感转化为人际间的相互依赖。在一个高凝聚力的群体中，信念、态度的相似性，成员行为的一致性都为人际关系的紧密、和谐提供了有力保证。

3. 影响群体凝聚力的因素

（1）领导因素。领导者是群体的核心，领导班子自身是否团结一致、齐心协力、坚强有力，会直接影响群体凝聚力。群体的领导方式对群体凝聚力也会产生很大的影响。研究表明，在民主型、专制型、放任型等领导方式中，民主型领导方式使成员有充分表达自己意见的机会，成员有较强的参与意识，成员之间团结协作、互助友爱，因而有较强的凝聚力；而采用专制型和放任型领导方式则往往会削弱群体凝聚力。

（2）群体的同质性。群体的同质性指群体成员之间的相似性。群体成员有共同的目标、理想、信念，相同的需要、动机、兴趣与爱好，相同的民族及文化背景，相似的个性及个性心理特征等都是群体的同质性。一般来说，群体的同质性有相互吸引的作用，群体的同质性越高，群体凝聚力也就越强。但是，当群体成员之间产生利益冲突时，如工作性质相同、工作能力相当的成员彼此不服气，可能导致出现嫉妒、"同行是冤家"及"文人相轻"等现象，这会破坏群体凝聚力，造成群体内部的不团结。

（3）来自群体外部的压力。当某一群体受到外来群体的侵犯、攻击、挑战、威胁时，群体内部每个成员都会面临威胁和压力，任何人都没有单独逃避的可能，这时群体成员只有更加紧密地团结在一起，才能抵御外来的压力。

（4）群体内部的奖励方式。管理心理学的研究与实践表明，个人奖励与集体奖励对群体凝聚力有不同的作用。一般认为，集体奖励可能会增强群体凝聚力，而个人奖励可能会增强群体成员之间的竞争力。

（5）群体成员的集体荣誉感、成就感、归属感等集体主义精神和情感。管理实践表明，某个群体在组织中具有较高的地位和显著的影响，工作卓有成效且更具挑战性，群体的经济效益高，则群体成员会产生较强烈的集体荣誉感、成就感和归属感，都希望维护群体的荣誉，保持群体的先进性，因而群体凝聚力较强。群体成员会相互接纳，齐心协力，共同奋斗，使群体取得更大的成就。反之，若某个群体的社会地位低，工作成效差，经济效益也低，则群体成员可能都想离开该群体，其吸引力、团结力、向心力都较差。例如，有些群体开展"校庆""厂庆"等活动，就有助于培养群体成员的集体荣誉感、成就感、归属感，增强群体凝聚力。

（6）群体的规模。从规模来看，小型群体往往比大型群体的凝聚力更强，更趋向一致。群体人数过多，规模过大，成员间容易产生意见分歧，信息交流与信息沟通容易受阻，从而减弱群体凝聚力；群体规模太小，又会失去平衡力量，使矛盾难以调节，也会减弱群体凝聚力，影响工作任务的完成。适度规模的群体的凝聚力可能更强。

4. 增强群体凝聚力的方法

群体凝聚力的大小受许多因素的制约，有效地控制和利用这些因素，就是增强群体凝聚力的有效方法。

（1）控制群体规模。群体规模与群体凝聚力成反比，即群体规模越大，群体凝聚力越弱；群体规模越小，群体凝聚力越强。因为群体人数多，群体成员相互接触的机会就少，但产生意见分歧的概率却增大了，群体凝聚力自然会减弱。不过，如果群体规模太小，又会影响任务的完成。所以，群体规模要合适，既要保证群体的工作机能，又要增强群体凝聚力。

（2）保持群体内部的一致性。群体内部的一致性就是指群体成员的共同性和相似性，主要指成员间要有共同的利益和目标。

（3）适当引进外部压力。外部压力会使群体成员更加紧密地团结在一起以抵抗外来的威胁，从而增加群体成员相互合作的需要。企业在活动中，应引进竞争机制，竞争对手带来的外部压力能够使群体成员更加团结，可以增强群体凝聚力。

（4）选择合适的领导方式。通常情况下。民主型领导方式比专制型和放任型领导方式更能使群体成员互助友爱，工作积极，能让群体凝聚力更强。

（5）注重群体内部的奖励方式。在群体成员期望彼此喜欢或为了较高的报酬而工作的条件下，他们相互间的影响更大，使用个人和群体相结合的奖励方式更有利于增强群体凝聚力。

除此以外，促进信息的沟通、提高群体的地位、努力达成目标等也都能够增强群体凝聚力。

（四）群体规范

群体规范也称社会规范，是群体中成员共同认可的、用来评判行为的标准。但群体规范并未规定其成员的一举一动，而是规定群体对其成员的行为可以接受和不能容忍的范围。群体规范可能是正式成文的，但大部分群体规范是非正式的，是约定俗成的。群体规范的形成受模仿、暗示、顺从等心理因素的制约。

 经典实验

暗室光点实验

美国心理学家谢里夫用暗室光点实验证明了群体规范的形成过程。实验在一个暗室内进行，先让被试逐一单独坐在里面，在他对面4.5米处出现了一个小光点，起初光点静止。过了几秒，光点开始不规则地动了起来，最后消失。之后要求被试猜测光点移动了多长的距离。但实际上光点根本没有移动。由于人在暗室里会产生视错觉现象，所以会感到光点似乎移动了。这样的实验反复进行了多次，结果被试都很快建立了自己的反应模式，即建立了个人的反应标准。他们有的认为光点向上移动，有的认为光点向下移动，还有的认为光点向左或向右移动等。谢里夫根据这些各不相同的反应标准，又多次让所有被试同时在暗室里观看光点，结果所有被试的反应标准逐渐趋于一致，最后形成了共同的反应标准，这就是群体规范的形成。

这一实验说明，群体规范取代了个人的反应标准，而这种规范的形成显然是受了模仿、暗示等心理因素的影响。后来，谢里夫又把这些被试分开单独进行实验，结果所有被试都没有回到自己原来的反应标准上，仍然一致地保持着群体的反应标准。这说明已经形成的群体规范具有一种无形的压力，约束着人们的行为表现，甚至这种约束力并没有被人们所意识到。因此，群体规范一旦形成，就会成为群体成员的行为准则，他们会自觉地或被迫地遵守。

（五）群体压力

1. 群体压力的概念

每个群体都对其成员有一定的约束力。也就是说，群体都要求其成员共同遵守一定的行为准则。而对群体行为准则的共同遵守往往也是群体内大多数成员的意向或愿望。有经验的管理者知道，当90%的人已经说出"是"之后，让另外的人说"不"绝非一件容易做到的事。群体内大多数成员的意见会产生一种无形的力量，它使群体内每一个成员自觉或不自觉地保持着与大多数成员的一致性，这个力量就是群体压力。

群体压力与权威命令不同，它既不是由上而下明文规定的，也不是强制个体改变自己的行为，而是通过多数人的意见形成压力去影响个人的行为。群体压力尽管不具有强制性，但它对个体来说是一种难以抗拒的力量。当群体压力非常大的时候，它甚至会迫使群体成员违背自己的想法而产生完全相反的行为。这是因为当一个人的意见与群体内大多数人的意见和行为不一致时，他就会感到紧张，这种紧张来自对偏离群体的恐惧。每个人都有归属于一定群体的需要，而偏离大多数人的意见，则意味着对这种归属感的放弃。所以，如果一个人不愿意处于孤立的境地，他就会在群体压力面前顺应大多数人的意见。心理学上把这种行为称为从众。从众是指个体在群体压力下改变个人意见而与多数人取得一致认识的行为倾向。它是社会生活中普遍存在的一种心理现象。

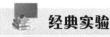

阿希从众实验

美国社会心理学家阿希曾做过一个著名的从众实验。该实验以大学生为被试。实验材料是十八套卡片。每套里有两张卡片，每次向被试出示一套卡片。其中一张卡片上有一条标准垂直线，另一张卡片上有三条长短不等的垂直线，其中只有一条垂直线与标准垂直线等长。实验者要求被试从A、B、C三条垂直线中选出与X标准线段等长的垂直线段，如图5.2所示。

实验设置了特殊的情境。每次实验有一个被试参加，让几个实验者混在被试中间冒充被试，且他们会说假话。实验时用一张圆桌，真假被试围桌而坐，实验者每拿出一套卡片，被试就逐一回答，但是规定好由前面几个假被试一一口头回答，真被试总是安排在最后第二个回答。实验者依次呈现十八套卡片，第一次至第六次，假被试都作了正确的选择，当然真被试也作了正确的选择。从第七次开始，假被试都故意作出了错误的选择，实验者观察真被试的选择是从众还是独立。

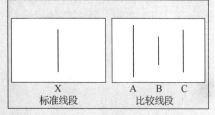

图 5.2 阿希从众实验

实验结果发现：第一，大约有四分之一至三分之一的被试保持了独立性，无一次从众行为；第二，约有15%的被试平均作了总数的四分之三次的从众反应，即平均四次行为中有三次从众行为；第三，所有被试平均作了总数的三分之一次的从众反应，即三次行为中有一次从众行为。

阿希及其后来的研究者们在此实验的基础上做了进一步的探索，发现人们的从众行为依存于以下几个因素。

（1）群体的吸引力、个体对群体的依赖性、群体内部的团结气氛等能影响群体成员的从众性。

（2）群体内个别成员的反从众行为是抵消从众行为的一个因素。

（3）个体的心理特点，如需要、情绪、智力、自尊心等与其从众行为有关。

（4）个体在群体中的地位高低能影响从众行为。

案例 5-2

从众心理对人们行为的影响

心理学家温卡特桑对消费者行为中的从众性和依赖性进行过实验研究。其被试是某大学管理系的144名学生。实验材料是A、B、C三套不同质量的男式西服，实验者要求被试就式样、色彩和尺寸等进行综合考虑，从中挑选出一套自认为最好的服装。实验在三种条件下进行：一是控制条件；二是从众条件；三是对抗或诱导条件。控制条件是让被试在没有集体影响的情况下任意挑选。在其余两种实验条件，被试都处于小集体当中。这个小集体只有四人，三人是协助实验者的工作人员，他们名义上也是被试，而真正的被试只有一人，但他并不了解这种安排，以为他们和自己一样。在从众条件下，名义上的被试事先由实验者指定，一致挑选B为最好的服装。在宣布各自的评选结果时，先由名义上的被试依次发言，他们都说B是最好的服装。实验结果表明，在从众条件下，被试选择B为最好的服装的比率最高。

2．群体压力的作用

群体规范对其成员的影响，其实就是通过群体规范所形成的群体压力来实现的。群体压力促使其成员采取共同的行动，这种一致的行为至少体现了以下两个方面的意义。

（1）群体一致的行为有助于组织目标的达成和群体的存在与发展。成员间没有分歧意见的行为可促使彼此间的交互作用更为顺利，彼此间更能够相互理解、努力协作，保证群体活动的良好秩序和工作效率。倘若群体成员意见不一，便无法得出结论、达成一致，甚至可能会导致成员一哄而散，不利于群体的存在与发展。

（2）群体一致的行为可以增加个人安全感。个人安全感是通过验证自身对情境的判断正确无误来获得的。可是，许多时候并没有可供核对的事实来验证自己的判断，个人通常只能参照别人的意见和行为来确定自己的意见和行为，当看到别人赞成自己的意见和行为时，个人的内心才会有安全感。而且，大多数人只有在属于某个群体，有明确的地位与安全感的情况下，才能自由地表现自己的个性。

管理者要充分利用群体压力对个体所产生的影响，致力于发展群体的亲善性。当群体采取某种特定的行动时，个别成员就会受群体所迫，努力满足群体的需要。这样，便可消除不一致的声音，贯彻决策，达成群体目标。

3. 影响群体压力的因素

（1）个体的特点。人们在群体压力下表示顺从的愿望或需要是各不相同的。从常识或非正式的观察结果来看，独立思考的人和有才能的人与那些依赖性强和无才能的人相比常常是不大顺从群体压力的。

多种个性和智力测验的关联分析表明，能够抵挡得住群体压力而保持自己独立性的人具有以下特征：聪明；有创见性；自我强度高，即在面对压力的情况下仍能有效地应对；有自信心，没有忧虑和自卑感；有主见，不优柔寡断；有令人满意的社交态度和行为，如容忍、负责、有控制力等，在社会交往中不受他人干扰，也不依赖他人；有责任感，事业心强。

在上述方面被列入较低等级的人，容易屈服于群体压力。这类顺从者的特征是智力一般，缺少创见性，思维不灵活、停滞、僵化，思想贫乏，患得患失，自我强度低，自信心弱，和他人的关系有依赖性，易为他人所左右，总是注意他人对自己的评价，胸无大志，对稍复杂的问题缺少正确的判断力等。

（2）群体的特点。它对群体压力的影响主要表现在以下方面。①群体意见的一致性程度。如果群体成员意见分散，群体压力就会减小；如果群体意见一致性高，群体压力就会加大，个体就不得不与群体保持一致。②群体的规模和凝聚力。群体规模越大，凝聚力越强，个体就越容易从众。③群体的专长。一个群体越有成效，越有某方面的专长，个体对群体就越信任，个体的行为就越容易趋向群体行为。④群体的性质。对于能满足自身愿望的群体，个体容易表现出从众心理。一个能代表个体愿望、满足个体要求的群体，个体必定愿意顺从。

（六）竞争与合作

从个人与群体行为的效能来看，对竞争与合作的研究不仅具有理论上的重要性，而且具有实践上的应用价值。我们可以想象到，有些工作可能适于竞争，有些工作可能适于合作。同样，有些人可能适于竞争，有些人可能适于合作。心理学家们一直试图找出竞争与合作的工作方式与工作效果的关系。

1. 群体内的竞争与合作

在同一群体内，有的工作适于群体合作，有的工作适于个人竞争。

（1）如果工作比较简单，而且群体中每一位成员都能独立完成工作所需的全部程序，那么，个人竞争的工作成绩将比群体合作的要好。

（2）如果工作比较困难，而且有部分成员不能独立完成全部工作，群体合作的工作成绩将比个人竞争的好。

（3）如果群体中成员的态度与感情是属于群体倾向的，而且有明确的群体目标，群体合作的工作成绩将比个人竞争的好。

（4）如果成员的态度与感情是属于自我倾向的，而且工作本身缺乏内在趣味，个人竞争的工作成绩将比群体合作的好。

2. 群体间的竞争

群体间的竞争在日常生活中是比较常见的。美国心理学家谢里夫曾设计了一个自然条件下的实验。在实验的第一阶段，他邀请 22 名互不相识的男孩分成两队到郊外露营，两队的营地相距很远，互不来往。经过一周后，两队队员各自成为一个团结一致的群体。在实验的第二阶段，他安排两队开展竞赛，如拔河、足球比赛等。在竞赛过程中，因为要争胜负，两队产生对立情绪。在实验的第三阶段，他又设计了两队必须合作的情境，例如郊游的卡车坏了，需要两队同心协力推动。这样，经过若干次合作，两队消除了隔阂，形成了一个新的较大的群体。

此后，谢里夫又对成年人进行了类似的实验，得到了相同的结果。通过上述研究，他得出了如下结论。

（1）竞争对每一群体内部的影响如下。①群体内部分歧减少，其成员对群体更加忠诚。②群体由一个非正式的、以游戏为主的群体转变为一个以工作和完成任务为主的群体。③领导方式逐渐由民主型转为专制型，而且群体成员心甘情愿忍受专制型领导。④每一个群体都逐渐成为组织严密、纪律严明的群体。⑤群体要求其成员更加忠诚和服从，形成"坚强的阵线"。

（2）竞争对群体与群体之间关系的影响如下。①每一个群体都更加把另一个群体视为对立的一方，而不是中立的一方。②每一个群体都会产生偏见，只看到本群体的优点，而看不到自己的弱点。③对另一个群体的敌意逐渐增加，与对方的交往和沟通减少，结果使偏见难以纠正。假如强迫他们交往，例如，强迫他们听取各队代表就某一问题发表的意见，两队队员都只注意聆听支持自己偏见的发言，对于对方的发言，除挑剔毛病外，根本不注意聆听。

 视野拓展

运输竞赛

运输竞赛是一项说明竞争与合作之间关系的经典研究。这项研究是由道奇和克劳斯于 1960 年进行的。研究者要求两个被试想象他们各自正在经营一家运输公司（A 公司和 B 公司），并要求每人驾驶一辆货车尽快由一个地点到达另一个地点。两辆货车并非彼此竞争，它们有不同的起点和终点。但两辆货车的捷径是同一条单行道，且两辆车是向相反方向行进的。两人走捷径的唯一方式是等一辆车通过后另一辆车再通过，每个人在捷径的起点都有一扇控制门，可按按钮使之关闭，以防止对方通过。此外，每辆货车还有一条备用路线，不会与另一辆货车发生冲突，但路程要远得多。研究者告诉被试，他们的目标是尽快到达终点，越快得分越高，但并没有提到要比另一被试得分更高。两名被试无疑都十分清楚，最佳方案是相互合作，轮流使用单行道，两个人都走捷径，但其中一人需稍候片刻，等另一人先通过。而研究结果是，两名被试不肯合作，都想抢先通过单行道。他们在单行道中间碰头后，都拒绝让步，最终一辆货车退回，该被试关闭控制门，走了另一条路。双方都得不到高分。多次进行实验发现，合作行为只是偶尔出现，大部分都是竞争行为。

第二节　群体决策

管理的各项工作都离不开决策，决策的好坏将极大地影响整个企业或组织的成败。著名心理学家西蒙运用控制论和决策分析方法，把古典决策理论和行为决策理论成功地结合起来，提出了"管理就是决策"的观点。

微视频
布里丹毛驴效应

一、群体决策及过程

"决策"一词的意思就是作出决定或选择，是指通过分析、比较，在若干种可供选择的方案中选定最优方案的过程。"管理就是决策"是诺贝尔经济学奖获得者西蒙的观点，这个观点说明了管理的重点就是决策。决策是管理的重要职能，是企业经营者竞争策略和能力的体现。决策成功，企业得以发展；重大决策成功，企业可实现跨越式发展；而一旦决策失误，企业轻则遭受经济损失，重则有被毁掉的危险。所以说，决策的好坏关系到一家企业的生死存亡。

（一）群体决策的概念

群体决策是相对于个人决策而言的，它是指由两个或两个以上相互作用、相互依赖的个体的组合——群体共同作出决策的过程。我们可以把群体决策看成群体中的一个开放的动态系统，它既包括群体成员在各决策阶段的活动和作用，也要考虑来自群体外部的各种信息的影响。在群体决策中，群体成员对于所要解决的问题有各种可供选择的解决办法，同时，群体对于其成员在决策中的选择也有巨大影响。

（二）群体决策的特征

群体决策除了具有一般决策的特征如过程性、选择性和科学性之外，还具有区别于一般决策的特征，主要体现如下。

（1）决策权力的分散性。群体决策的决策过程和决策对象决定了群体决策不可能是集权的，而应当是分权的，每个群体成员都拥有不同程度的决策方案的制定权、发言权、选择权等。

（2）决策问题的重要性。群体决策的决策对象一般是对组织活动具有重大影响的事项，它对组织的有效运行起着重要的保证作用，并且只有对具有重要意义的事项采取群体决策才符合成本收益分析结果。

（3）决策本质的复杂性。由于群体决策的决策对象的重要性以及决策主体在决策活动中所表现出的非独立性，其从决策过程、决策内容到决策方式都体现出比个人决策更高的复杂性。

（4）决策结果的共益性。群体选出的最后决策方案一般是大多数成员一致接受的方案。即使存在持反对态度的成员，但面对群体的最后决策方案也不得不作出妥协，因为群体决策的目的主要是保证群体的整体利益而非个人利益。

（5）决策过程的共存性。决策成员之间互相影响，实现共存。即使一部分成员已经完成自己的决策行为，但如果另一部分成员未作出选择，也不能说群体决策已经完成。群体决策是由整个群体作出而非部分成员或某个个体作出的。

 视野拓展

亚马逊的决策方式

在亚马逊，友好相处并不是一种美德，激烈辩论才是。由创造力充斥的紧张感比悠闲与和谐更受欢迎。

一位前市场研究员说："挑战者的观点是无处不在的，但是每个人都要对自己所说的话有足够的把握。经得住一连串问题的攻击，也许是你能够把握自己观点的一种体现，但最好的办法还是把自己的想法有理有据地整合在一起，然后说服他人去相信你的观点。"

在大多数公司里，创新者必须要获得多方的同意才能够将一个想法付诸实践，即使只有一方否定，也意味着这个想法难以施行。但是在亚马逊，经理没有权力扼杀任何一个想法。亚马逊有序的公司结构使得数百名经理都有权通过任何一种想法和提案，或者至少可以将这种想法或提案安排至发展的下一阶段。

贝索斯引入了一种名叫"叙事法"的思维方式。在高级领导会议上对大规模投资作出决策前，每位高管都要默默地研读由贝索斯提前委托人写好的通知。贝索斯要求这份通知最长不得超过六页，并且要包含有效的主题句、动词和完整清晰的思路。然后，贝索斯会和他的团队在接下来的时间里讨论提案的优缺点并解答相关问题。

贝索斯曾说："因为对新员工来说，他们还没有习惯默默地和高层领导坐在一起参与决策的方式，所以这也许是一种奇怪的初体验。"这种方法确实很奇怪，但也很有效。

（三）群体决策的过程

一个规范、有序的决策群体可以提高群体决策的质量。群体决策的过程大致分为以下三个阶段。

1. 论断总问题

群体在此阶段确认问题的性质和问题产生的原因，提出满意地解决这些问题的标准。

2. 找出可供选择的解决方法

群体成员各抒己见，群策群力，提出各种可能的解决方法。

3. 分析可供选择的解决方法并作出决策

群体通过讨论，比较和权衡不同的解决方法，有可能获得最佳的解决方案。实际的决策过程通常不是特别规范和理性的，而会受到许多社会因素和心理因素的影响。因此，群体决策过程与群体成员的价值观念、信念态度、期望以及群体规范等密切相关。

（四）群体决策和个人决策的比较

1. 优点

群体决策是相对于个人决策的，两种决策各有自己的优点。总的来说，与个人决策相比，群体决策有以下优点。

（1）提供更为全面的信息。信息是决策的依据，而全面的信息是作出优质决策的保障。"三个臭皮匠，赛过诸葛亮。"群体决策可在较大范围内集结多个人的信息，扩展信息渠道的来源，突破个人决策的自我认识不足和信息来源单一的限制，有利于提高决策方案的准确性。同时，群体拥有的创造性、多种经验和不同的决策观点，也是个人决策难以具备的。

（2）制定更多备选方案。群体由于拥有更多数量和种类的信息，因此能制定出比个人更多可供选择的方案。尽管未必能保证这些方案都是优质的，也不能保证最终决策方案是从这些方案中择取的，更不能保证最终决策方案是最优的，因为拥有更多的备选方案并不是制定出更优的最终决策方案的充分条件，但根据科学决策的基本原理，一定数量的备选方案确实是制定出更优的最终决策方案的前提条件。

（3）激发成员的工作积极性。群体决策作为一种分权化的决策，鼓励并需要成员的参与，即将"我决定该怎么做"转变成"我们决定该怎么做"，将"我"转变成"我们"。决策成员通过参与决策获得一种成就感，受尊重程度得以提升，成员的工作内容得以丰富；同时，群体成员自由地发表意见，可满足他们的自尊心，激发他们的自觉行为，从而有利于调动群体成员的工作积极性。

（4）提高决策的执行度。群体成员在决策过程中，伴随着满意度的提高，会表现出对决策的支持，从而使之易于执行。一方面，群体决策是由所有群体成员讨论提出的，群体决策的制定过程充分体现着决策的民主化，这使群体成员觉得群体制定的决策比个人制定的决策更为合法合理，有利于提高群体成员对决策的拥护程度；另一方面，由于决策是所有群体成员作出的，最终决策方案是所有群体成员接受的方案，群体成员往往会愿意主动地执行自己制定的决策方案。

（5）促进人力素质的提升。群体决策给群体成员提供了一个交流的平台，大家可进行决策信息的交流、决策方案的商讨与抉择，可通过决策过程获得一个沟通情感的机会，这可打破上下级观念，消除上下级成员之间的隔阂，促进人际关系的提升，有利于培养群体的团队协作精神；大家还可通过群体决策，相互学习、相互促进、取长补短，这也有利于提升成员的人力素质。

2. 缺点

群体决策的缺点如下。

（1）时间长，效率低。群体决策实际上是一个意见交换的过程，群体成员需要进行讨论、争议与分析，然后才能统一意见。然而意见交换必然会产生时间的消耗，有时候甚至浪费了大量的时间和精力也未必能得出统一的决策结果。

（2）成本高，内耗大。在群体决策中，如出现利益的不同、观点的冲突、个人的成见和情绪化行为等，将造成不必要的内耗和人力浪费，造成人际关系紧张，从而导致人为的决策障碍。

（3）责任不清。群体决策是由群体成员共同制定的，因此责任也由大家共同承担，但实际上谁对最后的结果负责往往并不明确。在这种情况下，群体中每个成员的责任都被淡化了。人人有责，也就是人人无责，大家都抱着责任均摊的思想，这有可能导致成员们产生一种不负责任的心理，进而产生"搭便车"等现象。

（4）决策形式化。由于权力、体制、背景和能力等因素，一个群体总是由少数人统治的，在群体决策中，个人有时不得不妥协，放弃好的决策。表面上群体决策是群体共同制定的，但事实上，决策仍是由某个领导或小集团控制，群体决策实质上是领导个人决策。

（5）缺乏创新。个人由于真实或臆想的群体压力，在认知或行动上会不由自主地趋向与多数人相一致，这使个人的创新思想和建设性意见不能很好地表达出来，在一些不善于进行群体决策的组织里更是如此。

二、影响群体决策有效性的因素

群体压力会影响个体的态度和行为。在群体决策过程中，群体压力和群体规范起着较大作用，导致群体决策常常不能像在实际决策中那样有效。其中主要有两种倾向损害了群体决策，分别是群体思维和极端性转移。

（一）群体思维

群体思维是由美国心理学家詹尼斯提出的。他考察了美国历史上一些造成重大失误的群体决策的事件，以及某些企业由于不正常的决策而招致破产的个案，提出群体决策中存在群体思维的现象。所谓群体思维，是指表面一致的压力阻碍了不同意见的发表，使得大家最终不能对问题和解决办法作出符合实际的评价和分析，其结果是作出错误的决策，导致惨重的损失。

1. 群体思维的特征

群体思维一般有以下四个特征。

（1）群体成员不管客观事实和主观假设的反差有多大，总是以言行把他们所作出的基本假设合理化。

（2）在群体决策中出现不同意见时，多数人会掩饰自己的错误，坚持自己的观点，对怀疑多数人的共同意见的人施加压力。

（3）持不同意见者为了与多数人一致而保持沉默，避免意见交锋，往往会降低自己观点的重要性或者保持沉默，从而造成一致通过的假象。

（4）群体中存在着一种无疑义错觉，认为弃权或缺席就是赞成，如果一个人在群体讨论或决策中保持沉默，大家往往认为他表示赞成。

2. 群体思维产生的影响因素

群体凝聚力是产生群体思维的重要条件。群体凝聚力越强，群体思维产生的可能性就越大。因为在这样的群体中，一个人的意见容易得到其他人的支持；人们容易顺从他人的意见而避免意见交锋，即便有不同看法，也会因担心被孤立或被排斥而保持沉默。

面对有威望的领导者或专制型的领导者，别人对他的意见不敢提出异议，也没有能力反驳他的意见，大家会随声附和容易趋向表面一致的意见。

与外界隔绝的封闭而孤立的群体，其思考会失去横向比较与客观参照，容易作出自以为是的判断，导致群体思维产生。

在作出重大决策时，一般成员唯恐承担责任，不敢或不愿意发表不同意见，这时也容易出现群体思维现象。

（二）极端性转移

极端性转移过去也称冒险性转移现象，群体决策比个人决策更容易出现冒险倾向。研究表明，群体决策还有可能走向另一个极端——倾向于保守，因此这一现象应更确切地被称为极端性转移，即转向冒险或保守。这主要是由群体决策中责任分散以及群体规范的影响所造成的，这样的群体将变得更封闭。

具体来说，造成这两种极端倾向的原因可能有以下几个。

1. 责任分摊

由于决策是以群体的名义作出的，责任可以分散到群体中每个成员的身上，因此每个成员承担的失误的责任和失败的恐惧就大大减小。通常大家会认为，即便出了问题，每个成员只承担一份责任，因此可能持轻率态度作出冒险的决策。

2. 受群体领导人物的影响

群体中的领导人物为了显示自己的才能与胆略，往往会倾向于冒险水平较高的大胆决策。凭借其影响力，他们会用各种方法来证明决策的正确性和可行性，这就会导致群体成员的盲从，进而作出冒险的决策。

3. 群体中多数人的偏爱与从众心理的作用

群体中多数人倾向于冒险，则容易产生冒险迁移，作出冒险的决策；多数人倾向于保守，就容易出现保守迁移，作出保守的决策。这主要是因为群体成员在提出自己的意见时，往往会与群体内其他成员的意见进行比较。如果个体意见的冒险水平低于群体内其他成员，个体就会感到不安，担心群体内其他成员对他有不良的印象。基于这种考虑，个体在参加群体决策时提出意见的冒险水平往往要高于其单独决策时的冒险水平。

4. 对冒险和保守的喜好不同

在竞争激烈、强调发挥个人潜力的组织环境中，冒险决策比保守决策更容易得到更高的评价；在竞争较弱的组织环境中，人们更加倾向于保守、安于现状。

三、群体决策技术与方法

针对群体决策中存在的弊病和问题，很多学者和专家设计并使用了多种有效的群体决策技术和方法，以充分发挥群体决策的优点。

（一）头脑风暴法

头脑风暴法，又称智力激励法，是由美国创造学家奥斯本于 1939 年首次提出、1953 年正式发表的一种激发创造性思维的方法，是一种通过会议的形式，让所有参加者在自由愉快、畅所欲言的气氛中，自由交换想法或点子，并以此激发参加者的创意及灵感，以产生更多创意的方法。头脑风暴法的实施可以分为以下几个阶段。

1. 准备阶段

策划与设计的负责人应事先对所议问题进行一定的研究，弄清问题的实质，找到问题的关键，设定解决问题所要达到的目标；同时，选定参加会议的人员，一般以 5～10 人为宜，人员不宜太多；然后将会议的时间、地点、所要解决的问题、可供参考的资料和设想、需要达到的目标等事宜一并提前通知与会人员，让大家做好充分的准备。

2. 热身阶段

这个阶段的目的是营造一种自由、宽松、融洽的氛围，使大家放松，进入一种无拘无束的状态。主持人宣布开始后，先说明会议的规则，然后随便谈点儿有趣的话题或问题，让大家的思维处于轻松和活跃的状态。如果所提问题与会议主题有某种联系，讨论便会轻松自如地进入会议议题，效果自然更好。

3. 明确问题阶段

主持人简明扼要地介绍有待解决的问题。主持人在介绍时须简洁、明确，不可过分周全，因为过多的信息会限制人的思维，干扰与会人员的想象力。

4. 重新表述问题阶段

经过初步讨论后，大家对问题已经有了较深的理解。这时，为了使大家对问题的表述能够具有新角度、新思维，主持人或书记员要记录大家的发言，并对发言记录进行整理。通过记录、整理和归纳发言记录，找出富有创意的见解，以及具有启发性的表述，供下一阶段的畅谈参考。

5. 畅谈阶段

这是头脑风暴法的创意阶段，为了使大家能够畅所欲言，需要制定的规则如下。第一，不要私自交谈，以免分散注意力。第二，不要妨碍他人的发言，不去评论他人的发言，每个人只谈自己的想法。第三，发表意见时要简明扼要，一次发言只谈一种见解。主持人首先要向大家宣布这些规则，然后引导大家自由发言、自由想象、自由发挥，以相互启发、相互补充，真正做到知无不言、言无不尽，然后整理发言记录。

6. 筛选阶段

会议结束后的一两天内，主持人应向与会人员了解其在会后产生的新想法和新思路，以此补充发言记录，然后以创新性、可实施性等为标准对所有方案进行反复比较和优中择优，最后确定最佳方案。最佳方案往往是多种创意的优势组合，是集体智慧的结晶。

头脑风暴法能够成功地实施，离不开以下原则的应用：①禁止评论他人构想的好坏；②最狂妄的想象是最受欢迎的；③重量不重质，即为了探求最大量的灵感，任何一种构想均可被接纳；④鼓励大家利用别人的灵感加以想象、变化、组合等，以激发更多、更有创意的灵感；⑤不准与会人员私下交谈，以免打断别人的思维活动。

（二）德尔菲法

德尔菲法又被称为专家意见法。它是通过反复通信的方式来解决问题的一种方法，也是一种集中各方面专家的意见预测未来事件的方法。德尔菲法的具体应用程序如下。①就预测内容写出若干含义明确的问题，规定统一的评估方法；②根据情况，选择有关方面的专家数十人，将上述问题邮寄给他们，征求他们的意见。各专家互相之间不沟通，对专家的姓名要保密，避免因专家意见彼此不同而产生消极影响。③将专家的意见收集起来，对每一个问题进行统计处理，找出答案中的中位数和分布情况。④将统计结果反馈给所有专家，每个专家根据统计结果考虑其他专家的意见，对自己的建议进行修改，但全部过程都需保密。⑤将修改过的意见收集起来再邮寄给所有专家。这样反复几次，最终就能取得比较一致的意见。

由此可见，德尔菲法也可称为有控制的反馈法。采用这种方法时，征求意见的问题要明确具体，数量不可过多，问题不能带有编拟者的主观倾向性。

德尔菲法的优点之一就是各位专家在整个过程中都未曾谋面，因而能够独立地思考有关问题，它克服了头脑风暴法的一些缺点。但德尔菲法的最大缺点是周期太长，虽然最终能形成比较完善的决策，但可能已经失去了最好的解决问题的时机。

德尔菲法最早是美国兰德公司智囊团使用的技术，这项技术作为一项群体决策技术已经得到了广泛的应用。在今天，大量的商业、教育、政府、医疗以及军队组织都在使用这项技术。

（三）名义群体法

名义群体法又称为非交往程式化群体决策术，它是与德尔菲法密切相关的群体决策技术。名义群体简单来说就是一个"纸张群体"，这个群体中的成员是不可以进行言语交流的。在群体动力学的研究中，社会心理学家将完全互动的群体与名义群体进行了比较。就想法的多少、想法的新颖性、想法的质量而言，研究发现，名义群体优于完全互动的群体。因此，名义群体法源于"无言语性沟通"之意。名义群体法是一种为专门目的而设计的群体决策过程，包括若干已标准化的步骤或环节，形成了以下固定程序。

1. 有限通知

预先通知决策小组成员开会的时间、地点，却不预告决策议题。

2. 沉默准备

主持人在决策小组成员到齐后，宣布决策议题，并指定一段时间，让每个人各自专心准备，写下尽可能多的主意与方案。在此期间，决策小组成员不允许交头接耳，不允许看报纸和文件，不允许吸烟，必须专心构想。据统计，一个 7～12 人的决策小组可提出 18～25 个主意来，比常规决策中同样规模的群体所想出的主意多 3 倍左右。

3. 轮流发言，陈述己见

主持人不许任何人一口气把准备的意见全部讲完，每轮发言每个人只能陈述一条意见，与别人已谈意见基本一致的可不必再谈，以节省时间。每条意见都由专人把要点记录在白板上，使人人可见。每轮发言均由主持人随机指定发言的起点与顺序，以尽可能保证每个人获得均等的发言机会。如此循环，直到所有人将准备好的全部意见陈述完毕。

4. 提问与回答

决策小组成员对已陈述意见如有不清楚之处，可要求澄清。当某一成员在提问及做补充说明时，其他成员不得作任何评论，既不鼓吹，也不批评，每个人只就事论事，客观说清事实。

5. 方案选择

主持人要求每个人从已陈述并记录在白板上的意见或方案中，按其有效性以书面形式选列出一定数量（由主持人酌情判断，一般为 8～12 条）的较佳方案。然后唱票统计，主持人确定筛选标准（例如，支持率超过 80%者入选），从中获得一定数量的意见或方案，即成为群体决策的最终方案。有时候主持人也会要求决策小组成员将众多备选方案按其他标准（如重要性、相似性等）整理分类。

德尔菲法和名义群体法都是针对常规法的弊病设计出来的，以保证群体决策优势得以发挥，真正做到决策民主化。不难看出，虽然德尔菲法是"背靠背"式，名义群体法是"面对面"式，但两种方法都能使参与人员获得均等的参与机会，都相信每个人的责任心与判断力，都做到了"非交往"，即具有无辩论、无批判氛围。

名义群体法比较好地克服了德尔菲法的一些缺点，又结合了头脑风暴法的一些优点，是一种比较好的群体决策方法。

（四）电子会议法

这是一种比较新的群体决策方法，它是名义群体法与计算机网络技术的结合，被称为电子会议法。它的具体操作方法是，参与决策的人员坐在联网的计算机前，通过计算机屏幕观看有关问题，然后将自己的意见通过计算机进行传输，每个人的意见和投票都会在其他人的计算机屏幕上立即显示出来。

电子会议法的最大优点是匿名、可靠、快速。参与者可以通过匿名的方式，将自己的真实态度和真实想法坦诚地表达出来，而不会受到惩罚。与传统会议相比，它减少了闲聊，讨论也不会偏离主题，因此效率极高。

但是这种方法也存在一些问题。通过电子会议得到的信息往往不如通过面对面的沟通得到的信息丰富，而且那些想出好建议的人无法在现场得到别人的赞扬和反馈。此外，打字速度也会影响参与者表达自己的观点。

第三节　群体内的人际关系

一、人际关系概述

人际关系是指在人际交往中建立和发展起来的人与人之间的关系。它体现的是人与人之间心理上的关系、心理上的距离。它反映了人与人之间在思想感情上的距离和相互吸引或相互排斥的心理状态。

人际关系一般可分为积极关系、中性关系和消极关系。不同类型的人际关系伴随着不同的情感体验，例如，积极关系会使双方在交往时产生愉快的体验，而消极关系会带给双方痛苦的感受。

美国心理学家霍妮认为，人际关系的形成往往与对他人的基本态度有关。据此，人际关系主要分为以下几种：①受控型，是一种在受他人控制的前提下形成的人际关系；②实用型，是一种因为某种利益驱动而形成的人际关系；③回避型，是一种以回避的观念和形式形成的人际关系。

美国心理学家舒兹认为，所有个体在人际交往中都有建立人际关系的需要，这些需要如下。①包容的需要。理解和包容他人是人类修养和教育的体现，满足这一需要可以使人产生顶峰体验，并且形成良好的人际氛围。②控制的需要。部分人为了体现个人价值，常常与那些依赖性强的人建立关系。③情感的需要。害怕孤独、需要爱是人类的本能，因此人们往往为了避免孤独而与人建立关系，并不完全受理智的支配。

 视野拓展

不容侵犯的个人空间

心理学实验发现，如果会场中有10个依次排列的座位，且6号和10号位子上已经分别坐了人，走进会场的第三个陌生人一般会选择8号位子，而走进会场的第四个陌生人一般会选择3号或4号位子。陌生人之间在自由选择位子时一般遵循这样的法则：既不会紧挨着一个陌生人坐下，而任由其他许多位子空着，也不会坐得离那个陌生人太远。紧挨着陌生人坐下会使对方变得十分不安，而你也会觉得很不自在，他有可能会把身子移向另一边，甚至很有可能换一个位子坐；远离陌生人落座又可能会无声地伤害对方，给人以遭到嫌弃的感觉。所以，人们通常会选择既能给人留有一定空间，又不会给人造成无声伤害的位子。这就是"尊重个人空间的适当疏远的原则"。在生活中，我们每个人都需要个人空间，这个空间是不容侵犯的。

一般情况下，人们越亲密，越友好，就站得越近；而陌生人有可能站得远一些。但如果一个人想和你交朋友，他也会在谈话时离你近一些。而如果你讨厌他，你很有可能会无意识地向后挪。所以我们可以通过站得远近来判断两个人的亲密程度或彼此是否对对方感兴趣。

尽管有的时候我们会和他人靠得很近，但大多数时候还是喜欢有一定的个人空间。同样，人们在心理上也是有一定距离的。就像两只住在一起的刺猬，在寒冷的冬夜，为了取暖而需要靠得近一些，但是彼此又不能靠得太近，否则自己的刺就会刺伤对方。我们在生活中，无论是身体还是心理都需要有一定的个人空间。当可用个人空间低于要求，或者所能容忍的最小个人空间遭到侵犯的时候，我们就会觉得不安，就会通过反抗来保卫自己的个人空间。

有心理学家认为，人类对个人空间的需要是一种本能。在身体上，个体不需要别人离自己太近，因为这样会觉得不安全。同样，一个人在心理上的个人空间也是不容侵犯的，每个人的心里都藏着一些秘密，我们不希望太多的人了解自己的隐私。留有心理上的个人空间同样是一种自我保护。

二、人际关系的重要性

人际关系是组织成员与组织内外部成员在交往过程中形成的一种相互影响、相互依存的联系。人际关系在组织的管理活动中具有十分重要的作用。

1. **人际关系影响群体凝聚力和工作效率**

良好的人际关系是群体凝聚力的基础。人际关系的好坏，直接影响群体成员的工作积极性和工作效率。古语"天时不如地利，地利不如人和"，道理就在于此。

2. **良好的人际关系有助于群体成员保持身心健康**

良好的人际关系使人心情舒畅，生活、工作愉快；反之，人际关系紧张，则使人心情苦闷，情绪低落。特别是在受到他人无端打击、诽谤，遭到不公平对待时，人们会心理失衡，甚至患上身心疾病。

3. **人际关系影响个体行为的自我发展与完善**

个体在自我成长与发展中会受到人际关系的影响。良好的人际关系会有一种积极的社会助长作用，使人互帮互学，催人奋进，促进个体的自我发展与完善。

4. **良好的人际关系有助于企业目标的实现**

员工不是作为一个孤立的个体而存在的，而是生活在集体中的一员，他们的行为在很大程度上受到集体中其他个体的影响。建立良好的人际关系，有利于企业文化的形成。培养共同的价值观、创造积极向上的企业文化是协调组织内部各利益群体关系、发挥组织协同效应和增强企业凝聚力最有效的途径。这样的企业环境，更有利于激发员工的积极性和创造性，有助于企

业目标的实现。

三、人际关系的形成及测量

（一）人际关系的形成

人际关系有三种心理成分：一是认知成分，指人与人之间是相互肯定还是否定，以认识上的一致为相互选择的标准；二是情感成分，指人与人之间是相互喜爱还是厌恶，以情感上的倾慕为相互选择的标准；三是行为成分，指人与人之间是相互交往还是隔离，以行为上的共同活动为相互选择的标准。

人际关系的形成大体要经过以下三个心理阶段。

1. 觉察阶段

觉察阶段，即彼此知觉、判断阶段。人与人形成一定的人际关系，首先是从彼此认识开始的。人先是觉察到对方，继而认识了解对方，进而衡量对方，并思考是否值得同对方交往。觉察阶段是人际关系形成的前提和基础。

2. 表面接触阶段

双方彼此觉察并认为对方值得交往后，便开始了面对面的交往，这样就由不相识转为相识关系了。表面接触是相对于心理沟通而言的。此时，双方的交往多是角色性的接触，而非感情上的融合，因为彼此还不十分了解，还谈不上有感情。人们在日常生活中与许多人打交道，大多是表面接触，这是普遍的人际关系。

3. 亲密互惠阶段

随着双方在接触上越来越频繁，关系逐渐密切，对彼此的了解加深，心理上越来越贴近，逐渐产生了感情的依赖和融洽，这就形成了亲密互惠的人际关系。亲密互惠的人际关系是以主动热情地关心、帮助对方，并以对方的相应友好表示为进一步发展动力的。当然，这种关系也有深浅之分，如可分为合作水平、亲密水平和知交水平等不同程度的关系。

人际关系形成的三个心理阶段并非截然分开，也不是对每个人都一样。

（二）人际关系的测量

1. 社会测量法

社会测量法是美国心理学家莫雷诺首创的，这种方法是迄今为止测量人际关系最有价值的一种方法。社会测量法的根本目的在于了解群体内人与人之间心理上的关系，查明群体内部的心理结构和心理距离。

社会测量法的具体做法是以纸笔测验形式向群体成员提出问题，让其回答。例如，第一类问题是"请写出这个组织内三个你最喜欢的人，并按喜欢的程度依次排列。"第二类问题是设置一种情境，让群体成员按自己的意愿选择或拒绝自己的工作或游戏伙伴，如"你愿意和谁在一起参加学习活动（或旅游、劳动、娱乐等）？"回答的人数一般限定在三人以内，既可以是三人，也可以是两人或一人。如果被测者回答的人数过多则作废，因为人数太多很难作好数据整理工作，其反映的人际关系状况也不清晰。另外也可以提出自己最不喜欢的人，方法同上。但这样做容易引起群体内部矛盾，除非特殊情况，一般不予采用。在进行测量时，测量者必须申明测量结果绝对保密，为了消除被测者的疑虑，也可以允许被测者不写上自己的名字。当然这样会减少数据所反映的问题。

对使用社会测量法获得的具体资料加以整理并进行统计分析时，可采用以下两种方式。

（1）人际关系矩阵。这是根据团体总人数（n）而绘制成的 $n×n$ 行列表，表内记入各成员的选择关系，也可以记入排斥关系。排在第一位的被选择者得 3 分，第二位得 2 分，第三位得 1 分。被拒绝者则依次给予负分。把这些数字填入表中，我们就能很清楚地了解群体内部的人际关系状况：谁喜欢谁、谁排斥谁，选择是单向的还是双向的；谁最受欢迎，谁最受排斥；成员间团结情况怎样；等等。

下面我们举例说明人际关系矩阵的使用方法。在一个六人小组中，我们要求他们按照喜欢的程度依次列出三个人，按照讨厌的程度依次列出两个人。把调查数据记入人际关系矩阵中，得出表 5.1 所示的结果。

通过表 5.1，我们不但能知道小组内个体之间的关系：谁喜欢谁，谁不喜欢谁，彼此的选择是双向的，还是单向的；也能发现 B 和 E 是这个小组中较受欢迎的人，最不受欢迎的人是 C。

表 5.1 人际关系矩阵

选 者	被 选 者					
	A	B	C	D	E	F
A		3	-2	2	1	-1
B	1		-1	2	3	-2
C	1	3		-2	-1	
D	-1	1	-2		3	2
E	2	1	3	-1		-2
F	1	2	-1	-2	3	
分类合计	5	10	3	4	10	4
	-1		-6	-5	-1	-5
总　计	4	10	-3	-1	9	-1

（2）人际关系图。被测者彼此的选择和拒绝用图来表示称为人际关系图。我们利用八人小组的测验数据来进行说明，图中的英文字母代表各个成员，实线表示喜欢接纳关系，虚线表示拒绝排斥关系，箭头表示选择与被选择的方向，单箭头表示单向选择，双箭头表示双向选择，对应的人际关际图如图 5.3 所示。

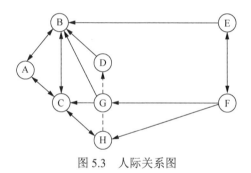

图 5.3　人际关系图

从图 5.3 中可见，B 被选择的次数最多，最受欢迎，其次是 C。从图 5.3 中还可以看出 A、B、C 三人两两相互选择，构成了大群体内一个独立的、非正式的小群体。

人际关系图在说明群体成员间的具体关系时更具有直观性，尤其能明确地揭示出非正式的小群体的存在。人际关系图的缺点是，如果群体内人数太多，画图则很困难；即使勉强画出来，由于线条太多且相互重叠，看起来乱糟糟的，也就失去了人际关系图明确直观、清晰易懂的优点。为了解决这个问题，我们可以采用以下两种方法：一种方法是把选择和拒绝用两个图分别画出来；另一种方法是先制作人际关系矩阵，从中找出所研究群体的人际关系规律，把最受欢迎的人放在图的中央位置，依次把其他人置于外围，把最不受欢迎的人放在最外围。

社会测量法可以帮助我们了解群体中人际关系状况的许多侧面。例如，个体在群体中的社会地位、领导者的威信、个体的适应性、成员间彼此的接纳或拒绝心理等。另外，对于这个群体的特性，如群体人际结构、分化状况、隔层化、领导方式（如民主型或专制型等）、群体凝聚力、对外界压力的抵抗性、群体心理气氛等，也都可以通过使用社会测量法了解。从这个意义上来说，社会测量法对研究了解群体内的人际关系是非常有价值的。

社会测量法使用起来比较简便，尤其是用来研究松散群体更有效，原因在于松散群体内成员间主要存在情感联系，内容比较单一。正式群体则复杂得多，其成员间存在较深的利害关系，而运用社会测量法只能了解其表面情况，要想了解更深层次的情况还要辅以其他方法和手段，并作出更深入的分析。社会测量法所揭示的只是人们的情绪倾向，尚不能说明其选择或拒绝的动机等其他层面的信息。为了更透彻地了解人际关系，心理学工作者又进行了更深入的研究。

2. 参照测量法

心理学家彼得罗夫斯基认为，人际关系中最重要的是了解个人选择行为背后的动机，但如果直接询问，则很难得到真实可靠的回答。此外，群体中最受欢迎的人不一定是最能发挥作用的人。于是他提出了参照测量法，并设定了以下操作程序。

（1）让群体成员相互评价。

（2）为每个人准备一个大信封，将其他人对他的评价全部放在大信封内。

（3）只让每个成员看几个人对他的评价，如果他最想知道谁对他的评价，可以让他把其名字写出来。

（4）根据各成员的提名，绘制出群体内的人际关系图，被选择次数最多的人就是群体中最具威望的人。

有人对比了社会测量法和参照测量法，发现有时运用这两种方法选择出的最受欢迎的人是一致的，但有时并不一致；而运用社会测量法选出的孤独者，在用参照测量法测量时可能会成为最受欢迎的人。彼得罗夫斯基认为，如果需要在群体中选出一个领导者，参照测量法的结果更可靠。

3. 社会距离尺度法

这是用问卷调查法直接对社会距离进行测量的方法。调查时，测量者请各个成员给群体中的每个人评分：对最喜欢的人给5分，对较喜欢的人给4分，对既不喜欢也不讨厌的人给3分，对不太喜欢的人给2分，对最不喜欢的人给1分。评分结束后，统计每个人所得的分数，这个分数代表了社会距离，得分越高表示自己与别人的社会距离越近，否则越远。

群体内的成员可以用同样的方法对某一成员进行打分，得出的平均分能够客观反映该成员的社会距离总倾向。

四、人际交往的原则

1. 相符原则

在人际交往中，双方都希望对方的心态和行为与自己的人际交往需要的内容和性质相符。只有双方都以符合对方的人际交往需要的心态和行为与对方进行交往，才能建立良好的人际关系，顺利地进行人际交往。

2. 报偿原则

在人际交往中，一方的行为会引起另一方的相应行为。也就是说，一方的积极行为会引起另一方的积极行为，一方的消极行为会引起另一方的消极行为。因此，我们在与别人打交道时应当遵循报偿原则。对于任何与我们交往的人，我们都应该尊重他们，否则就会造成人际交往困难。在这一点上，我们要谨记古人的教诲："己所不欲，勿施于人。"

3. 自我价值保护原则

大量的心理学研究证明，任何一个人，其心理活动的各个方面，从知觉信息的选择到信息的内部加工，从对行为原因的解释到人际交往，都具有明显的自我价值保护倾向。

在知觉信息的选择上，人们存在自我价值保护倾向。例如，我们在观看自己支持的球队与别的球队的比赛时，总感到裁判对自己支持的球队不公平。而事实上，每一位裁判都刁难自己支持的球队是不可能的。反过来说，另一方球迷也是如此。其原因就是人们所看到的东西已经经过了自己愿望的过滤，已经不能真实地反映客观世界的本来面目了。

在信息的内部加工上，心理学家发现，人们总是对支持自己观点的信息记得多、忘得慢，而对反对自己观点的信息记得少、忘得快。

在对行为原因的解释上，自我价值保护的倾向更为明显。当自己获得成功时，人们多会认为这是自己的努力所致，并非客观条件促成；而当别人取得成功时，人们却可能认为他们有这样或那样的机遇与条件。

在人际交往中，人们之间的接纳与拒绝是相互的。人们更愿意接纳那些喜欢自己、接纳自己的人，而对于否定自己的人则倾向于排斥。

心理学研究证明，人们要想同别人建立和维持良好的人际关系，就必须对别人的自我价值感持支持态度，必须避免别人产生自我价值保护的防卫倾向。一旦人们在人际关系中威胁到别人的自我价值感，就会激起别人强烈的否定情绪。在这种情况下，人们就很难与别人建立和维持良好的人际关系，已经建立起来的人际关系也会遭到破坏。

4. 情境控制原则

人们进入一个新的环境后，会产生各种探究行为，巴甫洛夫称之为"这是什么反射"。这种反射的真正含义是，要了解周围事物对人的意义，从而把握环境，使人们在该环境中的行为有明确的定向。

情境的不明确或不能达成对情境的把握，会引起机体的强烈焦虑。这里的情境不仅是指物理环境，更是指社会环境。因此，所谓情境控制原则，就是指人都需要达到对所处情境的自我控制。要想使别人从内心深处真正接纳自己，你就必须帮助别人达成对情境的控制。相反，如果增加了别人达成情境控制的难度，或与别人对情境的控制不对等，那么别人实际上就不可能对我们有深层次的接纳，我们与其的关系也只能停留在正式的、表层的水平。

五、影响人际关系的因素

人际关系的状况影响着人们的生活、工作和学习，对群体、对达成组织目标和创建和谐社会也有着深刻的影响。在现实生活和工作中，人们大都知道良好的人际关系的重要性，却对自己为何陷于人际关系困境、怎样改善和增进人际关系等方面的知识知之甚少。下面我们对影响人际关系的因素加以探讨。

（一）人际吸引的假设

1. 互利假设

互利假设认为，正常的人都追求和期望以最小的投入和付出来换取最大的报偿和收益。这是人的行为原则。从这个观点出发看待人际关系，自然就会得出下面的结论：人们之间良好的人际关系的建立和维持，要看双方认为这个关系对双方是否有益。如果双方认为友谊关系的存在对彼此是有价值的，就是说利大于弊、好处多于坏处，或者说双方感到为此所做的付出是值得的，那么双方就会得到心理满足，从而建立并维持友谊关系。反之，双方如果感到这种关系的存在对彼此没有益处，则会采取行动终止目前的关系。即使只有其中一方感到当前的关系对自己不利，这种业已存在的关系也无法维持下去。

2. 自尊增高假设

良好的人际关系，或者说友谊关系表现为双方的相互选择，即你喜欢我，我也喜欢你，友谊就是你选择了我，我也选择了你。和自己喜欢的人在一起会心情愉快，这是人之常情。自尊增高假设认为，友谊关系能提高人的自尊感、自我价值感和增强人的自信心。通常情况下，朋友会给你更多的理解、支持、赞许和尊重。和朋友在一起，彼此能有自尊增高感，相互之间的自尊需要能得到较好满足。这些在一般关系的人那里是很难得到的。人们喜欢那些喜欢自己的人，这是人际交往的规律。同样，对那些经常和自己过不去的人，人们会越来越不喜欢。

总之，人们喜欢那些喜欢自己的人，他人对自己的评价影响着自己喜欢对方的程度，而争论、批评、贬低则可能驱逐朋友，消灭友谊。所以在与朋友交往的过程中，以及在家庭生活中，你最好不要试图把辩论会搬进来，经常发生争论很可能破坏良好的人际关系。

（二）增进人际吸引的因素

怎样使自己成为人际交往中的宠儿？怎样让别人喜欢自己？哪些因素能促进良好人际关系的建立和维持？心理学在这方面有一些很有价值的研究，下面分别加以介绍。

1．接近且相悦

时空的接近容易建立良好的人际关系，在交往的初始阶段更是如此。彼此在一起相处的时间久，交往的机会多，最终可能会带来友谊关系的建立。心理学的一些研究证明，人们住得越近，成为朋友的概率越大；见面的机会越多，彼此越熟悉，越容易相互喜欢。不过这种时空上的接近只是友谊关系建立的必要条件，而彼此的好感（起码无恶感）才是友谊关系建立的基础。如果一方对另一方印象很差，被厌恶者单方面的接近、企图建立友谊的努力，不但不易改变前者的态度，甚至可能招致更加强烈的厌恶。一般而言，接近且相悦通常适用于陌生人之间人际关系的建立。熟人之间人际关系的发展变化很复杂。陌生人之间最初的交往必须有外在条件，即时空的接近，一般情况下它会发展成相互喜欢，最终带来友谊关系的建立，这就是接近且相悦。有道是："有缘千里来相会，无缘对面不相逢。"友谊关系的建立和发展既需要时空的接近，也需要彼此的最初好感，这里的好感就是"缘分"。第一印象好就是彼此有缘分，第一印象不好就是彼此无缘，就会"对面不相逢"。我们在第二章已经介绍过第一印象了，在此不再赘述。时空因素在友谊关系建立的初始阶段作用很大，而随着时间的推移，它的影响力会逐渐变小。

 课程思政

可口可乐：保持距离是保持团结的最好方式

2020 年在被称为"世界的十字路口"的时代广场，可口可乐公司发布了一条特殊的巨幅户外广告，背景还是熟悉的"可口可乐红"，CocaCola 的字体保持原有的经典设计，但每个字母都以一定间距分开，LOGO 的底部简洁明了地写着：Staying apart is the best way to stay united（保持距离是保持团结的最好方式）。

随着新冠病毒在全球迅速蔓延，多国要求国民实行社交隔离，各大品牌纷纷设计出新"隔离LOGO"，呼吁大家进行社交隔离，避免病毒人传人。作为饮料界的龙头，可口可乐公司率先垂范。

可口可乐公司已经在寸土寸金的时代广场打了一个世纪的广告，但这次与以往不同，广告不再是单纯地为了售卖产品，更多的是传递一种精神，是在销售产品的同时对消费者进行提示，散播正能量，为人们提供正确的信息。与此同时，麦当劳、奥迪、大众等大牌都通过修改 LOGO 来提醒消费者保持社交距离、戴好口罩、减少出行等。在特殊时期，各大品牌勇于承担公共责任，体现出企业应有的担当和精神，对品牌形象提升起到了正面作用。

 视野拓展

美国心理学家费斯汀格（Festingger，1950）等人以麻省理工学院已婚学生眷属宿舍的居民为对象，研究他们之间的邻居友谊与空间远近的关系。该宿舍共 17 栋两层楼房，每层 5 户，共计 170 户。他们在每学年搬入时，彼此各不相识。一段时间后，研究者让每户列出新结交的 3 位邻居朋友。结果有以下特点：①是他们的近邻；②是同楼层的人；③是彼此信箱靠近的人；④是走同一楼梯的人。可见，经常见面是友谊形成的一个重要因素。

2. 类似性因素

在个人特性方面，双方若能意识到彼此的类似性，则容易相互吸引，这种类似性越强，双方越能产生好感，正所谓"物以类聚，人以群分"。类似性主要表现在社会性和心理特性上，如社会地位、职业、籍贯、学历、年龄、性别、兴趣、爱好、态度、容貌等。心理学研究发现，在要求指出个人最好的朋友时，被提到的人与指出者在教育水平、经济条件、社会价值等方面都很类似。

性别是友谊的第一道鸿沟。研究表明，在异性之间建立起像大多数同性之间的那种友谊关系是很难、很少见的。友谊关系通常建立在同性之间。

为什么类似性有助于人际交往？从心理学角度可以作出以下解释。

其一，具有相同兴趣、爱好的人趋于参加类似的社会活动。在其共同参加的社会活动中，他们有更多的交往机会，按照"接近且相悦"原则，具有类似性的人在时空上更接近，因而也就更容易相互吸引，变成朋友。例如，甲和乙都喜欢下围棋，他们可能因参加围棋比赛而获得较多的交往机会，最终成为朋友。

其二，在较多的交往机会中，如果发现彼此的价值观、人生观相似或一致，双方会产生一种社会增强作用，在大家对某类问题发生争论时，这种社会增强作用愈发明显。在公共场合发生争论时，有人站出来支持你，与你持一样或类似的观点，你会有种"英雄所见略同"的感觉，自己的自尊心因得到支持而受到保护和增强，由此会产生对对方的感念之情，友谊发展起来也就不奇怪了。

其三，在年龄、学历、态度、社会地位等方面相似的人，在交往时，彼此间更容易沟通，较少因意见传达困难而造成误会和冲突。顺畅无误的沟通是正常交往的前提条件。例如，两个受教育水平相当的人在一起交谈会很自如，而如果两者的受教育水平相差较大，其交谈就会变得异常困难，也会使继续交往的可能性变得渺茫。

其四，在初次见面的人之间，类似性能在很大程度上消除彼此的陌生感，从而减少紧张不安的情绪，使交往成为一件轻松愉快的事。

总之，类似性是影响人际关系的重要因素，类似性有助于人们建立起友谊。心理学研究发现，在原本陌生的一群人走到一起的初期，时空接近对人们之间的相互吸引起决定作用，到了后期则发生了变化，彼此间态度和价值观越是相似的人，相互之间的吸引力越大。

3. 互补因素

互补是指双方在交往过程中获得互相满足的心理状态。它主要指心理特性相反者的互补。例如，有强烈支配性格的人不容易与同样性格的人相处，但是他可能会与具有顺从性格的人和睦相处，甚至与其建立密切的友谊关系。生活中许多自然形成的非正式的小群体都是由具有支配性格的人和具有顺从性格的人组成的。正如俗语所说的"一山不容二虎"，通常情况下，性格特征突出且相同的人难以共处。例如，脾气急躁的人往往喜欢和性情温和的人相处，二者恰好可以相互接纳，相互调剂补充。有的人富有同情心，有着较强的关心帮助别人的倾向，这类人如果遇到依赖性强的人，会与之一拍即合，容易建立起密切关系，从而使双方的需要都得到满足。此类情况在异性之间尤为明显，所谓"刚柔相济"就是此类互补关系。

人际吸引的互补作用主要产生于交往程度较深的友谊关系中，在两性友谊和夫妻之间尤其明显。有人研究过大学生从朋友到夫妻关系的演变过程，探求类似性与互补性在双方关系发展过程中作用的变化。结果发现，在从友谊、爱情到婚姻的过程中，友谊关系的发展经历了三个阶段。

（1）初交时，社会性即外在的类似性很重要，如经济地位、社会背景等的相似，构成了人际吸引的主要因素。这是友谊关系发展的理性阶段。

（2）深交后，个人性格的类似性显得更重要，如兴趣、态度、价值观等相似是形成友谊的基础。这是友谊关系发展的感情阶段。

（3）对于友谊或爱情的长期维持，双方在人格特质上的互补更重要。双方有互补的需要，能从对方身上获得自己所缺乏的东西，这样才能形成长久的相互吸引力，友谊或爱情才能长久维持。这是友谊发展的成熟阶段。

4. 个人特质

在影响人际关系的各种因素中，个人特质也是一个重要因素。在日常生活中，我们常见到在一群人中，有的人很受欢迎，有许多朋友，是"明星"类人物；而有的人则遭人厌弃，没有朋友。个人特质常常是造成这种现象的重要原因。

美国心理学家安德森研究了各类性格的人被喜欢或被厌恶的程度，总结出令人喜欢的特质有诚实、正直、通情达理、忠实、耿直等；最令人厌恶的特质有做派不正、虚伪、有敌意、暴戾、自私、不可信赖等。

美国心理学家奥尔波特研究了一群陌生人首次集会时的人际吸引力。研究结果发现：使人们具有吸引力的因素首先是个人的内在特质，如幽默、涵养、礼貌等；其次是外表的特点，如体形、服装等；再次是个人所表现出来的特殊行为，如新奇的、令人喜爱的动作等；最后，个人地位也能引起他人的爱慕与尊敬，从而对他人产生吸引力。

有其他社会心理学家认为，具有下列性格特征的人缺乏吸引力。①不尊重他人，对他人缺乏感情，不关心他人的悲欢情绪，甚至把他人当成使唤工具，这类人缺乏吸引力。②有着强烈的自我中心主义思想，只关心自己的兴趣和利益，忽视他人的处境和利益，这类人只能和他人建立一般的人际关系。③对人不真诚，一切只为自己着想，不顾他人利益，这样会破坏人际关系。④过分服从并取悦他人，过分追求权威而不关心部下，前者不讨人喜欢，后者则令人厌恶。⑤缺乏独立性，过分依赖别人甚至丧失自尊心，这样的人让人尊重不起来，唯恐避之不及。⑥嫉妒心强的人不招人喜欢。⑦怀有敌对情绪和具有猜疑性格的人、情绪偏激的人往往容易使人际关系陷入僵局。⑧过分自卑、缺乏自信的人，对人际关系过于敏感的人，对他人刻薄以及过分自夸的人都缺乏吸引力。⑨孤独、内向、有自闭倾向的人没有吸引力。⑩有偏见、固执、防卫意识过强、报复心强的人缺乏吸引力。⑪好高骛远、苛求他人的人不招人喜欢。

案例 5-3

仰巴脚效应

一个人能力越强，成就越大，就越为人所欣赏吗？

美国心理学家安荣森（Aronson，1980）进行了这样一项实验研究：他把A、B、C、D四部录像带分别播放给四组被试看，让他们凭主观感觉评分，以表示他们对片中人物的喜欢程度。片中人物由一人扮演，只有事先介绍和访问过程不同。

A录像带的内容是，访问者在介绍受访者时，把他描述成一名能力突出的大学生——荣誉学生、校刊编辑、运动健将。他在受访过程中表现杰出，能毫不费力地答对92%的问题。他给人的印象是完美无缺的。

B录像带的内容和A录像带的内容只有一点儿差异，受访者表现得有点儿紧张，不小心将面前的咖啡杯打翻，弄脏了新衣服，导致场面尴尬。

C录像带将受访者说成是一名普通大学生。在访问过程中，他的表现一般。

D录像带的内容与C录像带的内容大致相同，只是把B录像带中的"小插曲"放了进来。

结果发现，录像带中的受访者被喜欢的程度依次是B、A、C、D。

5. 自我暴露

个性的更广泛和更亲密的暴露能促进彼此的相互吸引，提高彼此相互喜欢的程度。向别人敞开自我能使他人本能地感到满足,并且这种好感会泛化到自我暴露的人身上。

达赫(Daher,1976)等人的实验研究发现,被试更喜欢自我暴露较深的人。一些相似的研究也发现,被试对刺激者的喜欢随着刺激者的自我暴露增加而提高。当然,这类自我暴露的方式是相当肤浅的。

卡普兰(Kaplan,1975)等人的实验研究则更深入。他们的实验研究证明,人们喜欢那些和自己自我暴露水平相当的人。如果某人的自我暴露比我们暴露自己时更显亲密和详细,我们会害怕过早地进入亲密关系领域,会考虑"刹车"。在自我暴露时,人们通常非常小心,因为超过相互关系水平的过多的自我暴露会使自己处于危险境地,感情易受攻击。自我暴露的速度是影响交往双方相互喜欢的重要因素。自我暴露的速度必须缓慢到使双方都不会感到吃惊,如果过早地涉及太多的个人隐私,会引起对方的忧虑和自卫行为。那些自我暴露来得"太强烈""太快"的人不会招人喜欢,而只会令人讨厌。另外,一个人如果要求他人进行过多的自我暴露,而自己并不这样做,同样不被人喜欢。

六、人际关系的建立与维护

群体人际关系会影响群体的士气和工作效率,关系到群体成员的身心健康。因此,组织的管理者应特别重视人际关系的建立与维护。

(一)加强领导班子建设

一个群体的领导班子的思想作风对该群体有着重要的导向作用。领导班子成员如果政治立场坚定、品德高尚、公道正派、以身作则、清正廉洁、深入群众、工作勤奋,就会使群体成员感到亲切可敬,其高尚人格就能形成一种无形的、巨大的道德力量,促使整个群体建立起友好和谐的人际关系。

(二)建立合理的组织结构

合理的组织结构和必要的组织措施,是维持良好人际关系的组织条件和保证。组织结构精干合理,成员各司其职,勤于工作,就会形成良好的人际关系。必要的组织纪律和制度,可以有效防止无事生非、挑拨离间等破坏群体人际关系的不良现象产生。若组织机构臃肿,人浮于事,相互扯皮,成员间就不可能建立起和谐的人际关系。

(三)培养集体意识

群体是由若干个体组成的,只有所有个体都关心群体建设和群体目标,群体才会得到发展。因此,管理者必须加强群体的思想建设,利用组织的力量营造适宜的群体气氛,一方面让每个成员都了解群体的目标和方针,鼓励大家分工合作,共同完成组织任务,形成团结共事的良好氛围;另一方面积极组织成员间的交流活动,增进感情交流,加深相互了解,让群体成员参与管理,增强其对群体的认同感,为建立良好的人际关系创造条件。

(四)加强自我修养

群体中每个成员的良好自我修养会对人际关系产生积极的影响。

1. 树立正确的世界观

一个人如果树立了正确的世界观,对社会、集体、人与人之间的关系就会有正确的认识,就能科学地分析人与人之间的矛盾。

2. 重视个性锻炼

良好的个性能改善与增强人际关系。如果一个人心胸开阔，性情开朗，严于律己，宽以待人，就为建立良好的人际关系提供了有利的心理条件。如果一个人心胸狭窄，性情孤僻，就难以与人顺利交往。因此，重视个性锻炼，改善不良性格，对于改善与增强人际关系十分重要。

 视野拓展

日本企业中的人际关系

日本企业中员工的敬业精神闻名于世，其重要原因之一在于企业的主要管理者常常要花费大量的精力做员工的工作，调整企业内部关系，使企业内部形成一种良好的人际关系环境。

他们强调有了"人和"，企业才能很好地发展，许多企业的车间里都挂着"团结一致""以和为贵"的条幅。老板、经理宣传"劳资利益一致"的口号，各企业还以自己的社训和发展史教育员工。企业管理者不仅把员工当作生产者，同时把员工当作本企业的"家庭成员"，注意从精神上、物质上关心员工，常常对员工进行家访，为员工庆祝生日，以联络感情。各企业对员工的住房、食品供应，乃至午餐质量、红白喜事等都有许多关心和照顾的措施，从而进一步增强了员工对本企业的归属感，使其勤勤恳恳为企业奋斗。有些企业管理者还组织开办花展和美术作品展，这既可以美化工厂，又能给热爱这方面活动的员工提供自我表现的机会。日本企业的管理者对容易引起员工内部矛盾的事非常敏感，总是采取各种办法予以杜绝。例如，他们一年会定期发两次奖金，但从不搞员工之间的评奖活动，"评奖，评奖，越评越僵"，他们认为评奖容易引起员工之间的不和。

 本章小结

群体是为了实现某个特定的目标，由两个或两个以上相互作用、相互依赖的个体组合而成的集合体。群体主要分为正式群体和非正式群体等。群体的形成和发展大致可以分为五个阶段，分别是形成阶段、震荡阶段、规范化阶段、执行任务阶段、终止阶段。群体决策过程分为三个阶段：论断总问题，找出可供选择的解决方法，分析可供选择的解决方法并作出决策。影响群体决策有效性的因素有群体思维和极端性转移。群体决策的技术与方法有头脑风暴法、德尔菲法、名义群体法、电子会议法。人际关系是人与人之间心理上的关系、心理上的距离。增进人际吸引的因素有接近且相悦、类似性、互补、好的个性特质以及自我暴露。人际交往的原则有相符原则、报偿原则、自我价值保护原则、情境控制原则等。

 综合练习题

一、填空题

1. 群体的形成和发展大致可以分为五个阶段，分别是形成阶段、震荡阶段、规范化阶段、_____阶段和_____阶段。

2. 群体的组成要素主要包括正式领导、角色、规范、_____和_____。

3. _____又被称为专家意见法。它是通过反复通信的方式来解决问题的一种方法，也是一种集中各方面专家的意见预测未来事件的方法。

4. 心理契约就是组织与员工事先约定好的内隐的没说出来的各自对双方所怀有的各种_____。

5. ＿＿＿＿＿是指成员对群体的态度，是某一特定群体内占主导地位的、对群体本身及所从事工作的看法。

6. 群体规范也称＿＿＿＿＿，是群体中成员共同认可的、用来评判行为的标准。

7. 在群体决策过程中，群体压力和群体规范起着较大作用，导致群体决策常常不能像在实际决策中那样有效。其中主要有两种倾向损害了群体决策，分别是群体思维和＿＿＿＿＿。

8. 社会测量法的根本目的在于了解群体内人与人之间＿＿＿＿＿上的关系，查明群体内部的心理结构和心理距离。

二、不定项选择题

1. 增进人际吸引的因素有（　　　）。
   A. 类似性　　　　　　B. 接近且相悦　　　　C. 互补　　　　　　D. 好的个性特质

2. 人际交往的原则有（　　　）。
   A. 相符原则　　　　　　　　　　　　B. 报偿原则
   C. 自我价值保护原则　　　　　　　　D. 情境控制原则

3. 角色理论包括角色认同、（　　　）、角色期待以及角色冲突等。
   A. 角色模仿　　　　B. 角色规避　　　　C. 角色控制　　　　D. 角色知觉

4. 从众是指个体在群体的压力下改变个人（　　　）而与多数人取得一致认识的行为倾向。
   A. 意见　　　　　B. 行为　　　　　C. 语言　　　　　D. 表情

5. 心理契约是由员工需求、（　　　）四个方面的循环构建而成的，并且这四个方面有着理性的决定关系。
   A. 自我激励方式　　　　　　　　　　B. 组织激励方式
   C. 员工自我定位　　　　　　　　　　D. 相应的工作行为

6. 在一个特定的群体中，群体成员往往有三种比较典型的角色表现，包括（　　　）。
   A. 任务导向型角色　　　　　　　　　B. 关系导向型角色
   C. 他人导向型角色　　　　　　　　　D. 自我导向型角色

7. 集中各方面专家的意见预测未来事件的方法被称为（　　　）。
   A. 头脑风暴法　　　B. 德尔菲法　　　C. 名义群体法　　　D. 电子会议法

三、判断题

1. 名义群体法预先通知决策小组成员开会的时间、地点，却不预告决策议题。　　（　　　）

2. 在知道"和则两利、分则两败"的情况下，人们通常会选择合作。　　　　　（　　　）

3. 从规模来看，小型群体的凝聚力往往比大型群体的更强。　　　　　　　　（　　　）

4. 群体规范是群体中成员共同认可的、用来评判行为的标准。　　　　　　　（　　　）

5. 大部分群体规范是正式的。　　　　　　　　　　　　　　　　　　　　　（　　　）

6. 对于能满足自身愿望的群体，个体不容易表现出从众心理。　　　　　　　（　　　）

7. 如果成员的态度与感情是属于自我倾向的，而且工作本身缺乏内在趣味，个人竞争的工作成绩将比群体合作的好。　　　　　　　　　　　　　　　　　　　　（　　　）

8. 个人决策比群体决策更容易出现冒险倾向。　　　　　　　　　　　　　　（　　　）

9. 在头脑风暴法中，最狂妄的想象是最受欢迎的。　　　　　　　　　　　　（　　　）

10. 社会测量法用来研究松散群体更有效。　　　　　　　　　　　　　　　（　　　）

11. 彼得罗夫斯基认为，如果需要在群体中选出一个领导，社会测量法的结果更可靠。
　　　　　　　　　　　　　　　　　　　　　　　　　　　　　　　　（　　　）

四、简答题

1. 简述群体决策的优点和缺点。
2. 影响群体士气的因素有哪些？
3. 群体的形成和发展需要经历哪几个阶段？
4. 增强群体凝聚力的方法有哪些？
5. 简述竞争对群体内部的影响。
6. 简述群体思维的特征。
7. 简述德尔菲法的具体应用程序。
8. 简述人际交往的原则。

五、思考题

1. 什么是群体规范？以你所在的班级或寝室为例，谈谈群体规范有什么作用。
2. 你如何看待成功地实施头脑风暴法的原则？

案例分析题原文

六、案例分析题

扫描二维码阅读案例，并回答以下问题。
（1）美国哥伦比亚商学院的实验说明了什么？
（2）谈谈该实验给你的启示。

第六章 团队及其建设

学习目标

通过本章的学习,你应该达到以下目标。

知识目标: 了解什么是团队以及团队的类型、团队精神的本质特征,掌握高效团队的特征以及团队合作的障碍。

技能目标: 掌握建设高效团队的基本技能。

能力目标: 具有培养团队精神的能力。

案例导读

朱莉亚的校园故事

(虎嗅网 2016-03-02)和大部分25岁的人一样,朱莉亚•罗佐夫斯基并不确定她这一生想做些什么。她曾在一家咨询公司工作过,但并不怎么合适。之后她成了哈佛大学两位教授的研究人员,这是个有趣却孤独的工作。也许一家大公司是一个更好的选择,或者一家快速成长的初创公司也不错。她唯一确定的是她想找一个有更多社会交际机会的工作。她说:"我想成为一个团队的一部分,共同建设的人中的一分子。"她想过各种各样的机会——互联网公司、某个Ph.D.项目——但看起来没有一个是正好合适的。所以在2009年,她选择了一条能让她推迟做决定的道路:她申请了商学院并被耶鲁大学管理学院录取。

朱莉亚进入校园后,被分配到一个由学校精心设计的用来增进联系的学习小组中。学习小组变成了MBA课程中的一种仪式性过程,它能让学生在团队中锻炼工作能力,并能反映出社会对能熟练掌控团队动态员工要求的提高。现在,员工早上的工作可能开始于和工程师团队的合作,然后给营销新品牌的同事发送邮件,之后再在一个会议上提出规划一条完全不同的产品线的建议,另外还会组织与财务和各方计划委员会的团队会议。为了让学生对进入更复杂的世界做好准备,全美国的商学院都修订了它们的课程,强调以团队为中心的学习。

每一天的课间或晚餐后,朱莉亚和她的四个组员都会聚集起来讨论课后作业,对比表格并制定考试策略。他们每个人都很聪明并且具有好奇心,还有很多共同点:都曾在相似的学校中学习过,都曾在类似的公司工作过。朱莉亚希望这些共同经历能让他们的协作更为容易。但事实并非如此。"这里有很多人说他们在商学院最好的朋友来自他们的学习小组,"朱莉亚说,"但对我来说并不是那样。"

相反,朱莉亚的学习小组是她的压力来源。她说:"我总觉得我必须证明自己。"这个小组将她边缘化了。当小组会面时,小组成员有时会为了领导地位设法欺骗或批评彼此的想法。小组成员对于小组中谁负责、谁在班级中代表本组存在冲突。"人们试图通过更大声说话或与他人讨论以示权威,"朱莉亚说,"我总觉得我必须非常小心,不能在他们周围犯错。"

所以,朱莉亚开始寻找其他可以加入的小组。一位同学曾提到一些学生为"案例竞赛"组建了团队,该团队为真实世界的商业问题提出解决方案并交由评委评估,优胜者可赢得奖杯和奖金。竞赛是自愿参加的,但工作内容与朱莉亚在她所在的学习小组中所做的完全不同:开展大量研究和财务分析、撰写报告和进行演示。她所在的"案例竞赛"团队的成员有各种各样的专业背景:军队军官、智囊团研究员、健康-教育非营利组织负责人和难民问题顾问。尽管他们的背景各不相同,但每个人都很合得来。他们彼此发送附有笑话的电子邮件,而且在每次会议之前都会花10分钟闲聊。当开展头脑风暴时,朱莉亚说:"我们有很多疯狂的想法。"

她最喜欢的一个竞赛是要求参赛团队想出可取代耶鲁大学校园中一个由中学生经营的小吃店的新业务。朱莉亚提出了为午睡室提供耳塞和眼罩的赚钱方法，其他人则建议在那里装满老式视频游戏机。另外一些人还有共享衣服的想法。其中大部分提议都是不切实际的。"但我们都感觉我们可以对彼此说任何事，"朱莉亚说，"没人担心团队中其他人会评判自己。"最终，他们确定了包含一些运动类设施和一些重量级器械的微型体育馆计划。并赢得了比赛。

第二个学期，朱莉亚的学习小组解散了（是否继续完全在于学生自己）。而她在耶鲁大学学习的两年里，一直在"案例竞赛"团队中。

在两个团队内的截然不同的经历总是让朱莉亚感到奇怪。两个团队都是由聪明和杰出的人组成的。她和学习小组成员的一对一交流是非常友好和温暖的，只有当他们聚集成为一个团队时，情况才变得糟糕。与此相对，她所在的"案例竞赛"团队却总是有趣且随和的。在某些方面，他们作为一个团队的成员相处甚至比单独与朋友相处更好。

"我没法弄清楚为什么事情的进展会如此不同，"朱莉亚说，"看起来它似乎并不一定要这样发生。"

上述案例表明，有的团队会让人觉得精疲力竭，有的团队则会让人精力充沛。朱莉亚所在的学习小组不成功的原因在于缺乏团队规范——对领导权的争夺、批评他人的倾向——这让她时刻保持警惕。而她所在的竞赛团队的规范——重视每个人的点子，互相开玩笑，其乐无穷——能让每个人都放松，富有能量。

那么，什么样的团队是"好"的团队呢？团队应该有怎样的精神呢？为什么有的人不愿意接受团队？团队合作的障碍有哪些？本章我们就来解答这些问题。

第一节　团队概述

一个没有团队精神的组织，将是一盘散沙。新时代的职场人，不仅要追求个人价值的实现，更要追求个人价值与团队绩效的双赢。个人单打独斗的时代已经远去，团队合作的时代已然到来。正如古人所说："千人同心，则得千人之力；万人异心，则无一人之用。"但是，在市场竞争越来越激烈的前提下，合作并不一定能产生"1+1>2"的效果，如何进行有效合作，以达到整体效益大于部分之和的效果，是每一个组织面临的重要任务。

视野拓展

个人时代结束，团队时代开始

（世界经理人 2018-06-08）个人时代结束，团队时代开始。虽然今天如此强调个人价值崛起，但团队时代已真正来临。今天在组织设计中，个人权利不再是核心问题，每个职位的责任与协作才是组织设计的关键，这有利于每个人都取得成功。因为每个人都有这么多人帮助，更容易取得成功。今天，人力资源管理的内涵变化很大。过去，企业可能更关注岗位、激励和考核，但今天更关注责任和协作，这样员工就会取得更高的绩效，并使组织绩效变得更好。如果企业能用这个逻辑管理员工，就不用担心人才流失的问题了。因为员工知道，没有周围人的协作，他不可能成功。

所以，员工要处在一个集合智慧的平台上，其个体价值才会放大。任何人，如果想做更大的事情，都一定要在一个集合智慧的平台上，这样，个体的能力才可以发挥出来。

今天人才辈出，很多年轻人非常厉害，但是也要确信集合智慧可以帮助个人摆脱局限，这样组织才能驾驭不确定性。

一、什么是团队

所谓团队，是指为了实现组织目标，由一些志向相同、团结和谐并负有共同责任的人组成的群体。团队中的成员有着共同的目标，并都为了实现这个目标而努力。团队不仅强调个人的工作业绩，而且强调团队的整体业绩，团队的整体业绩往往会超过成员个人业绩的总和。因此，许多人都认为团队是管理的最佳组织形式。

如今，团队管理非常流行，其主要原因不外乎两个：一是团队本身的特点；二是社会环境的要求。团队与传统的部门结构或其他形式的稳定性群体相比，主要具有以下优点。

（1）它可以使不同的职能并行，而不是按顺序进行，从而大大缩短了完成组织任务的时间。

（2）它可以迅速地组合、重组和解散。

（3）它可以由团队成员自我调节、相互约束，促进员工参与决策过程，增强组织的民主气氛，并且削弱组织中某些中层管理者的管理职能。

另外，传统组织提高效率的办法就是提高组织化的程度，但这方面的潜力已经经过了比较充分的挖掘，其缺点日益凸显，而且在很多情况下单凭个人能力已很难独立完成，这就要求人们通过进一步提高相互合作水平来解决错综复杂的问题。在这种大背景下，团队管理应运而生。

 课程思政

三只老鼠偷油喝

有三只老鼠一起去偷油喝，可是油缸非常深，且只有缸底有一点儿油，它们只能闻到油的香味，根本就喝不到油，越闻越垂涎三尺。喝不到油它们十分焦急，但焦急也解决不了问题，所以它们静下心来集思广益，终于想到了一个办法，那就是一只老鼠咬着另一只老鼠的尾巴，吊下缸底去喝油。它们取得了共识：大家轮流喝油，有福同享，谁都不准有独享的想法。

第一只老鼠最先被吊下去喝油，它想："油就只有这么一点点，大家轮流喝一点儿也不过瘾，今天我运气好，不如先自己喝个痛快。"夹在中间的第二只老鼠也在想："下面的油没多少，万一第一只老鼠喝光了，我岂不是只有喝西北风了？我干吗这么辛苦地吊在中间让第一只老鼠独自享受一切呢？我看还是把它放下，自己跳下去喝个够！"第三只老鼠也在暗自嘀咕："油那么少，等它们两个喝饱，哪里还有我的份，不如趁这个时候把它们放下，自己跳到缸底饱喝一通。"

于是第二只老鼠迅速地放下了第一只老鼠的尾巴，第三只老鼠也迅速地放下了第二只老鼠的尾巴，它们都争先恐后地跳到缸里去了。等喝饱后，它们才突然发现自己已经浑身湿透，加上脚滑缸深，它们再也逃不出这个美味的油缸了。最后，三只老鼠都被困死在这个油缸里。

这个古老的寓言给我们的启示是，团队需要大家不断维护和建设，"众人拾柴火焰高"；否则，团队内部会产生干扰，使1+1不但不能大于2、等于2，甚至可能小于2。内耗将极大地破坏团队的凝聚力，减弱团队的影响力和战斗力，损害团队的生产力。

二、团队与群体的区别

团队不同于一般的工作群体，它是一个特殊的群体。所有影响群体的因素都会影响团队，但是，并不是所有的群体都是团队。团队与群体的区别见表6.1。

表 6.1　团队与群体的区别

团　队	群　体
1. 团队规范以任务为导向 2. 团队成员的共同努力能够产生积极的协同作用	1. 群体规范与人们从事的任务没有关系 2. 群体中的成员不一定要参与需要共同努力的集体工作，不存在积极的协同作用

团　队	群　体
3. 团队的绩效是团队成员共同努力的结果，团队的绩效往往大于个人绩效的总和	3. 群体的绩效仅仅是每个群体成员个人贡献的总和，群体的总体绩效不会大于个人绩效之和
4. 团队的作用往往是积极的	4. 群体的作用是中性的，甚至可能是消极的
5. 团队成员的技能是相互补充的	5. 群体成员的技能是随机的或不同的
6. 分享领导角色	6. 强烈地、清楚地被关注的领袖

 视野拓展

团队应该是什么样的

　　企业不断扩张，沟通和协调问题随之而来，即使像谷歌这样运营得很好的企业，也需要进行重组调整。因此谷歌成立了新公司 Alphabet，从根本上来说，这样做是为了让公司的灵活性更强。

　　对于这种情况，亚马逊的缔造者杰夫·贝索斯也有他自己的解决方法。他提出了"两个比萨原则"：每个团队的人数不能多到两个比萨都不够吃的地步。

　　这是一项极为重要的创新策略，也是公司未来扩张的战略。因为过大的团队往往会限制个体能力的发挥，一旦团队成员的个体效率下降，创新的脚步就会慢慢停滞。小团队有助于减少集体会议和社会惰化之类的创意"杀手"。

　　可以说，整个公司的服务架构就是亚马逊的秘密武器。在这里，团队领导者需要慧眼识珠，找出能让项目成功的关键人物来带领一个小团队。只要小团队里的每个人都知道他们的任务，确定了相同的目标，就可以自主完成任务。他们甚至可以通过供应商来取得预算，或者最后由供应商代替他们继续运作项目，这样他们就可以投入其他更有趣的项目。

三、团队的构成要素

　　一般来说，团队主要由五个要素构成，也称为五要素模型，它们分别是目标（Purpose）、人（People）、团队的定位（Place）、权限（Power）、计划（Plan）。由于这五个要素的英文首字母都是 P，因此，此模型也被称为 5P 模型。

　　1. 目标

　　团队应该有一个既定的目标，为团队成员导航，使他们知道要去向何处。没有目标的团队就没有存在的价值。

 示例

　　自然界中有一种毛毛虫很喜欢吃三叶草，这种毛毛虫去觅食的时候都是成群结队的，通常由一只毛毛虫作为队长带头，其他的毛毛虫顶着前一只伙伴的屁股，一只贴一只排成长长的队伍。据说，曾有科学家做了一个实验，把这些毛毛虫像火车车厢一样连在一起，并围成一个圆圈，然后在圆圈中放了它们喜欢吃的三叶草。结果它们爬得精疲力竭也吃不到这些草。这个例子说明，团队失去目标后，团队成员就不知道往何处去，团队存在的价值可能就要打折扣。

　　团队目标制约着整个团队建设的过程。团队目标不仅能为团队成员导航，指引他们前进的方向，而且能凝聚人心、鼓舞士气。团队的目标必须与组织的目标一致，团队可以把大目标分解成小目标，然后把小目标具体分到各个团队成员身上，团队成员需要齐心协力才能实现这个共同的大目标。同时，团队还应该使目标能够有效地向大众传播，让团队内外的成员都知道这个目标，有时甚至可以把目标贴在团队成员的办公桌上、会议室里，以此激励所有的人为实现目标而努力。

此外，团队还要确立一些明确的行为准则作为短期目标，因为局面越困难，就越需要短期目标。具体来说，制定团队目标时，应注意使目标符合 SMART 原则，即目标应该是明确的（Specific）、可衡量的（Measurable）、可实现的（Attainable）、相关的（Relevant）和有时限的（Time-bound）。

2. 人

人是构成团队最核心的力量。三个（包含三个）以上的人就可以构成团队。目标是通过人来实现的，所以人的选择是团队建设中一个非常重要的部分。一个团队可能需要有人出主意，有人制订计划，有人实施计划，有人协调不同的人一起工作，还可能需要有人去监督团队工作的进展，评价团队最终的贡献。不同的人通过分工来共同完成团队的目标，因此在人员选择方面要考虑人员的能力、技能是否互补、人员的经验等。

3. 团队的定位

团队的定位包含以下两层意思。

一是整个团队的定位：团队在企业中处于什么位置？由谁选择团队的成员？团队最终应对谁负责？团队采取什么方式激励成员？

二是个体的定位：成员在团队中扮演什么角色，是计划制订者还是具体实施或评估者？

4. 权限

团队中领导者的权力大小与团队的发展阶段相关。一般来说，团队越成熟，领导者所拥有的权力越小。在团队发展的初期，权力是相对比较集中的。

团队权限主要包括以下两个方面。①整个团队在组织中拥有什么样的决定权，如财务决定权、人事决定权、信息决定权等。②组织的基本特征。例如，组织的规模有多大，团队成员的数量是否足够多，组织对团队的授权有多大，团队的业务是什么类型，等等。

5. 计划

计划有以下两层含义。①目标的最终实现依托于一系列具体的行动方案，计划可以看作是实现目标的具体工作程序。②按计划开展工作可以保证团队的工作进度。只有按计划开展工作，团队才会一步一步地接近目标，从而最终实现目标。

四、团队角色理论

完美的团队工作有赖于团队成员的默契协作。团队成员必须清楚自己和其他人所扮演的角色，了解如何相互弥补不足，发挥优势。成功的团队协作可以提高生产力，鼓舞士气，激励创新。

剑桥产业培训研究部前主任贝尔宾博士和他的同事们经过多年在大洋洲和英国的研究与实践，提出了团队角色理论，即一支结构合理的团队应该由八种角色组成，后来改为了九种角色。这九种团队角色分别如下。

1. 实干者

角色描述：非常现实、传统，甚至有点儿保守，崇尚努力，计划性强；喜欢用系统的方法解决问题；有很好的自控力和纪律性；对团队忠诚度高，常为团队整体利益着想而较少考虑个人利益。

典型特征：有责任感、高效率、守纪律，但比较保守。

作用：由于其可靠、效率高及处理具体工作的能力强，因此在团队中作用很大；不会根据个人兴趣而是根据团队需要来完成工作。

缺点：缺乏灵活性，可能会阻碍变革。

2. 协调者

角色描述：能够引导一群不同技能和个性的人向着共同的目标努力；成熟、自信和信任他人，办事客观，不带个人偏见；除权威之外，更有一种个性的感召力；在团队中能很快发现其他成员的优势，并能在实现目标的过程中妥善运用这些优势。

典型特征：冷静、自信、有控制力。

作用：擅长领导一个具有各种技能和个性特征的群体，善于协调各种错综复杂的关系，喜欢平心静气地解决问题。

缺点：个人业务能力可能不会太强，比较容易将团队的努力归为己有。

3. 推进者

角色描述：说干就干，办事效率高，自发性强，目的明确，有较强的工作热情和成就感；遇到困难时，总能找到解决办法；性格大都外向且干劲十足，喜欢挑战别人，好争端，而且一心想取胜，缺乏人际间的相互理解，是一个具有竞争意识的角色。

典型特征：挑战性、好交际、富有激情。

作用：是行动的发起者，敢于面对困难，并义无反顾地加速前进；敢于独自做决定而不介意别人的反对；是确保团队快速行动的最有效成员。

缺点：有挑衅嫌疑，做事缺乏耐心。

4. 创新者（智多星）

角色描述：拥有较强的创造力，思路开阔，观念新，富有想象力，是"点子型的人才"；爱出主意，其想法往往比较偏激和缺乏实际感；不受条条框框约束，不拘小节，难守规则。

典型特征：有创造力，个人主义，非正统。

作用：提出新想法和开拓新思路，通常在项目启起动或陷入困境时发挥重要作用。

缺点：好高骛远，不太关注工作细节和计划，与别人合作本可以得到更好的结果，却喜欢过分强调自己的观点。

5. 信息者

角色描述：经常表现出高度热情，是一个反应敏捷、性格外向的人；其强项是与人交往，并在交往的过程中获取信息；对外界环境十分敏感，一般最早感受到变化。

典型特征：外向、热情、好奇、善于交际。

作用：有与人交往和发现新事物的能力，善于迎接挑战。

缺点：最初的兴奋感消逝后，容易对工作失去兴趣。

6. 监督者

角色描述：严肃、谨慎、理智、冷静，不会过分热情，也不易情绪化；常与其他成员保持一定的距离，在团队中不太受欢迎；有很强的批判能力，善于综合思考、谨慎决策。

典型特征：冷静、不易激动、谨慎、精确判断。

作用：善于分析和评价，善于权衡利弊来选择方案。

缺点：缺乏超越他人的能力。

7. 凝聚者

角色描述：是团队中最积极的成员，善于与人打交道，善解人意，关心他人，处世灵活，很容易把自己同化到团队中；对团队中的任何人都没有威胁，是团队中比较受欢迎的人。

典型特征：合作性强，性情温和，敏感。

作用：善于调节各种人际关系，在冲突环境中其社交和理解能力会成为资本；信奉"和为贵"，有他们在的时候，人们能协作得更好，团队士气更高。

缺点：在危急时刻可能优柔寡断，不太愿意承担压力。

8. 善（美）者

角色描述：有毅力，做事注重细节，力求完美；不大可能去做那些没有把握的事情；事必躬亲，不愿授权；无法忍受那些做事随随便便的人。

典型特征：埋头苦干，守秩序，尽职尽责，易焦虑。

作用：对完成那些重要且要求高度准确的任务起着不可估量的作用；在管理方面崇尚高标准、严要求，注意准确性，关注细节，坚持不懈。

缺点：容易为小事而焦虑，不愿放手，吹毛求疵。

9. 技术专家

角色描述：热衷于本职专业，甘心奉献，他们会为自己所拥有的专业知识和技能自豪，可能会成为某狭窄领域的绝对技术权威，较为自负。如果能补上管理经验的短板，有较强的大局观和人际协调能力，很容易带领团队走向成功，但能做到这一点的技术专家可用凤毛麟角来形容，多数仅仅是普通的技术专家。

典型特征：诚心诚意、主动性很强、甘心奉献，欠缺管理经验，较为自负。

作用：为团队的产品或服务提供技术支撑，在知识密集程度高的行业（公司）对团队的作用会更大。

缺点：可能专注于技术而忽视技术之外的因素，大局观不足，过于自负会影响团队合作。

 情境模拟训练

团队展示

1. 训练目标

让参与者理解团队与群体的区别以及团队中的不同角色。

2. 活动设计

（1）分组：5～7个人为一个团队，自愿组合或由教师分配。

（2）工具：笔、纸。

（3）选队长、取队名、提口号、写队歌：教师指定一项虚拟任务，每个团队在20分钟内选出队长、给自己的团队取名、提出自己团队的口号、写出自己团队的队歌歌词。

（4）展示：每个团队组宣读上述结果，并提交纸质材料，分享每个队员在该团队中扮演的角色和承担的责任。

（5）结果：教师点评并给出每个团队的成绩。

相关讨论：

（1）如何区分团队和群体？

（2）该活动是如何体现团队角色的？

五、团队的类型

在组织管理中，根据目标、任务特点，我们可以将团队划分为问题解决型团队、自我管理型团队、多功能型团队和虚拟团队。

（一）问题解决型团队

自20世纪80年代开始，日本与美国的企业中开始流行一种问题解决型团队。这种团队由普通员工及主管人员组成，主要解决产品质量问题，具有一定的代表性。

这种团队一般由来自同一部门的5～12名员工组成，他们每周用几个小时的时间聚在一起，讨论如何提高产品质量、如何提高生产效率和改进工作方法。团队成员在解决问题的技术方面接受培训，然后就如何改进工作程序和工作方法相互交换看法。但是，这种团队一般没有权力根据这些建议单方面采取行动，而是要把那些超出其控制范围的问题报告给管理层。问题解决型团队在解决实际存在的问题时虽然是有效的，但是在调动员工参与决策过程的积极性方面还略显不足。

问题解决型团队模式如图 6.1 所示。

（二）自我管理型团队

自我管理型团队是独立自主的团队，它不仅关注问题的解决，而且执行解决问题的方案，并对工作结果承担全部责任。这种团队在调动成员参与决策的积极性方面有明显优势。

自我管理型团队承担着以前自己的上级主管所承担的一些责任，一般可以自主控制工作节奏，决定工作任务的分配，甚至选拔团队成员等。这样，管理者的重要性就下降了，这也给管理者的工作带来了很大的挑战。

自我管理型团队模式如图 6.2 所示。

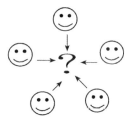

5～12名员工组成
每周用几个小时时间讨论
着重改善质量、效率、环境
改进工作程序和工作方法
几乎无权采取行动

图 6.1　问题解决型团队模式

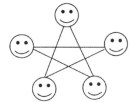

真正独立自主
10～15名员工组成
责任范围广（决定工作分配、节奏、休息）
自主挑选成员

图 6.2　自我管理型团队模式

（三）多功能型团队

多功能型团队由来自同一等级、不同工作领域的员工组成，他们聚到一起的目的是完成同一项任务，任务完成后又会回到各自的部门。也就是说，这种团队聚集不同工作领域的员工集思广益，共同实现团队目标。

（四）虚拟团队

虚拟团队是指跨越空间、时间和组织界限，成员间主要通过网络技术进行沟通的跨功能团队。随着互联网的日益普及，以信息、创意和智慧为代表的网络经济使虚拟团队成了组织发展的新趋势和管理层关注的焦点。技术的发展以及以知识为基础的工作使得虚拟团队变得可能，而全球化以及知识分享和团队工作的成效使其变得更为必要。有效的虚拟团队要创造性地综合使用 E-mail、电视会议、公司内部网以及其他传统的电子沟通手段以满足需要。

1. 虚拟团队的优势

一些技术、社会和经济趋势，不仅让虚拟团队成为可能，更让虚拟团队比同地协作团队更受青睐。

（1）电子与计算机信息和沟通技术日渐廉价且普及，提升团队效率与效能的新技术不断涌现。

（2）从生产型到智力型工作的转变，让共事成员无须共处一处。

（3）很多团队依靠外界顾问和专家，虚拟团队的工作方式让他们无须亲临会议即可参与讨论。

（4）电子商务造就了主要甚至唯有通过社交网络才能实现的组织客户关系，它所提供的全天候客户服务及时且贴近客户。

（5）组织可以以非传统的工作安排来聘请和留住人才，包括在信息与通信技术的支持下允许远程办公。很多人才对影响身体健康和家人团聚的频繁出差感到厌恶，寻求以远程办公和虚拟交流替代出差的机会。

（6）组织可最大限度地使用有限的办公空间，通过普及"公用工位"来减少工位数量。公用工位指的是很少在办公室办公的多名员工（如兼职顾问和不坐班的员工）共享的办公空间，包括办公桌、计算机、电话和储物空间。

（7）信息与通信技术能解放团队成员，使其在一定程度上免受时空限制，提高工作效率——这在当今竞争性经济环境下构成了独特的优势。

此外，虚拟团队的日渐普及也因降低了差旅和设施成本而有利于环境。美国政府研究发现，"如果 20000 名联邦政府人员每周有一天远程办公，每周能减少 200 万千米的路程，节省 102 加仑汽油，少排放 81600 磅（ 1 磅≈0.45 千克）二氧化碳"。

2. 虚拟团队的挑战

某个虚拟团队描述了下列问题：沟通总是零碎的，远距离成员之间容易存在隔阂和误解；召开电话会议时也很混乱，成员看的文件页数都不一样；因对任务分配的臆断而产生误解；不同地区的人对信息的解读不同，导致不同办事处之间冲突不断。

上述情形问题，虚拟团队也必须制定工作流程，以增强成员凝聚力，推进任务进度，并保证成员间的高效沟通与协作。

 示例

美国复印机市场的超级巨人——施乐公司崛起于 20 世纪 60 年代。在 20 世纪 70 年代中期，该公司的生产经营陷入低谷。20 世纪 80 年代，该公司开始采用"全面质量管理"和"塑造团队精神"两大法宝全面改造公司，至 1989 年终于扭亏为盈，重新赢得了复印机市场的龙头地位。

施乐公司团队建设的一条重要原则是鼓励员工之间互相"管闲事"，即大家对同事业务方面的困难不能等闲视之，而应该予以全力帮助。施乐公司有三句口号专为这种"管闲事"所说：把每个人之间的墙推倒；让互相帮助成为一件愉快、自然的事；合作从"管闲事"开始。施乐公司的团队建设卓有成效，讲述施乐公司团队建设的《抱团打天下》一书中的名句"独行侠难成大事，胜利来自团队"一度成为当年美国企业家的口头禅。

第二节　高效团队建设

一、高效团队的特征

近年来，一些研究者提出了高效团队所具有的一些主要特征，具体包括以下几个方面。

1. 清晰的目标

高效团队对所要实现的目标有清楚的了解，并坚信这一目标包含重大的意义和价值。而且，这种目标的重要性还激励着团队成员把个人目标融入团队目标。在高效团队中，成员清楚地知道团队希望他们做什么工作，以及他们应怎样共同工作以完成任务。

2. 相关的技能

高效团队是由一群有能力的成员组成的。他们具备实现目标所必需的技术和能力，而且拥有能够与人良好合作的个性品质，从而能出色地完成任务。后者常常被人们忽视，但却尤为重要。有精湛技术的人并不一定掌握了合作技巧，高效团队的成员必须是两者兼而有之。

鸡鸣狗盗

这则故事出自《史记·孟尝君列传》。

战国时期，齐国的孟尝君喜欢招纳各类人做门客，有门客三千。他对门客是来者不拒的，对于有才能的人，会让他们各尽其能；对于没有才能的，也会给他们提供食宿。

一次，孟尝君率领众门客出使秦国。秦昭王将他留下，想让他当宰相。孟尝君不敢得罪秦昭王，只好留下来。不久，大臣们劝秦昭王说："留下孟尝君对秦国是不利的，他出身王族，在齐国有封地，有家人，怎么会真心为秦国办事呢？"秦昭王觉得有理，便改变了主意，把孟尝君和他的手下人软禁起来，只等找个借口杀掉他。

秦昭王有个受宠的妃子，只要妃子说一，秦昭王绝不说二。孟尝君派人去求她救助。妃子答应了，条件是拿齐国那一件天下无双的白狐裘作为报酬。这可让孟尝君为难了，因为刚到秦国时，他便把这件白狐裘献给了秦昭王。这时，有一个门客说："我能把白狐裘找来！"说完就走了。

原来这个门客最善于钻狗洞偷东西。他先摸清了情况，知道秦昭王特别喜爱那件白狐裘，一时舍不得穿，将其放在了宫中的精品储藏室里。他便借着月光，躲过巡逻人员，轻而易举地钻进储藏室把白狐裘偷了出来。妃子见到白狐裘高兴极了，就想方设法说服秦昭王放弃了杀孟尝君的念头，并准备过两天为他饯行，送他回齐国。

孟尝君可不敢再等两天，立即率领手下连夜偷偷骑马向东逃到了函谷关（在今河南灵宝，当时是秦国的东大门）时正是半夜。按秦国法规，函谷关每天鸡叫才开门。如今是半夜时分，鸡怎么可能叫呢？大家正犯愁时，只听见几声"喔——喔——喔——"的雄鸡啼鸣声，接着，城关外的雄鸡都打鸣了。原来，孟尝君的另一个门客会学鸡叫，而其他的鸡只要听到第一声啼叫就会立刻跟着叫起来。怎么还没睡踏实，鸡就叫了呢？守关的上兵虽然觉得奇怪，但也只得起来打开城门，放他们出去。

天亮后，秦昭王得知孟尝君已经逃走，立刻派出人马追赶。追到函谷关，发现孟尝君一行已经出关多时了。

就这样，孟尝君靠着鸡鸣狗盗之士逃回了齐国。

3. 一致的承诺

高效团队的成员对团队表现出高度的忠诚，为了使团队获得成功，他们愿意去做很多事情。我们把这种忠诚称为一致的承诺。对高效团队的研究发现，团队成员对他们的团队具有认同感。一致的承诺的特征表现为成员对团队目标的奉献精神，愿意为实现这一目标而调动和发挥自己的最大潜能。

4. 相互信任的氛围

通过团队学习而形成的组织文化和管理层的行为塑造，对营造相互信任的团队氛围很有效。如果组织崇尚开放、诚实、协作的办事原则，同时鼓励成员积极参与和充分发挥自主性，就比较容易营造相互信任的团队氛围，从而能帮助团队成员做出和维持相互信任的行为。

5. 良好的沟通

团队成员通过畅通的渠道交流信息，管理层和团队成员之间有健全的信息反馈机制，并经常进行以获取超过个人水平的见解为目的的"深度会谈"，鼓励团队成员将他们认为最困难、最复杂、最具冲突性的问题放到团队中来讨论，自由地表达各自的观点并加以验证，使彼此真诚相对，让每个人以真实的想法进行交流。

提高沟通的有效性

谷歌日本前总裁辻野晃一郎在其著作《谷歌的断舍离：互联网企业的破坏式创新》中说，谷歌办公室的氛围随性而平等，大家坦诚相见、透明度高、行动敏捷，彼此公正地听取各方意见，不用顾忌地位、年龄、经验的差别，谁都能畅所欲言。在辻野晃一郎看来，谷歌的创新正源于这样看似随性、实则平等的交流。

美国加利福尼亚州立大学的重要研究成果"位差效应"表明，"来自领导层的信息只有 20%～25%被下级知道并正确理解，而从下到上反馈的信息则不超过 10%，平行交流的效率则可达到 90%以上。"

也就是说，在上下级的沟通中，位差效应是真实存在的。这就给沟通带来了阻碍，这些阻碍很可能让彼此在不理解、不赞同的基础上产生对抗，而赞赏可以降低对抗性。

管理者通过赞赏传达对下属的理解和认可的同时，表达了渴望"平行交流"的态度，这代表着管理者的诚意，很少有人会拒绝接受别人的赞赏，而这当然能在一定程度上降低沟通的对抗性。

尤其是当双方发生争执和矛盾时，赞美对方，能降低对方的情绪强度。而在这种情况下看到下属的优势并表达赞赏，也能说明管理者是就事论事，最终都会大大降低沟通的对抗性。

赞赏下属并与下属平等交流，在提高沟通有效性的同时，彰显了管理者的管理水平。

6. 成员角色的多变性

对于高效团队来说，其成员角色具有多变性，总在不断地进行调整。高效团队能够给员工适当地分配不同的角色，使工作任务分配与团队成员偏好的角色相一致。同时，这也要求成员有充分的准备，能应对团队中时常的角色变换要求。

 经典实验

你更想加入哪个团队

（虎嗅网 2016-03-02）想象你被邀请加入以下两个团队中的一个。

团队 A 由一帮成功人士组成，他们都极其聪明。从团队工作的视频你可以看到，成员一直在等待，直到他擅长的主题被提出来，接着发表长篇大论，说明团队应该如何去做。当某人做出一些评价，说话人会停下来，提醒在座的各位要按照计划表执行，然后继续刚刚的话题。其中没有任何闲谈或争论。会议按照预定的目标结束，解散，每个人回到自己的工作岗位上。

团队 B 却不同。成员有成功高管和几乎没有任何专业成就的中层经理。团队成员一会儿进行讨论，一会儿又游离在外。他们会打断他人的思绪，补充观点。如果一位成员突然改变了议题，那么其他人也会跳出计划表之外。大会结束了，但是小会并未结束，大家坐在一起，聊各种八卦、生活琐事。

1. 你更想加入哪个团队？

2008 年，一群来自卡内基梅隆大学和麻省理工学院的心理学家试图回答一个跟这个很相似的问题。"在过去的 100 年间，心理学家在鉴定、系统测量个人智力方面取得了很大进展，"2010 年，研究人员在《科学》期刊上写道，"我们使用他们用来测量个人智力的统计学方法来测量团队的智力。"换句话说，研究人员想要弄清楚团队是否存在集体智力，与团队中任何一位成员的智力都不同。

为了完成这项任务，研究人员召集了 699 名志愿者，将他们分成若干个小组，给他们分发一些测试，他们需要进行不同类型的合作才能完成。例如，有一个测试是这样的：要求参与者头脑风暴一块砖的可能用途。有些团队提出了数十个聪明的用途；而有些团队则用不同的表达方式重复同一种用途。还有一个测试是安排一次购物，给每位成员不同的购物列表，团队取得最高分的唯一方式是每位成员为了团队的利益牺牲一个自己最想要的东西。有些团队很快就分配好了，开始采购；而有些团队迟迟未能开始，因为每个人都不愿意妥协。

最让研究人员感兴趣的是一个团队若能很好地完成一项测试，那么，它在其他测试中也能做得很好。反之，若一个团队不能完成一项测试，那么，它也不能完成其他测试。由此，研究人员得出结论，"好"的团队与不成功的团队的区别在于：团队成员如何对待彼此。换言之，正确的团队规范能够提高集体智力，而错误的团队规范会阻碍团队完成目标，哪怕所有的成员都非常聪明。

但是令人不解的是，不是所有的"好"团队都有着相同的行为模式。"有些团队有几个聪明人，他们能够平均分配工作，"该研究首席作者阿尼塔·伍利（Anita Woolley）说，"有些团队构成相对平均，他们知道如何发挥每个人的长处；还有些团队有一个强势的领导者，有些团队的权利则相对分散，每个人都扮演着领导者的角色。"

2. 所有的问题突然都有了答案

然而，研究人员在研究团队的时候发现，所有"好"的团队大体上有两个共同的行为模式。

其一，成员发言的机会均等，研究人员称这种现象为"发言机会分配均等性"。有些团队在完成任务时，每个人都会发言；还有些团队随任务的不同，领导者由成员中交替担当。但无论哪种模式，一天结束后，每个人的发言次数大体相当。"只要每个人都有机会发言，那么这个团队就表现不错，"伍利说，"但如果只有一个人或一个小圈子一直发言，那么集体智力就较低。"

其二，"好"的团队的"一般社交敏感性"更高，也就是说他们善于从他人的语气、表达和其他非言语暗示中知道他人的感受。测量一般社交敏感性最简单的方式之一就是向对方展示眼睛的照片，然后问他照片上人的感受或照片上的人在想什么——这个测试即著名的"透过眼睛看内心"测试。在伍利的实验中，更成功的团队的成员的测试分数高于平均值，他们知道他人什么时候心情不好或被忽视。相比之下，效率低的团队的成员的测试分数低于平均值，他们对同伴的心情不是那么敏感。

换句话说，如果要你在严肃派团队 A 和自由派团队 B 中做选择，或许你会更倾向于团队 B。团队 A 也许都是聪明人，可以最大化发挥个人效率；但是其团队规范不鼓励均等发言，几乎没有任何私人信息交流，成员也不能看出他人的感受。很有可能的是，团队 A 的成员聚集在一起的时候仍然是我行我素，而且也没有任何迹象表明作为一个团队，团队 A 的集体智力会更高。

相比之下，团队 B 的成员也许会不断打断他人，但是他们在不断接触、不断交流，而不是聚焦在议程上。在旁观者看来，这个团队似乎效率低下。但是只要有需要，团队成员就会发言，他们对彼此的心情非常敏感，会不断分享个人经历和情感。虽然团队 B 没有那么多耀眼的个体，但是能产生"1+1>2"的效果。

7. 恰当的领导

高效团队的领导者能够让团队成员跟随自己一起度过最艰难的时期，因为他能为团队指明前进方向，能向成员阐明变革的可能性，能鼓舞成员的士气，帮助他们更充分地了解自己的潜力。高效团队的领导者往往担任的是教练和后盾的角色，对团队提供指导和支持，但并不试图去控制它。

8. 内部支持和外部支持

从内部条件来看，高效团队应该拥有一个合理的基础结构，包括适当的培训，一套公平合理的绩效评估系统，以及一个起支持作用的人力资源系统。从外部条件来看，管理层应该给团队提供完成工作所必需的各种资源。

 示例

在"玩"中带着团队成长

"苗香酒馆"这间闻名全国的酒馆的管理者叫李鑫蔚。他只用了几年的时间，就将他的苗香企业从酒吧娱乐业延展到了餐饮美食业。探究他的成功之道，我们能用一个字来概括——"玩"。在他的企业找不到像其他企业那样繁缛的管理制度和企业文化，有的是那种锐也内敛、藏也锋芒的让人大吃一惊的"玩"性文化，在这个"玩"字里，有一种不可复制的团队文化。在他的团队的心智文化里，你找不到那些大而空的战略规划和华丽的辞藻，也没有卖弄年轻资本的痕迹，更没有老总威严的假面孔，只有岁月在他身上驻足的"玩"性和智慧。进入他的团队，他会告诉你两件事：第一件是在他的企业没有老板和打工者之分，只有团队成员的新老之分；第二件是怎样玩得尽兴才能工作得更好。当然，他的"玩"性文化是健康的、积极的和时尚的。看看他的个性着装——身上永远套着质地上乘的休闲服；他的兴趣爱好——手边永远带着国内外最新时尚读本；他的职业素养——从不放弃大师级的工商管理培训；他的工作状态——在聊天中完成一个团队的最高长官应该完成的事情……在他看来，生活是一种"玩"，学习是一种"玩"，着装是一种"玩"，创业是一种"玩"，经营企业同样是一种"玩"。也许简单的反而是深奥的，"玩"，不需要繁文缛节；"玩"，不需要条条框框的设计。"玩"能成为一种生产力，但这样的境界不是谁都能达到的。李鑫蔚用"玩"经营着企业，在"玩"中带着他的团队成长。

二、如何创建高效团队

要创建高效团队，必须解决团队管理中存在的问题，不断地对团队进行调整和完善，使团队成熟起来。具体来说，创建高效团队可以从以下几个方面着手。

1. 确立目标和规范

制定具体的、可以衡量的、现实可行的绩效目标，为团队运营设立愿景。确定明确的工作目标，让具体工作目标与团队整体目标建立联系，从而让团队凝聚成一个强有力的整体。同时，要建立以任务为导向的团队规范，鼓励那些高效的工作行为，制止那些有损工作效率或质量的行为。这样，将明确具体的团队目标与以任务为导向的团队规范相结合，就会增强团队成员完成团队任务、实现团队目标的信心。

2. 选择符合团队要求的成员

要考虑成员能力、性格、角色的合理搭配，实现个人能力的优化组合，达到团队系统功能的最大化。一个团队一般需要三类具有不同技能的成员：具有技术专长的成员；具有发现问题、解决问题和决策技能的成员；善于聆听、反馈，拥有解决冲突及调节人际关系技能的成员。同时，要考察个人的价值观是否与团队的价值观相吻合，以减少和避免部分人员进入团队后"搭便车"的行为。

3. 选择合适的领导和团队结构

团队应选择合适的领导和团队结构来协调团队成员的不同意见，并解决团队中的日常问题。例如，如何安排工作日程，如何解决内部冲突，如何分配具体的工作任务使之与团队成员的个人能力相匹配，如何作出和修改决策，以及如何获取外部资源等。

4. 培养成员间的信任感

团队成员之间的高度信任对于创建高效团队至关重要。人际关系研究表明，信任是脆弱的，信任感需要很长时间才能建立起来，却又很容易被破坏，破坏之后要恢复也很困难。因此，培养团队成员之间的信任感需要采取有效的方法。总结起来，有如下几种方法可以借鉴。

（1）表明你既是在为自己的利益而工作，也是在为别人的利益而工作。

（2）成为团队的一员，用言语和行动来支持你的工作团队，表现你的忠诚。

（3）开诚布公，让人们充分了解信息，解释你作出某项决策的原因，对于现存问题则坦诚相告。

（4）涉及利益分配时，要客观公平、不偏不倚。

（5）表明指导你进行决策的基本价值观是不变的。

（6）真诚地说出你的感受。

（7）保守秘密。

5. 建立合理的激励机制

团队应建立平等明晰的评价标准，让每位团队成员的贡献都可以被衡量，每位成员都可以清楚地看到谁做了什么，而且每位成员都对自己的行为负责。尽管团队中有一定余地可以兼容不同风格的成员，但也要制定统一的业绩标准（工作效率和质量标准是所有成员都应当遵守的基本标准），以防止"鞭打快牛"的不公平现象，避免由此引发冲突。

要改变传统的以个人导向为基础的绩效评估与奖酬体系，除根据个人贡献进行评估和奖励外，还应当以团队为基础进行绩效评估和利润分享，鼓励合作而不是仅鼓励某一个优秀的成员。除了基本的个人薪酬系统之外，还可以设定一种以团队达成目标为前提的个人奖励。另外，团队成员的晋升、加薪以及其他各种激励都应以他们在团队合作中的表现为衡量标准。

在工作设计方面，由于认识到团队成员的工作动力主要来自工作本身，因此应采用灵活合理的工作方式，使团队成员体会到工作的意义和价值。另外，设计合理的容错规则也是一种重要的方法，如可以规定团队成员创新失误的资金补贴范围。

6. 控制团队规模

为了使团队成员之间能够充分了解并相互影响，保证团队结构的简单化和组织目标的明确，应当严格控制团队成员数量，一般不要超过 12 人。团队规模适当容易形成较强的团队凝聚力、忠诚感和相互信赖感。

7. 开展高质量的团队培训

通过培训来保证团队成员价值观与团队价值观一致，矫正团队成员的个人行为，保证团队成员工作的高效率。在团队培训中，成员对新知识和信息的接受至关重要。团队培训不应是传统意义上集中时段的训练，而应该是即时的、全方位的学习。要让团队成员感觉到学习的紧迫性，并把每个学习机会转变成交流和合作的机会。为此，团队必须制订周密的培训计划，来实现培训思路的根本转变。

8. 将团队文化建设贯穿到团队管理的各个环节

高效团队需要相应的团队文化来配合。首先，要增强成员对团队的认同感，使团队成员为自己是团队的一员而感到自豪。如果团队成员都能有"风雨同舟""同呼吸，共命运"的使命感，这将会对团队管理非常有利。其次，还要让每个团队成员认识到他们之间的协作及贡献对团队的成功来说是至关重要的。换句话说，没有他们的贡献，团队将会以失败而告终。

团队文化建设可以贯穿到团队管理的各个环节。例如，在绩效考核和薪酬管理方面，充分体现团队的特点，以集体的成果来决定创造的价值；把团队价值观贯穿团队培训的始终；在宽松的环境中，树立团队的榜样等。因此，团队要持之以恒地把团队管理所必需的理念渗透到每个团队成员的行为中。

总之，同其他形式的管理一样，创建高效团队是一件复杂的事情，不存在确保成功的简便易行的规则。管理者应将上述原则和方法整合起来，进行系统思考，并根据实际情况采取有针对性的措施，以创建高效团队，不断提升团队效能。

第三节　团队精神

一、团队精神的概念

要打造高效、优秀的团队，必须培养团队精神。团队精神是指团队成员彼此共鸣、一致认同的内心态度、意志状态和思想境界。或者说，团队精神是团队成员的士气。简单地说，团队精神就是大局意识、协作精神和服务精神的集中体现。团队精神的基础是尊重个人的兴趣和成就；核心是协同合作；最高境界是全体成员的向心力和凝聚力，也就是个体利益和整体利益统一后推动团队高效率运转。团队精神的形成并不要求团队成员牺牲自我，相反，挥洒个性、表现特长能够保证团队成员共同完成任务，而明确的协作意愿和协作方式能够产生真正的内在动力。没有良好的职业心态和奉献精神，就不会有团队精神。团队精神包含团队的凝聚力、团队成员的合作意识和团队成员的士气三方面内容。

有一个著名的公式：

$$（知识+经验）×精神=竞争力（新的生产力）$$

知识可以从课堂上和书本中学习，经验可以在实践中积累。以上公式说明只有在知识和经验的基础上乘以一种高尚独特的精神，团队才能拥有竞争力。也就是说，在知识、经验相当的情况下，精神对团队建设具有决定性作用。团队精神就是团队在长期实践中逐渐积累和锻造出来的优良传统和优秀品质，是一个团队的灵魂。塑造和发扬团队精神是团队建设的一项重要内容。

二、团队精神的本质特征及团队精神的培养

（一）团队精神的本质特征

1. 团队精神的基础——挥洒个性

团队业绩首先来自团队成员个人的成果，其次来自集体的成果。也就是说，团队所依赖的是个体成员共同贡献而得到的实实在在的集体成果。这不要求团队成员牺牲自我去完成同一件事情，而要求团队成员都挥洒个性去做好这一件事情。

2. 团队精神的核心——协同合作

团队成员在才能上是互补的。共同完成目标任务的保证就在于发挥每个人的特长，并注重流程的规范，使之产生协同效应。

3. 团队精神的最高境界——向心力和凝聚力

全体成员形成向心力、凝聚力是从松散的个人集合走向团队的最重要的标志。向心力、凝聚力来自团队成员自觉的内在动力，来自共同的价值观。很难想象在没有展示自我的机会的团队里能形成真正的向心力。同样也很难想象，在没有明确的协作意愿和协作方式的团队里能形成真正的凝聚力。

4. 团队精神的根本——团队利益与个体利益的统一

只有使每个成员的目标和利益与团队的目标和利益一致，使团队成为维护和实现大家的利益的共同体，大家才能为了共同的利益而走到一起，心往一处想，劲往一处使，拧成一股绳。

5. 团队精神的外在表现

团队精神的外在表现：一是积极向上、充满活力的精神面貌和高昂的士气；二是强烈的责任心；三是强烈的集体荣誉感。

（二）团队精神的培养

要打造优秀的团队，必须培养团队精神。每一个优秀的团队都有其鲜明的团队精神，一个人有了这种精神，就会成为一名优秀的团队成员；一个团队有了这种精神，就会成为一个坚强的战斗集体。可以说团队精神就是团队的灵魂，塑造和发扬团队精神是团队建设的一项重要内容。要培养和塑造团队精神，需要做好三个方面的工作：增强团队的凝聚力、培养团队的合作

精神和提高团队的士气。

1. 增强团队的凝聚力

团队凝聚力反映了团队内部人际关系的质量，以及团队成员对团队的情感依恋程度。凝聚力强的团队能够增强成员的心理安全感和自豪感，凝聚人心、鼓舞士气，形成强大的团队合力，有效促进团队目标的实现。那么，怎样才能增强团队的凝聚力呢？

（1）鼓励团队合作而非个人努力。个人英雄主义是团队建设的大敌。在团队的管理过程中，应鼓励成员通过团队合作取得团队的成功，而非以牺牲他人甚至团队整体利益为代价取得个人成功。

（2）增强领导效能。领导者是团队的核心，团队凝聚力的强弱在很大程度上取决于领导者的才干、威信与人格魅力。团队领导者必须公平、公正，把对成员的严格管理与真挚热爱结合起来；能够及时化解团队内部的矛盾与冲突，为成员营造良好的工作环境与融洽的人际氛围；在工作中严于律己、率先垂范，以高尚的人格魅力团结一大批志同道合的成员，以高超的领导艺术赢得成员的尊重与爱戴，形成无坚不摧的坚强集体。

（3）统一团队目标。团队凝聚力的强弱在很大程度上取决于团队成员目标一致性的程度。团队在工作过程中，要坚持全员参与、民主决策的原则；通过充分的沟通，消除团队成员之间的意见分歧，形成统一的团队目标，以团队目标统领各项工作。

（4）强调集体奖励。要在团队内部树立相互协作的风气，必须形成利益共同体，使每个成员都能在这种互助行为中得到好处，这样才能从制度设计上解决协作行为的内在动机问题。所以，管理者要建立集体奖励制度，使团队的成功与每个人息息相关。

（5）增强集体荣誉感。当人们履行了对特定组织的义务时，会得到组织的肯定和褒奖，个人因意识到这种肯定和褒奖而产生的道德情感即荣誉感。要想使团队成员具有集体荣誉感，就先要使成员对自己的团队有信心。因此，管理者要经常鼓励团队成员，使他们有一种被接纳、被肯定的感觉。当团队取得一定的成功或达成既定目标时，管理者要让大家一起分享成功与快乐；在团队成员作出成就时，管理者要及时进行鼓励与褒奖；当团队成员工作失利时，管理者也要及时进行安慰与鼓励；当团队成员受到委屈时，管理者要做其坚强的后盾与保护伞，为团队成员遮风挡雨，使其感受到团队的关爱与温暖。

（6）适当控制团队规模。根据群体研究的结果，团队规模的大小与凝聚力的强弱成反比，因此，要增强团队凝聚力，就应控制团队规模。

2. 培养团队的合作精神

团队合作指的是一群有能力、有信念的人在特定的团队中，为达成一个共同目标相互支持、共同奋斗的过程。团队的合作精神具体表现为团队成员间相互支持、同舟共济，互敬互重、礼貌谦逊；彼此宽容、尊重个性差异；彼此间是相互信任的关系，待人真诚、遵守承诺；相互帮助、互相关怀，共同提高；利益和成就共享、责任共担。要培养团队的合作精神，需要做好以下几个方面的工作。

（1）培训和组织活动。培训或组织一些团体活动，特别是拓展培训或集体旅游，是很多企业培养团队的合作精神的重要方法。例如，诺基亚每年为员工提供一次集体外出活动和两次以部门为单位的团队培训的机会。参加活动时，部门之间可以自由组合。通过共同参与活动和培训，员工可以互相了解，产生信任感，这不仅拉近了他们的距离，更增强了团队的凝聚力。

（2）营造沟通的氛围。真诚、平等的内部沟通是创造团队合作氛围的基础。团队领导者要鼓励成员充分表达创意和建议，主动和其他人进行沟通，提出自己的想法，但要确立沟通的原则是就事论事，绝不可以牵扯其他方面。例如，诺基亚非常看重团队成员之间的沟通，鼓励团队的领导者带动团队成员参与决策，从而在主要问题上取得一致意见。这个决策的过程为团队积极沟通、共同探讨最佳可行方案留出了足够的空间；在参与决策的过程中，团队成员相互支持，共同进步。

（3）增强领导能力。团队领导者的领导风格直接影响团队的合作精神。在民主型领导方式下，团队成员更愿意表达自己的意见和参与决策，团队成员相互支持，共同进步；在专制型领导方式下，团队成员的参与机会少，工作满意度相对较低；在放任型领导方式下，团队就像一盘散沙，人心涣散，更谈不上团队合作。

（4）团队领导者应带头鼓励合作而不是竞争，并制定合作的规则及规范。上行下效是团队中普遍存在的一种现象，如果领导者之间缺乏合作，团队成员就不可能形成合作意识与习惯。因此，在团队建设中，各级领导者要带头合作，以大局为重，为团队成员做出表率，树立榜样。此外，管理者还要在制度设计上制定相应的规则，对合作行为给予肯定与鼓励。

案例 6-2

谷歌"亚里士多德"计划

（搜狐网 2018-12-07）在创业过程中，"靠谱"不单单意味着每个人的能力与职位匹配，领导者的战略思考和员工的领悟执行总会出现冲突，如何将个人价值最大化，做到"整体大于部分之和"成了令创业团队最困惑的难题之一。

几乎每一个创业公司都不可避免地会遇到一个相同的问题：创始人、高管和员工在衡量"成绩"上总是存在差异——创始人和高管更关心结果（如销售数字或产品发布），而员工则表示"在创业初期，拥有属于自己的文化才是衡量团队的最重要指标"。

也就是说，这些公司即便拥有了执行力超强的成员，但如果他们觉得工作不自在，也总有一天会另谋高就，寻找更舒适的工作环境，而现阶段任何由团队创造的成就也会成为"短命的历史"。

与之相对的另一种情况是，团队成员享受公司所营造的文化氛围，制造出的却是低水平的产品，这显然也不行。因为一旦失去优质产品，就意味着失去持续发展的动力，失去收益支撑，团队最终也会失败。

所以，创业公司只有做到既能满足团队成员的感性需求，又能刺激各成员保持高效工作，才有可能交出一份漂亮的成绩单。

为此，谷歌的研究人员推出了"亚里士多德"计划：首先确定了研究对象，即包含高执行力和低执行力的 180 个团队，然后制定了衡量定性和定量数据的评估标准；通过数据分析以及对数百名高管、团队负责人和员工进行深度访谈，从四个不同维度评估公司的团队效率，分别是团队执行力的评估、团队领导对团队的评估、团队成员对团队的评估、销售业绩与季度指标的差距。

最终研究发现，影响团队效率最重要的因素不是团队成员里有谁，而是成员之间如何合作。影响团队效率和团队合作关系的因素主要有心理安全感、可靠性、目标制定、意义构建、影响力这五个因素，拥有了这五项胜任力，也就意味着能组建高效团队，胜利在望。

3. 提高团队的士气

士气的本义是指军队作战时士兵们的精神状态，如"一鼓作气，再而衰，三而竭"。拿破仑曾认为，一支军队的实力，四分之三是由士气构成的。其含义延伸到现代企业和组织中来，团队的士气是指团队成员愿意为实现团队目标而奋斗的精神状态和工作风气。在团队建设中要提高团队的士气，需要做好以下几项工作。

（1）领导者要充分展示自己的信心与勇气。团队的领导者通常起到稳定军心的作用，因此，要提高团队的士气，团队领导者首先要表现出对达成目标的信心，特别是当团队遭遇挫折与失败时，成员会看领导者的决定，领导者的精神状态与工作作风对成员会产生潜移默化的影响。例如在电视剧《亮剑》中，团长李云龙永不言败的信念、锲而不舍的精神、舍我其谁的霸气、敢于亮剑的精神，对提高独立团的士气起到了决定性的作用，使独立团成为一个无所畏惧、无坚不摧的坚强团队。

（2）工作循序渐进，先易后难。士气来源于自信，而自信源于成功经验的积累。因此，在团队建设过程中，领导者要合理控制目标难度，安排工作应先易后难，这样有利于成员积累成功经验，增强信心。

（3）提前做好应变准备。在团队建设过程中要提高团队的士气，除了要制定科学合理、具有挑战性的目标外，还要制订周密的应变计划，以防患于未然，避免突发事件影响团队成员的士气。

（4）聚焦于团队的成功。在团队建设过程中，领导者应聚焦于团队的成功，不断重温团队走过的辉煌历程及取得的成绩。例如，有的企业在团队建设过程中专门设立团队荣誉室，把团队所取得的成绩、获得的各种荣誉进行陈列，并经常组织员工参观，每一次参观都会使员工再一次加强成功的体验，进一步激发其成就感和自豪感。

（5）正确对待失败。在团队建设过程中，领导者还应注意引导成员正确面对失败：一方面使成员认识到世界上没有常胜将军，失败并不是世界末日；另一方面使成员意识到失败是成功之母，如果能够从失败中及时总结经验，就是向成功又近了一步，从而使成员及时摆脱失败的阴影，继续以积极的心态投身于工作。

 视野拓展

野牛团队、螃蟹团队与大雁团队

在 MBA 智库网站关于团队类型的条目中，有三种典型团队类型，分别是野牛团队、螃蟹团队与大雁团队。

1. 野牛团队

野牛团队：野牛个个身强力壮，但没有集体意识，各为自政，所以不是比他们弱的狼的对手。

野牛团队的特点是成员分开来都很强，但合起来就很弱。

美国西部牛仔是我们很熟悉的一个形象。在美国的西部开拓史上，只需要 12 个牛仔、1 个领队、1 个野营厨师和 1 个牧马人，就能赶大约 3000 头牛，而且在长途跋涉中，牛一般不会丢失。

职场里有些团队，成员个个都是"野牛"，也就是自己单干都是精兵强将，每个人都觉得自己特别厉害，瞧不上其他人，团队无法保持平衡。

2. 螃蟹团队

螃蟹团队：当一群螃蟹被抓到竹篓里后，其中有一只奋力往上爬，其他几只就拼命拉其后腿，结果是谁也出不去。

螃蟹团队的特点是我不强，你也别强，免得对比之下，显得我很弱，结果是整个团队的绩效都较低。

企业之所以能保持平衡，不仅在于每个人都各尽所能，更在于内部能量的不断供给。而这种内部能量更多来自团队的凝聚力、向心力、活力、创造力。如果管理者没有很强的团队组建能力并且团队没有科学的管理制度，就会出现"螃蟹效应"，也就是团队会陷入"1+1<2"的困境。

3. 大雁团队

大雁团队：大雁在飞行时本能地呈人字形飞行，前面的大雁在飞行过程中，为后面的大雁创造了有利的上升气流，结果使整个团队的飞行距离比单只大雁的飞行距离提升了 70%。

在大雁队伍中，人字形尖端的大雁任务最为艰巨，需要承受最大的空气阻力，因此领头的大雁每隔几分钟就要轮换，这样雁群就可以长时间飞行而无须休息。如果有一只大雁因为疲劳生病而掉队，雁群也不会遗弃它，会派一只健康的大雁陪伴掉队的同伴，直到它能够正常飞行。

大雁的这种行为，很形象地说明了一种动物合作现象。但在职场上，人都是有主观能动性的，职场上"大雁"团队的精神基础是团队合作精神。要形成一个优秀的职场团队，团队需要首先保证人际交往遵循互惠原则，因为只有互惠，才能形成合作，而良好的合作，最终会带来团队的高效率。

第四节　团队面临的挑战

团队的应用在组织中获得了极大的成功，大多数人都同意这一点。但是，许多人在遇到业绩挑战时，还是可能会贬低、忘却并公开怀疑团队的作用。人们不能完全解释这种抵制，也没有理解这种抵制是"好"还是"坏"。但是，这种抵制的力量是强大的，因为它以根深蒂固的个人主义价值观为基础，而这些价值观不可能被完全清除。

一、人们为什么不愿意接受团队

有人这样评论："我不愿意和那些我并不怎么熟悉的人，或者我不认识也不知道自己会不会喜欢的一帮人一起开会和相处，一个人工作已经很不容易了，何况是大家一起掺和，我可没工夫干这种事。"从这种观点来看，团队具有额外风险，这种风险会放慢个人的成长和进步。有些人对大声讲话、和人一起工作感到不自在；有些人对团队的组成持怀疑态度；有些人则怕作了承诺又没能力做到；有些人不喜欢和别人交流才能决策的工作方式；有些人无法忍受他人犯错的后果。正是这些担心和个人不适，造成了人们对团队的抵制。而对于一些管理者，这一点表现得特别明显，如果自己当不上团队领导，他就感到很难加入团队，也会感到特别无法适应团队工作。

总结起来，人们不愿接受团队的三大原因是：对团队能比其他组织形式工作得更好缺乏信心；个人的作风、能力和好恶会使团队不稳定或使个人不适应；薄弱的组织业绩理念破坏了团队生存的环境。

有些人并不相信团队真的能比个人干得好，除非是在不寻常的或不可预料的环境中。有些人认为团队带来的麻烦比带来的价值要大，因为他们认为团队成员在劳而无功的会议和讨论中浪费了太多时间，而且实际产生的牢骚比建设性的结果要多。还有些人认为，要论人际关系，团队大概是有用的；但是要论工作、生产成果和决策行动，团队就是个麻烦了。也有些人认为，把协同工作和授权的概念广泛应用于一个组织，就会取代对具体小组人员业绩的担心，或取代对他们进行约束的必要。

从这点来看，大多数人对团队都有一些共同的良好感觉，却没能严格地应用团队。例如，人们都知道，没有共同目标，团队就极少能发挥作用。然而，还是有很多团队轻易就接受了既非严格的、精确的、现实的，也非大家真正公认的目标。况且从另一方面来看，"团队"这个词在工作中用得并不十分准确，大部分人仍然不懂是什么构成了真正的团队。一支团队并不只是在一起工作的一组人员，委员会、理事会和工作组也未必就是团队，不能因为人们把某一组人员称为团队，就说它是真的团队。大型复杂组织中的工作人员从来就不是团队，整个组织可以相信协同工作，可以按这种方式开展工作——但是协同工作和团队并不是一回事。

二、团队合作的障碍

"如果你能够让一个组织中的所有成员齐心协力，那么你就可以在任何时候、任何市场状况下、任何行业中纵横驰骋，战胜困难。"然而目前，大多数企业中的团队合作仍然让人难以驾驭，究其原因，是因为它们遇到了团队合作的障碍。

（一）团队成员间缺乏信任

团队成员间的信任缺失会严重降低团队的效率。团队成员间缺乏信任的表现主要有以下几个方面：相互隐藏自己的缺点和错误；不愿请求别人的帮助，不愿给别人提出建设性的反馈意见；不愿为别人提供自己职责之外的帮助；轻易对别人的用意和观点下结论而不去仔细思考；不愿承认和学习别人的技术和经验；浪费时间和精力去追求自己的特定目标；对别人有不满和怨恨；害怕开会，寻找借口，尽量减少与别人在一起的时间。

可见，信任是高效、团结一致的团队的核心。没有信任，团队合作则无从谈起。那么如何提高团队成员的信任感呢？例如，开会时围坐在一起，聊聊彼此的成长背景；成员工作效率讨论；个性行为特点测试；360度意见反馈；集体外出实践等。

（二）"搭便车"现象

"搭便车"现象又称"偷懒"现象，是指在团队生产中，团队成员的个人贡献与所得报酬没有明确的对应关系，或者其他激励措施不力，以致每个成员都减少自己的成本支出而坐享他人劳动成果的机会主义倾向。

例如当老师设置一项小组作业且大家最后得分相同时，有的学生便能体会到"搭便车"的好处了。在这种情况下，个别学生活动时缺乏主动性或干脆袖手旁观，坐享其成；也有的学生表面上参与了活动，实际上却不动脑筋，不集中精力，没有在活动中发挥应有的作用等。未做贡献的小组成员获得了小组成绩的好处却不承担一定份额的劳动。"搭便车"者很可能是极其个性化（自私）的人，他们认为只要他们自己不承担责任，他们对团队的贡献就能减到最低。

"搭便车"效应的危害非常大。在合作学习过程中，如果过多地强调合作规则而忽视小组成员的个人需求，可能会使每个人都希望由别人承担风险，这会抑制小组成员为小组的利益而努力的动力。而且"搭便车"心理可能会削弱整个小组的创新能力、凝聚力，降低其积极性等。心理学研究表明，如果小组的规模较小，由于每个小组成员的努力对整个小组都有较大影响，其个人的努力与奖励的不对称性相对较低，会使"搭便车"效应明显减弱；而且缩小规模的另外一个作用就是社会惰化现象会减少，小组能够取得较高的合作效率和较大的成果。

（三）"烂苹果"效应

"烂苹果"效应指的是在任何组织里，都存在几个难管理的人，他们像苹果箱里的烂苹果，如果你不及时处理，它会迅速把果箱里的其他苹果也弄烂。谚语"一粒老鼠屎坏了一锅粥""一条鱼腥满一锅汤"是同样的道理。在企业或团队中，有时候可能会出现一些害群之马，他们的基本目标与团队的总体目标有明显的偏差，管理者对此要有所警惕和防范。

"烂苹果"效应通常会产生以下负面效应。一是影响他人业绩。自己不努力，还害得别人也做不出业绩，落后的人总是想扯别人的后腿，以便有人跟他做伴，求个心理平衡。二是影响整体士气。这样的人会在私下挑拨离间，散布消极情绪和思想，尤其是容易对新加入的伙伴产生负面影响。三是导致高流失率。一旦发现"烂苹果"的行为与整个团队的氛围格格不入，又没有特殊情况，企业请其走人就成为必然的选择。四是制造麻烦。遵守纪律是团队战斗力的保证，俗话说"没有规矩，不成方圆"。"烂苹果"总是喜欢制造问题、无理取闹，从来不顾及纪律，是麻烦的制造者。

可见，"烂苹果"的可怕之处在于它那惊人的破坏力。组织系统往往是脆弱的，它是建立在相互理解、妥协和容忍的基础上的，它很容易被侵害、被毒化是因为破坏总比建设容易。所以，对于"坏"的成员，要在其开始破坏之前及时处理掉，把问题消灭在萌芽状态。

視野拓展

"烂苹果"效应

一个农民留下了一筐苹果，当时只有少数几个烂苹果，有人建议他把烂苹果扔掉，农民舍不得，每次都先挑烂苹果吃，把烂的部分削去，把剩余的好的部分吃掉。结果他不但一直在吃烂苹果，而且随着时间的推移，一筐苹果全都烂了，再也不能吃了。

好苹果和烂苹果放在一起，它会成为烂苹果。我们应该把好苹果与烂苹果分开，这可以避免好苹果被烂苹果影响。把好苹果挑出来，把烂苹果坚决地扔掉，吃也吃得痛痛快快、开开心心。

一个烂苹果，如果不能被及时发现并被丢弃，就会使一大箱好苹果烂掉，而且如果我们不舍得把烂苹果坚决地扔掉，就像一粒老鼠屎会毁了一锅粥，我们吃的会一直都是烂苹果，这就是著名的"烂苹果"效应。

視野拓展

如何让团队成员产生责任感

（四）逃避责任

当团队没有明确的目标和行动计划时，即使是最忠诚的人也会犹豫是否要面对他们同伴采取相反效果的行动和行为。当有些人不承担责任的时候，团队成员也许会把自己的需要放在团队目标之上。如果团队成员失去了获得成果的愿望，团队的效率就会受到影响。

（五）难以衡量个人绩效

团队作为一个整体也有绩效，但在团队中，传统的个人绩效考核方法常常难以奏效。这是由于团队生产具有高度合作的性质，团队成员之间具有较强的互补性，团队的产出是团队成员共同努力的结果。虽然极少有人会否认协同工作的好处，或者否认团队对业绩的潜在的良好影响；但是许多人在心中仍然喜欢个人责任和业绩，而不喜欢任何群体形式的责任和业绩。

从《三国演义》到《西游记》，人们曾读过、听过和看过许多著名的团队的故事，它们都完成了难以完成的任务。但是，不愿冒风险也不愿把个人命运交给团队几乎是人们与生俱来的想法。不愿把个人命运交给团队的想法使多数组织内的组织业绩观念薄弱。团队生产的特点使得团队中单个成员的努力水平不容易精确计算，这也反过来影响了团队的工作效率。

自我测评

团队管理能力评估

事实上，团队成员齐心协力、坚持不懈地追求特定目标和结果的程度，是衡量团队工作表现的标准。为了避免个人绩效难以衡量，团队领导者可以这样做：对每个人的工作进行定期复盘；向成员承诺获取成功；个人经济奖励不是唯一动力，追求集体成效；团队领导者不要抢成员的功劳；奖励真正的最大贡献者。

 本章小结

本章介绍了目前在管理学界和业界都备受关注的团队问题。所谓团队，是指为了实现组织目标，由一些志向相同、团结和谐并负有共同责任的人组成的群体。团队主要由五个要素构成，也称为五要素模型，

它们分别是目标（Purpose）、人（People）、团队的定位（Place）、权限（Power）、计划（Plan）。团队角色理论认为，一支结构合理的团队应该由九种角色组成，这九种团队角色分别为实干者、协调者、推进者、创新者、信息者、监督者、凝聚者、完善（美）者和技术专家。团队主要包括四种类型：问题解决型团队、自我管理型团队、多功能型团队和虚拟团队。

高效团队所具有的主要特征是清晰的目标、相关的技能、一致的承诺、相互信任的氛围、良好的沟通、成员角色的多变性、恰当的领导、内部支持和外部支持。建设高效团队主要从八个方面入手：确立目标和规范；选择符合团队要求的成员；选择合适的领导和团队结构；培养成员间的信任感；建立合理的激励机制；控制团队规模；开展高质量的团队培训；将团队文化建设贯穿到团队管理的各个环节。

要培养和塑造团队精神，需要做好三个方面的工作：增强团队的凝聚力、培养团队的合作精神和提高团队的士气。团队合作的障碍有团队成员间缺乏信任、"搭便车"现象、"烂苹果"效应、容易逃避责任、难以衡量个人绩效。

 综合练习题

一、填空题

1. 团队管理非常流行，其主要原因不外乎两个：一是团队本身的特点；二是____的要求。

2. 团队主要由五个要素构成，也称为五要素模型，它们分别是目标、人、团队的定位、____、____。

3. 团队精神的核心是____。

4. ____是独立自主的团队，它不仅关注问题的解决，而且执行解决问题的方案，并对工作结果承担全部责任。

5. ____是团队角色中最积极的成员，善于与人打交道，善解人意，关心他人，处事灵活，很容易把自己同化到团队中。

6. 团队精神的最高境界——向心力和____。

7. 团队精神包含团队的凝聚力、团队成员的合作意识和团队成员的____三方面内容。

二、不定项选择题

1. 组织管理中，根据目标、任务特点，团队可以分为（　　）。
    A. 问题解决型团队　　B. 自我管理型团队　　C. 跨功能型团队　　　　D. 虚拟团队

2. 团队精神的核心是（　　）。
    A. 协同合作　　　　　B. 独立作业　　　　　C. 自我保护　　　　　D. 挥洒个性

3. （　　）这一团队角色的典型特征：冷静、自信、有控制力。
    A. 实干者　　　　　　B. 协调者　　　　　　C. 推进者　　　　　　D. 创新者

4. （　　）是指跨越空间、时间和组织界限，成员间主要通过网络技术进行沟通的跨功能团队。
    A. 多功能型团队　　　　　　　　　　　　　B. 自我管理型团队
    C. 虚拟团队　　　　　　　　　　　　　　　D. 问题解决型团队

5. MBA 智库网站关于团队类型的条目中，有三种典型团队类型，分别是野牛团队、（　　）。
    A. 大象团队　　　　　B. 螃蟹团队　　　　　C. 蚂蚁团队　　　　　D. 大雁团队

6. "一粒老鼠屎坏了一锅粥"指的是（　　）。
    A. "搭便车"现象　　B. "烂苹果"效应　　C. 期望效应　　　　　D. 心理定式

三、判断题

1. 所有影响群体的因素都会影响团队。 （　　）
2. 相对于团队来说，群体的作用是中性的，甚至可能是消极的。 （　　）
3. 群体规模越大，"搭便车"现象越明显。 （　　）
4. 团队应该有一个既定的目标，为团队成员导航，让他们知道去往何处。 （　　）
5. 团队领导者的领导风格直接影响团队的合作精神。 （　　）

四、简答题

1. 简述高效团队的特征。
2. 简述如何创建高效团队。
3. 简述如何培养团队的合作精神。
4. 如何增强团队的士气？
5. 怎样增强团队的凝聚力？
6. 简述团队精神的本质特征。

五、思考题

1. 什么是团队？联系实际谈谈团队与群体的区别。
2. 你如何看待团队合作的障碍？

六、案例分析题

扫描二维码阅读案例，并回答以下问题：
（1）小米团队的用人之道有何特殊之处？
（2）该案例给你什么启示？

案例分析题原文

第七章　组织心理

学习目标

通过本章的学习，你应该达到以下目标。

知识目标：理解组织的含义、正式组织和非正式组织的界限；明确组织结构设计的程序；了解组织变革的动因，怎样才能消除组织变革的阻力，掌握组织文化的功能与内容。

技能目标：熟知常见的组织结构形式及各自的优缺点。

能力目标：知道在不同的情况下应该采用哪种组织结构形式。

案例导读

海尔：从组织结构到生态结构

（中国人力资源开发网 2019-12-27）在创业 35 年之际，海尔集团在青岛举办了"庆祝海尔集团创业35 周年暨第六个发展阶段战略主题和企业文化发布仪式"，发布集团第六阶段发展战略——生态品牌战略。这一阶段的海尔精神为诚信生态、共赢进化；海尔作风为人单合一，链群合约。

之前，海尔集团经历了五个发展战略阶段：名牌战略阶段、多元化战略阶段、国际化战略阶段、全球化品牌战略阶段、网络化战略阶段。

2005 年，海尔集团提出了"人单合一"的双赢模式，该模式因破解了互联网时代的管理难题而吸引了世界很多著名商学院、管理专家争相跟踪研究。"人单合一"模式已成功运用于美国 GEA、新西兰斐雪派克、日本三洋、意大利 Candy 等全球多家企业，被能源、传媒、文旅、体育、金融等多个行业引入。

海尔集团的做法，把架设在企业和用户之间的引发效率迟延和信息失真的传动轮彻底去除，让企业和用户直接连在一起，从传统串联流程转型为可实现各方利益最大化的利益共同体。在这个利益共同体里面，各种资源可以无障碍进入，同时能够实现各方的利益最大化。要建成并联的生态圈，组织结构一定要变。"人单合一"模式中，没有层级，只有三种人——平台主、小微主、创客。小微主不是由企业任命的，而是由创客共同选举的。创客和小微主间可以互选，如果小微主做了一段时间被小微成员的创客认为不称职，可以选掉。如果企业内部的人都不行，还可以引进外部的资源。这些小微主加上社会的资源，就变成了一个生态圈，共同去创造不同的市场。这就会形成有很多并联平台的生态圈，对应不同的市场和不同的用户。

如今，进入物联网时代，用户的需求更加个性化。海尔集团已开始构建场景生态并支持用户体验的迭代。张瑞敏提出的"构建物联网生态品牌"的理念经过近几年的探索，海尔平台上涌现出众多的物联网生态品牌。比如，在海尔智家领域，有围绕衣物的洗、存、护、搭、购等全生命周期管理的衣联网；有以空间场景为单元提供家装、家电一体化解决方案以及一站式服务的有屋科技；有满足用户饮水、洗浴、采暖等一揽子解决方案的水联网；有从采血端到用血端的全流程血液信息监测和可追溯的血联网；还有保证安全、准确接种疫苗的疫苗网等。

目前，海尔生态品牌的探索实践已获得世界权威机构的认可。2019 年 6 月，海尔成为 BrandZ（国际知名的全球品牌资产评估平台）历史上第一个也是唯一一个进入百强的物联网生态品牌。

上述案例表明，即便是海尔集团这样成功的企业，它的组织结构也要随着社会环境及企业战略的变化而变化，否则就无法生存下来。当然，对不同的社会组织来说，没有绝对好用的组织结构形式，适用自己的才是好的。本章介绍的是组织心理，主要包括组织的基本概念、组织结构的设计、组织变革和组织文化。

第一节　组织概述

在现实生活中，我们每一个人都不得不与各种各样的组织打交道。例如，我们中的大多数人在出生的时候接触的第一个组织就是医院。此后，我们要和学校、工作单位、银行、政府机关等形形色色的组织打交道。

一、组织的有效性

组织，就是人们为了达到共同目标，通过责权分配以一定的层次结构构成的一个完整的有机体。

一般来说，组织由三种成分组成，分别是目标、劳动分配和权力层次。在这三者之上，有效性是重要的组织活动指标。所谓有效性，就是人们共同努力去达成一个已知目标，达成的程度就指明了有效性的高低。有效性主要包括以下几个方面的内容。

（1）产量。它反映了组织根据环境需要而生产出一定数量与质量的产品的能力。

（2）效率。它主要指输入、输出之比。

（3）满意度。组织对员工的满意程度，包括员工态度、调入调出情况、出勤率、怠工情况等。

（4）可变性。组织能够也确实可以对外界变化做出反应，如改变政策和结构等。

（5）发展。它指根据环境需求而促进自身的发展，如培训等。

组织对我们的工作和生活有广泛的影响，我们大多数人会作为组织的一员度过工作、生活中的大部分时间。一方面，组织作为社会的创造物，影响其成员的思想、情感和行为；另一方面，组织的各个成员的行为方式及绩效又会影响组织的绩效。因此，塑造健康的组织，营造良好的组织气氛，对于员工、管理者乃至组织本身，都是非常重要的。

每一个组织都有自己独特的文化、传统和工作方式，它们共同构成了一个组织的气氛。例如，有的组织管理有序，工作效率很高，而有的组织自在悠闲，作风散漫；有的组织富有人情味，而有的组织中成员之间的关系冷淡。

组织气氛能影响成员的绩效和工作满意度，因为气氛能够创造各种期望。人们期望得到奖酬，期望工作令人满意，并且基于对组织气氛的感知，可预期可能遭遇的挫折。这些期望都会对人们产生各种各样的激励效果。因此，管理者一定要把营造一种健康的组织气氛作为一项长远的事业，将其作为一项"资产"来对待。如果成员都能为实现自己的价值而努力工作，就会营造一种和谐的组织气氛。

构成组织良好气氛的典型因素有一定的领导者水平、公平的奖酬、适当的信任、合理的工作压力、机会、工作使命感、合理的控制、责任、员工参与等。

二、正式组织与非正式组织

1. 正式组织

正式组织是为了完成组织所规定的特定目标与特定工作而产生的正式的官方组织。正式组织中的成员按照职务关系形成一系列的职务等级，如厂长、车间主任、工段长、班组长、职工等。他们中的一些人是领导者，另一些人是被领导者，他们每个人都有一定的义务和权利。总之，在正式组织中，人们应当采取符合组织目标的行动。

正式组织并不意味着一成不变，相反，它的结构应该具有灵活性，这样才能保证每一个成员在工作中都能有效地为组织目标作出贡献。有关组织结构的问题我们将在第二节中详细讨论。

2. 非正式组织

非正式组织是指那些既没有正式结构，也不是由组织确定的联盟，它是为了满足人们的交往需要或其他需要而在工作环境中自然形成的。非正式组织的成员可能是同一单位的，也可能是跨单位的；可能是同职级的，也可能是不同职级的。他们凑到一起，谈的问题可能和工作有关，也可能和工作毫无关系。他们可能是在传递某些信息，也可能是在一起打球、聊天等。

非正式组织对正式组织有效地行使职能有很重要的作用。例如，当正式组织对外部和内部的重要事物反应迟钝时，管理者可以通过非正式组织来解决这些问题。这就意味着非正式组织可能适于并能履行正式组织不能很好完成的革新职能。当然，在某些情况下，非正式组织也可能会危害正式组织的目标达成，如放慢工作速度或破坏生产工作等。因此，管理者必须要意识到非正式组织的存在，避免与之对立，在管理下属时，要意识到利用这种组织是有利的。

案例 7-1

无处不在的非正式组织

比尔·史密斯从工程学校毕业之后，来到一家大型制造厂的实验室工作。在实验室里，比尔的任务是管理四名负责检验样品的技术员。一方面，比尔是他们的监督者和管理者；另一方面，比尔又受到这个集体本身的制约。正是这种制约在折磨着比尔。他很快就发现他们每个人都在设法保护别人，所以实验室的脏活也就很难确定由谁负责。正是这个团体大大限制了比尔发挥作用，他们每天都只完成同样的检验工作量，根本不考虑比尔提出的加快检验速度的要求。尽管比尔是上级指定的实验室主管，但是他经过多次观察发现，实验室的技术员有问题的时候并不找他，而是经过走廊找另一个部门的老技术人员帮忙。

比尔还注意到，其中有三名技术员经常一起到茶水间吃午饭，还有一名技术员经常同他的朋友一起用餐。比尔自己通常与其他实验室的管理人员一同进餐。午餐时，比尔逐渐明白了其中的种种蹊跷，很快认识到实验室发生的情况是非正式组织在起作用，自己必须像对待正式组织那样认真对待这些非正式组织。

第二节 组织结构的设计

管理者在确定了组织的基本目标以后，就必须考虑进行有效的组织结构设计以保证组织目标的实现。因为有效的组织结构设计能够为组织活动提供明确的指令，有助于组织内部成员之间的合作，使组织活动更具秩序性和预见性，并保证组织活动的连续性。因此，有效的组织结构设计对提高组织活动绩效、获得最大的经济效益起着重要的作用。

一、组织结构设计的程序

组织结构设计就是设计清晰的组织结构，规划和设计组织中各部门的职责和职权，确定组织中各种职权的活动范围并编制职务说明书。组织结构设计一般包括以下几个步骤。

（一）工作划分与工作专门化

组织结构设计的第一步是将实现组织目标必须进行的活动划分成有内在有机联系的部分，以形成相应的工作岗位。划分的基本要点是工作专门化。工作专门化是指组织把工作划分成若干步骤来完成的细化程度，即组织先把工作分成若干步骤，每一步骤安排一些人去完成。因此，每个人只完成所从事的工作的一部分，而不是全部。

（二）工作归类与部门化

设计组织结构的目的就是要按照劳动分工的原则将组织中的活动专业化，而劳动分工又要求组织活动保持高度的协调一致性。协调的方法就是部门化，即按照职能相似性、任务活动相似性或产品相似性的原则把组织中的专业技能人员分类集合在一个部门内。

一个组织的各项工作可以按各种原则进行归类，常见的有职能部门化、产品部门化、地区部门化、顾客部门化等。

1. 职能部门化

职能部门化就是按工作的相同或相似性进行分类。例如，企业把从事相同工作的人进行归类，形成生产部门、销售部门、财务部门、人事部门等。由于职能部门化与工作专业化有密切的联系，因此，按职能划分部门是组织广泛采用的一种方法。职能部门化的优点是有利于对专业人员进行归口管理；便于监督和指导；可提高工作效率。其缺点是可能会助长部门主义风气，使得部门之间难以协调配合，因而整体管理效果较差。

2. 产品部门化

不同的产品在生产、技术、市场、销售等方面可能很不相同，因此出现了根据不同的产品种类来划分部门的需要。在这种情况下，各产品部门的负责人对某一产品或产品系列，在各方面都拥有一定的职权。产品部门化的优点是便于本部门更好地协作，提高专业化经营的效率水平；有利于提高决策的效率；为"多面手"式的人才提供了较好的成长条件。其缺点是各个部门同样容易出现部门化倾向；整个组织行政管理人员过多，管理费用增加。

3. 地区部门化

对于地区分散的组织来说，按地区划分部门是其普遍采用的一种方法。地区部门化是指组织分布于不同地区，各地区的政治、经济、文化等因素影响组织的经营管理，把某个地区或区域内的业务工作集中起来，并据此设立相应的管理部门。

4. 顾客部门化

顾客部门化就是根据目标顾客的不同利益需求来划分组织的业务活动。在激烈的市场竞争中，顾客的需求导向越来越明显，这表现为不同的顾客在产品品种、质量、价格、服务要求等方面有不同的需求。顾客部门化顺应了顾客需求不断发展、变化的趋势。

（三）确定组织层次

确定组织层次就是要确定组织中每一个部门的职位等级数。组织层次的多少与某一特定的管理者可直接管辖的下属人数，即管理幅度的大小有直接关系。在一个部门中的员工人数一定的情况下，一个管理者能直接管理的下属人数越多，那么该部门的组织层次就越少，所需要的管理者也越少；反之，一个管理者能直接管理的下属人数越少，所需的管理者就越多，该部门的组织层次也越多。组织层次与管理幅度的这种相互关系决定了两种基本的组织结构形态：一种是扁平式组织结构；另一种是锥形组织结构。图7.1揭示了这两种组织结构的差别。

管理幅度与组织层次

| 1 |
| 4 |
| 16 |
| 64 |
| 256 |
| 1024 |
| 4096 |

幅度：4；操作人员4096
管理者：1365

组织层次与管理幅度的权衡

组织层次与管理幅度成反比
管理幅度越大，组织层次越少；
管理幅度越小，组织层次越多

| 1 |
| 8 |
| 64 |
| 512 |
| 4096 |

幅度：8；操作人员4096
管理者：585

图7.1　管理幅度与组织层次比较图

扁平式组织结构的优点是由于组织层次比较少，信息沟通和传递的速度比较快，因而信息的失真度也比较低；同时，上级主管对下属的控制也不会太呆板，这将有利于发挥下属的积极性和创造性。其缺点是过大的管理幅度加大了主管对下属监督和协调控制的难度。

　　锥形组织结构的优点是由于组织层次比较多，管理幅度比较小，每一组织层次上的主管都能对下属进行及时的指导和控制；各层次之间的关系比较紧密，这有利于工作任务的衔接。其缺点是过多的组织层次往往会影响信息的传递速度，且信息的失真度可能会比较高，而这又会增加高层主管与基层员工之间的沟通和协调成本，增加管理工作的复杂性。

 **视野拓展**

管理幅度

　　所谓管理幅度，又称管理宽度，是指在一个组织结构中，管理者所能直接管理或控制的下属人数。管理学家格兰丘纳斯指出，当增加一个下属时，直接单独联系的数量按算术级数增加，而相应的联系总数，由于加上了直接团体联系和交叉联系，是按指数比例增加的。格兰丘纳斯认为，管理幅度应"至多为5人，可能最好是4人"。但这一规则有一个例外，即在组织的基层从事例行工作时，员工相对其他部门的人而言接触人员较少，监督工作不太复杂，则可以有一个较大的管理幅度。而组织较上层的情况与此大不一样。按照这种上下级的理论进行组织结构设计，组织应根据主管人员能够处理的人际关系数量来确定具体的管理幅度。格兰丘纳斯认为，上下级关系可分为三种类型：直接的单一关系；直接的组合关系；交叉关系。计算上下级之间的关系数公式为

$$N=n[2^{n-1}+(n-1)]$$

其中，N 为人员之间的关系数；n 为管理幅度。

　　例如，主管 A 的管理幅度为 3，将会产生 18 组关系；如果管理幅度为 4，则会产生 44 组关系。由此可见，管理过程中的人际关系是很复杂的，为了避免人际关系过于复杂，应确立合适的管理幅度，从而保证管理活动的有效性。

 示例

　　网心科技作为一家云计算科技企业，为了促进创新技术快速迭代发展，在组织与文化的建设上下了不少苦功，成效也颇为明显。

　　陈磊是网心科技的领头人，他曾在谷歌、微软、腾讯担任过管理职位，对行业有着深刻的洞察和见解。在他看来，身处巨头云集、创业公司大量兴起的云计算行业中，"小步快跑、快速迭代"才是领跑要诀。

　　陈磊认为，网心科技做的是高度创新的云计算产品，难度很大，因此必须要建立一支战斗力很强的队伍，同时让同事们对公司有极强的信任。

　　为了让同事们积极创新、大胆试错，网心科技的组织管理模式淡化职位等级观念，并让决策快速反应和落地。因此，公司管理岗位的员工仅有 8 名。这些管理者一律向陈磊汇报，其余普通员工则向这 8 名管理者汇报工作。一名管理者最多可以有 200 多人的情况向陈磊汇报。

　　除了管理岗位的数量有限，其级别设置也非常简单。这 8 名管理岗位的员工只设立了一个级别，也就是说，除陈磊以外，8 名管理者都是同一级别。在网心科技，管理者没有任何特权，更多的是责任，是带领团队去完成业务目标的责任。

　　在这种扁平式组织架构下，网心科技不仅大幅提高了公司的管理效率，降低了信息在传递过程中的错误率，还让所有员工拥有了向上的自主精神，从而彰显出一般互联网企业所不具备的活力与激情。

（四）实行授权，建立职权关系

授权是指组织内部授予的指导下属活动及其行为的决定权，这些决定一旦下达，下属必须服从。授权是组织结构设计的重要内容，它与组织结构内的职位密切相关，而与个人特质无关。

组织内的各个部门及每个管理层次中，必须设置一系列的职位，而且每个职位都要配置合适的人员，每个人员都要具有与职位相称的职务，负有一定的责任、义务，同时具有完成工作、履行职责的权力。

组织内的职权分为三种形式：直线职权、参谋职权和职能职权。所谓直线职权是指管理者直接指导下属工作的职权。这种职权由组织的顶端开始，向下延伸到最底层，形成所谓的指挥链。当组织规模日益扩大且越来越复杂时，直线主管发现他们在时间、技术知识、精力、能力等各方面都不足以圆满地完成任务，这时就要设立参谋职权。所谓参谋职权是指管理者拥有的某种特定的建议权或审核权，可以评价直线管理方面的活动情况，进而提出建议或提供服务。职能职权则是一种权益职权，是指由直线管理者向自己管辖范围以外的个人或职能部门授权，允许他们按照一定的制度和程序，在一定的职责范围内行使某种职权。职能职权的设立，主要是为了发挥专家的核心作用，减轻直线管理者的任务负荷，提高管理工作的效率。

二、常见的组织结构形式

组织结构一般可用组织结构图来表示。组织结构图是对一个组织的一整套基本活动和过程的可视化描述，是反映组织内各机构、岗位上下左右关系的一种图表。

组织结构在整个管理系统中起着框架的作用，用于保证组织中的人流、物流、信息流的正常传输。组织结构的完善程度决定着组织能否顺利达到目标以及能否促进个人在实现目标的过程中作出贡献。一般来说，常见的组织结构形式主要有以下几种。

（一）直线型组织结构

直线型组织结构又称垂直式或军队式组织结构，它是最早产生和最简单的一种组织结构形式。它的特点是组织中各种职务按照垂直系统直线排列，各级主管人员对所属单位的一切负责，组织中每个人只能向一个直接上级报告。

（二）职能型组织结构

职能型组织结构又称多线型组织结构，它的特点是采用按职能分工实行专业化的管理办法来代替直线型的全能管理者，即在上层主管下面设立职能机构和人员，把相应的管理职责和权力交给这些职能机构和人员，各职能机构和人员在自己的业务范围内可以向下级下达命令和指示，直接指挥下属。

（三）直线职能型组织结构

直线职能型组织结构是各类组织中最常采用的一种组织结构形式。这种组织结构形式是建立在直线型组织结构和职能型组织结构基础上的。其特点是以直线型组织结构为基础，在各级主管之下设置相应的职能部门从事专业管理。在这种组织结构中，直线部门担负着实现组织目标的直接责任，并拥有对下属的指挥权；职能部门只是上级直线管理者的参谋与助手，他们主要负责提供建议和信息，对下级机构进行业务指导，但不能对下级直线管理者发号施令，除非上级直线管理者授予他们某种职能权力。

（四）事业部制组织结构

事业部制组织结构首创于 20 世纪 20 年代的美国通用汽车公司。它在总公司的领导下设立多个事业部，各事业部有各自独立的产品和市场，实行独立核算。这种组织结构形式是欧美及日本各大企业采用的典型组织结构形式。

这种组织结构形式最突出的特点是"集中决策，分散经营"，即总公司集中决策，事业部独立经营，这是在组织领导方式上由集权制向分权制转化的一种改革。具体地说，在这种组织结构中，事业部一般按产品或地区划分，具有独立的产品和市场，拥有足够的权力，能自主经营并实行独立核算，自负盈亏。总公司的最高管理层是最高决策机构，它的主要职责是研究和制定公司的总目标、总方针、总计划以及各项政策。各事业部在不违背总目标、总方针和公司政策的前提下，可自行处理其经营业务。

 示例

> 在哈佛从事企业管理研究工作的劳伦斯和洛斯曾经研究了两家工业企业，其中一家采用事业制组织结构，另一家则采用职能型组织结构。这两家企业的其他条件如生产项目、销售市场、生产技术、原材料等都是相似的。经过研究，他们认为，采用职能型组织结构的企业，在稳定的市场关系占主导地位和在较长时间内具有相对不变的生产技术和工艺的条件下，往往会取得较好的成果。事业部制组织结构具有更大的灵活性，企业在未来的任务极难预测和需要解决革新问题的时候采用事业部制组织结构更为适宜。

（五）矩阵型组织结构

矩阵型组织结构是由纵横两套系统组成的组织结构，一套是纵向的职能管理系统，另一套是为完成某项任务而组成的横向项目系统，纵向和横向的职权具有平衡对等性。矩阵型组织结构打破了传统的"一位成员只有一个领导"的原则，使一位成员同时属于两个或两个以上的部门。在这种组织结构中，项目小组不专门设置成员，而是从职能部门中抽调或借用，因而其成员具有双重性：一方面，他们仍然需要对其原来所属的职能部门负责，职能部门的主管仍是他们的上级；另一方面，他们又必须对项目经理负责，项目经理对他们拥有项目职权。矩阵型组织结构如图 7.2 所示。

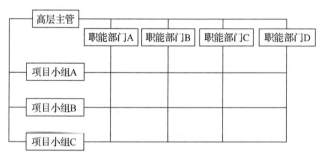

图 7.2　矩阵型组织结构

矩阵型组织结构的优点是加强了各职能部门的横向联系，具有较大的适应性和机动性；按照一定的任务要求，把具有各种专长的有关人员聚集到一起，有利于发挥技术人员的潜力，攻克复杂的技术难题；有利于资源在不同产品之间灵活分配，因而对市场上激烈竞争的适应力较强。其缺点也很明显：由于项目小组是临时性的，所以稳定性比较差；组织中的信息和权力等资源一旦不能共享，项目经理与职能部门主管之间就有可能会发生矛盾，协调和处理这些矛盾不仅需要具备良好的人际沟通能力，也需要付出更多的组织成本。

> ### 案例 7-2
>
> #### 矩阵型组织结构设计：华为研发部门的组织变革
>
> （360doc 个人图书馆 2019-04-01）华为研发部门在早期采用的是直线型组织结构，一个项目经理带着几个工程师，技术研发和项目管理都由项目经理来承担。那个时候，对于简单的、小型的研发项目，一个成熟的项目经理是可以把控的，但对项目经理的技术水平、综合管理能力要求比较高，也就是说，项目的成败基本在于项目经理的能力和经验。
>
> 由于华为研发部门的项目越来越复杂，项目组的规模越来越大，项目经理的精力越发分散，一旦项目经理无暇顾及一些项目的技术细节，在一些敏感和高危领域就容易形成管理的漏洞，造成技术难点无法突破，造成成本失控，进度无法保证。
>
> 在初期，华为研发的几个产品和项目之间的配合度要求是比较高的，但中研、中试和生产三大部门之间是交接的关系而不是协同的关系，每个部门只完成自己负责的部分，出了问题不会被提前发现和修正，到了下一个环节问题暴露的时候，各部门就推卸责任，整个研发部门就是纯自然的状态。从规范和标准化的角度来讲，研发部门管理混乱，成本浪费多，问题百出，项目经理常常得到处救火。
>
> 1995 年，华为中研部成立。华为中研部采取了矩阵式的管理方法，其形态表现出矩阵的特征。从纵向来看，华为的研发依然分为中研、中试、生产三大部门；从横向来看，每个项目都有产品经理对项目中的三大环节负责。这个时候，华为在组织管理方式上做了一些调整，针对项目管理的活动开始了管理提升，项目目标、计划方面开始出现标准化的趋势。研发流程进一步重组和优化，华为采用矩阵式项目研发模式，使产品研发的质量有了很大的提高。
>
> 2000 年以后，华为研发部门的组织结构的变化更加明显，原有的部门设置被打破，建立起了企业管理平台、技术平台、运作支持平台三大部门，实行全面项目管理，建立了跨部门的矩阵型组织结构。华为有了良好的项目管理环境，实现了公司范围内的跨部门协作，极大地增强了华为产品在全球市场的竞争力。

（六）委员会式组织结构

委员会式组织结构是由一些具有丰富经验和知识的专家跨部门组成的一种组织结构。委员会中各个委员的权力是平等的，并依据少数服从多数的原则进行决策。它的特点是集体决策、集体行动。

委员会式组织结构的优点是可以充分发挥集体的智慧，避免个别领导者的判断失误，并可防止个人滥用权力；委员会各成员地位平等，有利于反映各方面人员的利益，并有利于沟通和协调；委员会使下级人员有参与决策的可能，这有助于调动人员的积极性。

委员会式组织结构的缺点是作出决策往往需要较长时间；集体负责有可能造成个人责任不清；当意见不一致时，有可能出现委曲求全、折中调和的现象；为谋求一致或接近一致的结论或决定，委员们可能不得不维持少数人的专断，使一个人或少数人占支配地位，而这又与设置委员会的初衷相矛盾。因而，组织在设置委员会时，要注意委员会的规模不宜过大，讨论的有关议题应该事先通知各个委员，精心挑选委员会的人选，而且委员会的主席不应该在委员会中占支配地位。

（七）新型组织结构形式

自 20 世纪 80 年代中期以来，经济全球化发展极大地改变了企业的外部经营环境。面对快速变化的市场条件和不断增加的竞争压力，企业的管理者及管理界的学者积极探索能够适应不断变化的外部经营环境的新的组织结构形式，由此出现了一系列具有创新性质的组织结构形式，如三叶草型组织结构、网络型组织结构、阿米巴经营模式等。

1. 三叶草型组织结构

三叶草型组织结构是由英国的管理学家查尔斯·汉迪提出的。他用三叶草的三片叶子比喻现代企业所应具备的组织结构形式。这是一种以基本管理者和员工为核心、以外部合同工人和兼职工人为补充的组织结构形式。

在这种组织结构中，第一片叶子代表从事企业核心业务经营的核心员工，他们受过良好的专业化培训，拥有企业建立竞争优势所需要的核心技能、信息和智慧。第二片叶子是由与企业建立了长期合同关系的组织或个人，他们为企业提供维持日常生产经营活动所需的管理和技术服务。可以说，第二片叶子基本上由流动性大且日趋职业化的各类咨询人员或咨询公司构成。第三片叶子代表具有很大弹性的劳动力，如兼职工、临时工和非全日制劳动力等，他们不断更换企业，以便把成本和承担的义务降到最低。

2. 网络型组织

网络型组织结构是一种以项目为中心，通过与其他组织建立研发、生产制造、营销等业务合作网，有效发挥核心业务专长的协作型组织结构形式。这种组织结构形式使传统的企业间的供求关系得到了扩展，打破了企业与其外部关联者之间的障碍，使得双方互惠地赢得市场，共享技术，共担风险。

网络型组织结构的优点是具有更大的柔性和灵活性，可以更好地结合市场需求来整合各项资源，而且容易操作；组织结构简单、精练，由于组织中的大多数活动都实行了外包，而这些活动更多的是靠电子商务来协调处理的，因而组织结构可以进一步扁平化，效率也更高。其缺点是可控性太差。网络型组织结构的有效动作是靠与独立的供应商广泛而密切的合作来实现的，一旦组织所依存的外部资源出现问题，组织将处于很被动的境地。另外，由于项目是临时的，员工随时都有被解雇的可能，因而，员工的组织忠诚度也比较低。

3. 阿米巴经营模式

阿米巴原称经营模式是一种经营方法，也是一种组织形态，就是把组织划分成一个个小的团体，通过独立核算进行运作，在公司内部不断培养具备经营者意识的领导，实现全体员工共同参与经营的全员参与型经营方法。

阿米巴又称变形虫，在拉丁语中是单个原生体的意思，虫体赤裸而柔软，其身体可以向各个方向伸出伪足，使形体变化不定，故而得名"变形虫"。变形虫最大的特性是能够随外界环境的变化而变化，不断地进行自我调整以适应所面临的生存环境。日本企业家稻盛和夫把这个灵感运用到自己的企业管理实践上，创造了阿米巴经营模式，并一手创立了两家世界 500 强企业——京瓷与 KDDI，还拯救了一度濒临破产的日本航空公司。

阿米巴经营模式的精髓，就是从管理走向经营。把传统的科层制企业、事业部制企业等划分成一个个更小的阿米巴单元，把内部交付变成市场交易，让这些阿米巴单元独立核算，自负盈亏，实现企业全员经营。企业领导者由此获得了无数个管理者，既解放了员工，又解放了自己。在传统的成本管理体系中，其主角是产品，是物，焦点在于一个产品每道工序的成本；而

在阿米巴经营模式中，主角是以最少费用换取最大销售额的由"人"组成的团队，焦点在于阿米巴单元创造的附加值。

阿米巴经营模式实际上是把员工从专制式管理中解放出来，充分发挥他们的主观能动性，并建立一种自下而上的市场压力传导机制，通过增强企业的适应性创新能力，以随时应对外部市场的细微变化。从某种意义上看，阿米巴经营模式实际上也是当下互联网思维的制度基础。

但这仅是一种理论上的可能。阿米巴经营模式虽然价值观健康，方法论

管理心理学（附微课 第2版）

科学，但如果不能处理好使阿米巴经营模式有效落地的一些前提与变数，企业实施阿米巴经营模式也不一定能成功。具体到中国式阿米巴经营模式落地的过程，向来首先强调的就是企业价值观的匹配性。企业一定不能带着唯利是图的观念来引进阿米巴经营模式，而应重视员工。只有在这个价值观的基础上，引进的阿米巴经营模式才可能有效。事实上，通过对阿米巴经营模式的批判性与变通性的实践与磨合，中国也有很多实施了阿米巴经营模式并取得了不同程度成功的企业，例如实行"人单合一双赢"模式的海尔，实施以责任为中心的华为，实施"分算奖"经营模式的波司登、九牧王、恒安集团、韩都衣舍等。

 示例

> 韩都衣舍是阿米巴经营模式实践落地的典范。韩都衣舍是"大平台+小前端"的典型组合，总共建立了 300 个左右的产品小组，在中后台则建立了七个支撑体系。在日常运作中，产品小组将得到来自七个支撑体系的赋能。这些产品小组通常由三个不同职能部门的员工组成，后方的职能体系为前端的三人小团队输送炮弹。需要指出的是，后方是赋能的大平台，前方是敏捷的小前端。这些支撑体系内部有非常激烈的市场竞争机制，三人小团队可以根据排名选择最优的后台赋能体系。三人小团队也有着激烈的竞争，这令韩都衣舍在市场中常常推出"爆品"，而推出这些"爆品"的团队往往会得到更多的资源。

4. 新型组织结构与传统组织结构的对比

与传统的金字塔式组织结构相比，新型组织结构主要有以下几个特点。

（1）网络性。新型组织结构的特点之一是具有网络性，即强调组织内部的个体、群体和次级单位之间以及它们与组织环境的关键成分之间的相互依赖。新型组织结构的边界是"可渗透的"或"半可渗透的"，允许人和信息更便利地通过。

（2）扁平性。如前所述，与传统的金字塔式组织结构相比，新型组织结构更为精干，管理层次也要少得多。对于组织扁平性的要求，一方面随着市场竞争的加剧，组织需要更迅速和更灵活地对市场和技术方面的变革做出反应，从而消除那些高耸的、控制取向的组织结构所引起的延误；另一方面，信息技术方面的变化也消除了对中层领导层次的需要，这些中层领导的主要任务以前一直集中在组织和传递信息上。例如，在微软公司，开发小组的程序员与公司最高领导比尔·盖茨之间就没有中层领导。

 **视野拓展**

扁平化管理的适用条件

（中国人力资源网 2019-03-05）过去 100 年，公司的层级管理模式发生了翻天覆地的变化，公司得以飞速发展，很快形成了一些拥有几万人甚至十几万人的超级大公司。但过去几千年都没有管理这样的大商业体的经验，因此各大公司都不可避免地走向了管理层专制集权，领导者下面有经理，经理下面有总监，总监下面有组长，等等。例如在过去的 IBM 公司，最高决策者的指令要通过 18 个管理层才能传递给最基层的操作者，各个环节之间联系少，各自为政，沟通困难，结构臃肿，这种情况在 20 世纪 20 年代达到顶峰。发展至 20 世纪 60 年代，人际关系越来越受到人们的关注，人们开始探寻一种更加合理高效的管理模式，"扁平化管理"理论就是在这个时期孕育的。到了 20 世纪 90 年代，互联网的快速发展为扁平化管理的实施创造了绝佳的条件，同时创业潮兴起，大量创业公司涌现，于是走在时代前沿的科技公司开始率先在内部尝试扁平化管理。

扁平化管理是相对于传统的层级化管理来说的，传统的层级化管理是"高层—中层—基层"的金字塔式管理模式，而扁平化管理则是要减少管理层次，力求将最高决策直接传递给基层执行人员，强调效率和弹性。在创业者的眼中，实行扁平化管理可实现人人平等，职场关系轻松，是一件非常酷的事情，而金字塔式管理模式则是老派的传统公司的做法，缺乏自由，令人厌恶。

但事实真的是这样吗？

《X-Teams：如何领导、革新和造就团队》的作者安科纳（Ancona）称："关系网络是关键因素，如果你了解公司的内部网络，你就更有机会推动公司向前。"他认为一家公司如果要做好扁平化管理，就要具备三个要素：提高透明度；教会员工用战略性思维思考；设立多个"连接者"。但很多公司并不具备这三个要素。最能体现出扁平化管理优势的，应当是在学习型的企业文化之中，每一个员工都相应地具备战略眼光，并且愿意为公司发展贡献自己的力量。

（3）灵活性。随着市场竞争的日趋激烈、劳动力的日益多样化以及外部环境的日益复杂和难以预测，组织需要具有更大的灵活性。目前，许多公司强调，要使产品和服务适应特定顾客或顾客群的专门需要。因此，改善产品和服务以适应一系列顾客需要的能力日益成为组织竞争优势的源泉。

（4）多样性。新型组织结构在员工工作方式、满足不同顾客的需要以及与其他组织的联合等方面表现出多样性的特点。例如，新型组织结构可以为员工提供多样化的工作轨道，包括兼职工作、在家里从事"电信式工作"（在这种工作中，员工通过一台家用计算机与办公室相连）。这些不同的"工作轨道"是人们可以自由选择的，完全取决于个人的兴趣、家庭情况以及可以脱离公司的程度。

（5）全球性（国际性）。随着国际性运输和通信成本的大大降低、先进的工业社会与新兴的工业社会之间日益均衡化以及市场的全球化等，我们正越来越多地看到一种新的国际化模式。例如，韩国三星集团就把它的个人计算机商业总部设在了美国加利福尼亚州。

第三节　组织变革

组织在完成了结构设计之后，其管理任务并没有结束。因为组织的内外部环境随时都在变化，组织必须适时进行变革才能应对未来的挑战。

一、组织变革的意义及动因

在某种意义上，所有的组织都处在一个变化的环境之中，而且它们本身也在不断变化。这就要求组织不断调整和完善自身的功能和结构，增强在变化的环境中生存与发展的灵活性、适应性和快速反应能力。组织变革是指组织根据外部环境变化和内部情况的变化，及时对组织中的要素进行结构性变革，以增强自身其适应环境和生存、发展所需的应变能力。

（一）组织变革的意义

变革是组织实现动态平衡的发展阶段。在原有的稳定和平衡不能适应形势变化的要求时，组织就要通过变革来打破它们，但其目的不是打破原有的稳定和平衡，而是建立适应新形势的新的稳定和平衡，应当把组织的变动性和稳定性有机地结合起来。

现代组织尤其是企业组织都是开放的社会技术系统。组织的运行是与多重环境发生动态的相互影响的过程。每个组织都有一个多层次、多因素、复杂多变的背景。组织要维持和发展，必须不断调整与完善自身的结构和功能，增强在变化的背景下生存、维持和发展的灵活性及适应能力，即不断地对组织进行变革。

组织不是孤立存在的封闭性系统，而是与周围环境有着密切联系的开放性系统。客观环境在不断变化，组织需要不断变革才能适应新的情况与要求。

组织变革的目标主要在于实现组织结构的完善、组织功能的优化以及组织成员满意度的提高。

（二）组织变革的动因

推动组织变革的原因有很多，这些原因归纳起来不外乎外部原因和内部原因两大类。

1. 外部原因

（1）社会经济环境的变化。社会经济不断发展，人民生活水平不断提高，市场更为广阔，产品更新换代的速度加快，加上工作自动化程度的提高等均迫使组织进行变革。社会经济环境还包括国家的经济政策、法规以及环境保护等。

（2）科学技术的发展。科学技术的迅速发展及其在组织中的应用，如新发明、新产品、自动化、信息化等，使得组织的结构、组织的运行要素等都发生了变化，这些变化也会推动组织不断地进行变革。

（3）管理理论与实践的发展。管理的现代化、新的管理理论和管理实践，都要求组织变革过去的旧模式，对组织要素和组织运行的各个环节进行合理的协调和组织，这就对组织提出了变革的要求。

2. 内部原因

（1）组织目标的选择与修正。组织目标并不是一成不变的，当组织目标在实施过程中与环境不协调时，组织需要对目标进行修正。

（2）组织结构与职能的调整和改变。组织会根据内、外部环境的要求对自身的结构进行适时的调整与改变，如管理幅度和组织层次的重新划分、部门的重新组合、各部门工作的重新分配等。同时，组织在发展的过程中亦会不断抛弃旧的、不适用的职能并不断承担新的职能，如社会福利事业、防止公害、保护消费者权益等，这些均会促使组织不断地进行变革。

（3）组织内员工的变化。随着组织的不断发展，组织内员工的知识结构、心理需要以及价值观等都会发生相应的变化。现代组织中的员工更注重个人的职业发展和管理中的平等自主。组织内员工的这些变化必将推动组织的变革。

（4）顾客需求的不断变化。随着科技的发展、生活水平的提高，顾客的需求水平、需求结构、价值观与生活方式、审美观念等都发生了一系列新的变化。为了满足顾客的需求，组织必须及时地进行调整，增强快速反应能力，才能在激烈的市场竞争中占据主动地位。

此外，组织目标与员工价值观的改变、组织内部的矛盾与冲突、组织职能的转变等都要求组织适时地进行调整和改革，以适应组织内、外部环境的变化，提升组织的效能。

组织变革往往在面对危机的时候变得分外重要。危机会通过各种各样的形式表现出来，成为组织变革的先兆。

二、组织变革的阻力

组织变革意味着原有状态改变、新的目标状态形成，它是一个破旧立新的过程。组织内部和外部的利益相关者将深受变革的影响，会产生阻挠组织变革的各种因素。因此，组织变革不可能一帆风顺，不可避免地会遇到来自各个方面的阻力。组织中员工对变革明显的抵制表现为罢工、生产力降低、工作质量下降，甚至对工作进行破坏等；隐蔽的抵制表现为迟到和缺席人数增加、要求调转工作、士气低下以及事故率高等。

充分认识和了解这些阻力，并设法寻找有效的对策来消除阻力有助于组织变革成功。

（一）组织变革的内部阻力

组织变革的阻力既可能来自组织内部，也可能来自组织外部。例如，组织的供应商、销售商、股东、顾客、金融机构、政府、工会、行业协会等外部利益相关者都可能制约组织的变革。相对而言，组织内部的各种因素是阻碍组织变革更直接的力量，因此，我们主要分析组织变革的内部阻力。

在组织内部，人们抵制和反对组织变革有技术上的原因（例如，技术的进步和更新会迫使组织进行变革，以适应生存与发展的需要），也有人性、利益、文化等社会性的原因。这些阻力的来源主要可以概括为以下几个方面。

1. 人的惯性与惰性

组织变革的一部分阻力来自人类共有的惯性与惰性。人们往往依赖于习惯和模式化的反应来应对现实生活的复杂性。同样，在组织中，组织原有的制度、机制约束着组织成员的行为，并使之形成相对稳定的行为模式和行为习惯，人们也不希望轻易改变它。任何变革都会使人们感到不习惯、不适应，甚至很痛苦。当面对变革的时候，这种惯性与惰性就成了组织变革的阻力源头之一。

2. 对既得利益的维护

一般而言，当组织变革不触及自身既得利益，甚至可能会增加利益时，人们都会支持和拥护组织变革。但是，如果组织变革会威胁、损害某个人或某个群体的既得利益时，就会有人反对、阻挠变革的进行。组织变革可能会损害和威胁的既得利益包括权力地位、经济报酬、职业安全、专业知识与技能等。因此，那些从组织原有状态获取既得利益的个人或群体往往会极力反对组织变革。

3. 对变革的恐惧与怀疑

组织变革是用未知的、模糊的和不确定的东西替代已知的、明确的、确定的东西。对未知事物的恐惧是人正常的心理特征。任何的不确定都可能会威胁组织成员的安全感、平衡感，使其内心产生恐惧和焦虑，进而产生对组织变革的抗拒心理和行为。未知的、模糊的和不确定的事物也往往导致组织成员产生怀疑心理。因此，这最终会导致一种本能的排斥的倾向，使人们宁愿维持现状而抵制变革。

4. 组织文化与群体规范的制约

组织文化和群体规范具有一定的稳定性和惯性，一旦形成则很难在短时间内被改变。当组织内、外部环境发生变化时，这种稳定性和惯性突出反映在组织成员的认知和行为在相当长的时期内不会发生同步改变上。因此，组织变革即便已成为共识，也仍有可能由于组织文化和群体规范的约束作用而受到严重制约。

5. 组织资源的限制

组织变革需要资金、技术、人员、时间、信息等多种资源的支持和配合。而组织变革实质上也是对组织所拥有的人力、物力、财力等资源进行重新整合的过程。在资金短缺、技术落后、人员不齐、时间紧张、信息闭塞的情况下，组织变革也就不得不被推迟或放弃。

 经典实验

四只猴子

科学家将四只猴子关在一个密闭的房间里，每天给它们喂很少的食物，让它们饿得吱吱叫。几天后，实验者从房间上面的小洞放下一串香蕉，一只饿得头昏眼花的大猴子一个箭步冲向前，可是它还没拿到香蕉时，就被预设机关喷出的水淋湿了，当后面三只猴子依次爬上去拿香蕉时，一样被水淋湿了。

于是众猴只好望"蕉"兴叹。

几天后，实验者换进一只新猴子进入房内，当新猴子也饿得想尝试爬上去吃香蕉时，立刻被其他三只老猴子制止，并被告知有危险，千万不可尝试。

实验者再换进一只新猴子进入房内，当这只新猴子想吃香蕉时，有趣的事情发生了，这次不仅剩下的两只老猴子制止它，连没被水淋过的猴子也极力阻止它。实验继续，当所有猴子都换成新猴子之后，且没有一只猴子曾经被水淋过，预设的机关也取消了，香蕉唾手可得，却没有猴子敢去享用。

这个实验给我们的启示是，在组织变革过程中，禁忌新老相传。虽然事过境迁，大多数组织仍然忌惮于前人的失败，而这将导致平白错失大好机会。

（二）消除组织变革阻力的对策

组织变革往往是内、外部环境共同作用的结果，是大势所趋，而不以某个人或某些人的意志为转移，即便存在着各种各样的阻力，也必须进行变革，这是组织的生存与发展之道。但要注意组织变革的策略性，加强组织变革的计划性和实施的正确性。因此，选择科学有效的措施与方法就显得十分重要。具体来讲，消除组织变革阻力的对策主要包括以下几种。

1. 沟通与教育

组织变革的管理者要与员工进行有效的沟通，使员工了解组织内、外部环境的变化情况，说明组织变革的必要性和理由，阐明将怎样进行组织变革，并解释组织变革所产生的影响，使其接受组织变革进而支持组织变革。如果员工了解了全部事实并消除了误会，其对组织变革的阻碍就会自然减少或消失。

2. 鼓励参与组织变革

组织成员很难抵制和反对他们自己参与决策的组织变革，因此，组织变革的管理者在做出变革决策之前，应把持反对意见的人吸纳到变革决策的制定过程中来。具有专业知识的员工不仅有助于提高决策质量，而且会努力兑现自己对组织变革的承诺，这将有助于增强员工的责任感，减小变革阻力。

3. 促进与支持

组织变革的管理者可以通过提供一系列支持性措施来减轻组织成员对变革的恐惧和忧虑，进而减小变革阻力。例如，管理者可以给员工提供必要的心理咨询和疏导，进行新知识和新技术的传授和培训等，使员工尽快适应组织变革的新要求。

4. 通过谈判换取支持

当具有一定权力的组织成员成为潜在或现实的变革阻力或阻力源的时候，组织变革的管理者可以与其进行谈判，用一定的利益满足他们的需要，换取他们的妥协和支持。但这种对策也存在一定的风险，其他组织成员也可能会效仿，从而导致组织付出更高的变革成本。

5. 强制推行

在除了将组织变革强加给成员外别无选择，且变革必须迅速实施的情况下，管理者只能直接对抵制者实施压制，强制推行组织变革。这种对策一般不能单独使用，应尽可能与其他对策结合，以避免更大的变革阻力产生。

第四节　组织文化

一、组织文化的概念

组织文化是指处于一定经济、社会、文化背景下的组织，在长期的发展过程中逐步形成和发展起来的共同的价值观，以及由此而形成的行为规范、道德准则、群体意识、风俗习惯等。

微视频
小米公司的
企业文化

组织文化实际上是指组织成员的共同观念系统。在每一个组织中，都有各种不断发展的价值观、仪式、规章、习惯等，这些观念一旦为全体员工所接受，就变成了组织的共同观念，即成为组织文化的一部分。而组织文化一旦形成，就会在很大程度上对管理者的思维和决策施加影响。

美国学者罗宾斯认为，组织文化是组织成员的共同价值观体系，它使组织独具特色，区别于其他组织。他认为，这一共同价值观体系实际上是组织所重视的一系列关键特征。最新研究表明，以下七个方面的特征是组织文化的本质所在。

（1）创新和冒险：组织在多大程度上鼓励员工创新和冒险。

（2）注意细节：组织在多大程度上期望员工做事缜密、善于分析、注意细节。

（3）结果定向：组织管理者在多大程度上集中注意力于结果而不是强调实现这些结果的手段与过程。

（4）人际导向：管理决策组织在多大程度上考虑到决策结果对组织成员的影响。

（5）团队定向：组织在多大程度上以团队而不是个人工作来组织活动。

（6）进取心：员工的进取心和竞争力如何。

（7）稳定性：组织活动重视维持现状而不是重视成长的程度。

二、组织文化的功能

组织文化是由组织中占支配地位的领导集团经过多年研究、发现并加以培育和确立的。组织中一旦形成了某种独特的组织文化，它就会对组织产生巨大的能动作用。

1. 导向功能

它能将全体员工的思想、行为统一到组织发展的目标上来，不仅会对组织的心理、性格、行为起导向作用，而且会对组织整体的价值取向和行为起导向作用。

2. 凝聚功能

它能对员工的思想、性格、兴趣产生潜移默化的影响，使员工自觉或不自觉地接受组织的共同信念和价值观，进而融入组织，对组织产生归属感，增强组织的凝聚力。

3. 激励功能

它能使全体员工看到本组织的特点和优点，认识到自己工作的意义，产生热爱本组织的荣誉感、自豪感，激发巨大的工作热情。

示例

惠普公司组织文化的激励效应

惠普公司开创了独具特色的"实验设备完全开放"的政策。该政策充分允许公司的工程技术人员自由地使用实验设备，而且鼓励他们将设备带回家里使用。公司的主导思想是，不管工程技术人员在公司还是在家里利用这些设备，不管其设计出来的东西是否是公司要求承担的项目，他们总是能够学到东西，这本身就增加了公司对创新活动所承担的义务。

正是由于惠普公司勇于承担义务，言行始终如一，其组织文化体现了对员工的高度信任和尊重，因此在惠普公司，无论走到哪里，你都可以听到员工在议论产品和服务的质量，在为本部门的成就感到骄傲。惠普公司的上上下下，无不显示出一种永不枯竭的活力和热情。

4. 约束功能

组织文化具有对组织成员的思想和行为进行约束和规范的作用。由于组织文化是组织群体的文化，它必然会影响组织中每个成员的认识、感受、理想、伦理、道德等心理过程，使其自觉或不自觉地按共同价值观行事。一旦组织成员违背这种共同价值观，无论别人知道与否，他自己都会感到内疚和不安，这会促使其在思想和行为上做出调整，以遵从共同价值观。

5. 辐射功能

组织文化对组织内外都有着强烈的辐射作用。对内，组织文化通过内部渠道对组织成员产生影响；对外，组织文化通过各种渠道对社会产生影响。例如，通过高质量的产品和满意的服务，使顾客感受到组织独特的文化特色。组织文化对内、对外的辐射过程，也正是组织形象的塑造过程，因而对组织的发展有着重要的意义。

6. 创新功能

特色鲜明的组织文化是组织创新的一个重要方面，也是组织成员创新精神的源泉和动力，是组织在激烈的市场竞争中立于不败之地的重要保证。

组织文化及其价值观产生以后，具有相对独立性和继承性。由价值观所产生的特定的心理导向，能够使所有新成员受到熏陶而接受其影响，从而使组织文化得以延续和发展。即使领导者更迭，这种精神依然存在，本组织的特色、特长和竞争力依然能够保持。这就是组织文化的力量所在。

 课程思政

方太的"文化实验"

（东方财富网 2018-10-30）方太用事实证明了，不盯着竞争，依然能够取得辉煌战果。而百亿元营业收入背后的驱动力，正是方太独创的文化体系。

目前在方太，员工每天上班的第一件事不是处理邮件、制订工作计划，而是诵读经典，这也形成了方太特色的早晨"读经一刻"（每天早晨 8:15—8:30 的文化经典朗读）惯例……这样的文化熏陶，是为了让员工修身养性，明白生命的意义，了解工作的意义。

经过十年如一日的学习、实践，以儒家文化为核心的中华优秀传统文化已经以一种润物细无声的方式，逐步渗透到了企业内核中，形成了一种积极向上、仁爱向善的企业氛围。

2018 年 8 月，方太文化研究院正式成立。作为中国首个企业级中华企业文化研究与推广平台，方太的目标是，依托于方太集团已经形成的独特企业文化和管理实践，去探寻更适合中国本土企业的文化体系，帮助更多的中国企业通过学习、实践优秀的中华传统文化，实现更稳健、更快速的发展。

可以看出，一直潜心推行中华优秀传统文化的方太，在营业收入突破百亿元之后，正在开始一场新的"文化实验"。

方太认为，一家完全以赚钱为目标的公司，是不太可能成为受人尊敬的公司的，也很难获得员工的认同。而方太自始至终都是一家由使命、愿景和核心价值观驱动的独特企业，自 2008 年开始将中华优秀传统文化导入现代企业管理中，矢志践行多年，形成了独特的方太文化体系。

但中华优秀传统文化如何与现代企业管理有效融合？中华优秀传统文化如何更好地解决中国企业的实际问题？经过多年探索，方太总结出了一套适合自己的十大基本法则，分别是心本经营、以道御术、德法管理、品德领导、组织修炼、智慧思维、行于中道、美善创新、精益品质、无为而治。

在实践层面上，很多企业制定制度的思路是把员工放在对立面，出发点是"管"，实质是"控"，如"三不准""五严惩"等。这种制度显然不符合儒家的仁义思想。方太认为，员工都有向善之心，制度不应仅仅是约束，更要引导。因此，方太制定制度的思路是替员工着想，了解员工存在的问题和错误，以及怎样防微杜渐。

面对市场竞争，方太同样遵循儒家所讲的"修己安人"，主张"把自己修炼好，并真正从仁爱之心出发为消费者着想，让消费者安心"。通过"不争而争"，方太反而赢得了市场主动权。

在产品层面，方太把仁爱之心贯穿从研发、制造到售后的每一个环节。方太将吸油烟机研发方向从关注量化指标调整为关注"最佳吸烟效果"和"不跑烟"等定性指标，致力于把油烟伤害降到更低，以期带给消费者更加健康、环保、有品位的厨房生活体验。方太通过 QCC、提案改善、工匠文化节、六西格玛俱乐部、精益生产的不断开展和深入，在全体员工和供应商中树立了牢固的"零缺陷"品质理念。

在管理层面，方太将文化从理念到践行体系进行实际落地，倡导员工从自身做起，培养自己的仁爱精神，提升自己的业务素养，进而更好地服务消费者。

三、组织文化的建设

组织文化和组织结构一样，需要根据组织环境的变化不断地创新，以更好地发挥组织文化的功能，而组织文化一旦被创造出来，组织就需要采取措施进行维系。

（一）组织文化的创造

组织文化的创造可以从多方面着手，但其基础是组织习惯。无论是组织精神、价值观念还是道德规范，它们的形成都是组织习惯的结果。在联想，员工平常用的打印纸、复印纸都是用过一面的纸。仅此一项，联想每年就能节约几十万元甚至几百万元的纸张费用。从管理学角度讲，这就是一种非常好的组织习惯——节约。节约的意识逐渐植根于每一位员工的头脑中，并通过日常工作的强化、积累，形成统一的行为规范。行为规范不断积淀、升华，最终形成新的组织文化。因此，组织习惯的培养是组织文化创造的最基本途径。

（二）组织文化的维系

组织文化一旦形成，组织就会试图去维护它。甄选程序、绩效评估标准、各种训练与生涯发展活动及升迁制度等都可以保证组织成员与组织文化相适应。在组织文化的维系中，以下三个方面起着重要作用。

1. 甄选程序

组织选拔人才的标准是员工应具备与职位需求相对应的知识、技能等素质，当拥有知识技能的专业人员达到标准后，还需要评估判断其是否符合组织文化（价值观）的要求，以决定取舍。依靠甄选程序，一方面可以确保员工与组织的恰当匹配；另一方面可以筛除那些与组织价值观冲突的人员，以避免对组织核心价值观形成威胁，使组织文化可以维系下去。

2. 管理者

通过管理者的言行，组织会树立起行为规范并传递给其他成员，这对于维系组织文化起着榜样作用。

3. 组织的社会化

由于新员工并不熟悉组织文化，因此组织必须协助其适应此文化，这个适应过程可被称为社会化过程。这一过程大致可分为三个阶段：首先是职前期，新成员在加入组织之前所具有的经验决定了他在被甄选时能否洞察主选人的要求，因而也在一定程度上决定了他能否被录用；接下来是遭遇期，这时新员工的价值观与组织的价值观相遇，新员工可以从中发现自己与组织之间的差距；最后是蜕变期，这时新员工会发生十分明显且持久的变化。从遭遇期到蜕变期，社会化过程所起的作用很大。至此，新成员被组织成员所接受，对工作适应，认同组织目标。

**本章小结**

组织是人们为了达到共同目标,通过责权分配以一定的层次结构构成的一个完整的有机体。一般来说,组织由三种成分组成,分别是目标、劳动分配和权力层次。在任何正式的组织中都可能存在着非正式组织。正式组织是为了达到组织所规定的特定目标与完成特定工作而产生的正式的官方组织。非正式组织是指那些既没有正式结构,也不是由组织确定的联盟,它是为了满足人们的交往需要或其他需求而在工作环境中自然形成的。

组织结构设计就是设计清晰的组织结构,规划和设计组织中各部门的职责和职权,确定组织中各种职权的活动范围并编制职务说明书。组织结构设计一般包括以下几个步骤:工作划分与工作专门化;工作归类与部门化;确定组织层次;实行授权,建立职权关系。常见的组织结构形式主要有以下几种:直线型组织结构、职能型组织结构、直线职能型组织结构、事业部制组织结构、矩阵型组织结构、委员会式组织结构以及三叶草型组织结构、网络型组织结构、阿米巴经营模式等。

所有的组织都处在一个变化的环境之中,而且它们本身也在不断变化。组织变革是指组织根据外部环境变化和内部情况的变化,及时对组织中的要素进行结构性变革,以增强自身适应环境和生存、发展所需的应变能力。推动组织变革的原因有很多,归纳起来不外乎外部原因和内部原因两大类。

组织文化是指处于一定经济、社会、文化背景下的组织,在长期的发展过程中逐步形成和发展起来的共同的价值观,以及由此而形成的行为规范、道德准则、群体意识、风俗习惯等。组织文化具有导向功能、凝聚功能、激励功能、约束功能、辐射功能和创新功能。

综合练习题

一、填空题

1. 一般来说,组织由三种成分组成,它们是目标、劳动分配和____。

2. 确定组织层次就是要确定组织中每一个部门的职位____。

3. 组织的有效性主要包括以下个几方面的内容:产量、效率、满意度、____和____。

4. 组织内的职权分为三种形式:直线职权、参谋职权和____。

5. 管理学家格兰丘纳斯指出,当增加一个下属时,直接单独联系的数量按算术级数增加,而相应的联系总数,由于加上了直接团体联系和交叉联系,是按____比例增加的。

6. ____是对一个组织的一整套基本活动和过程的可视化描述,是反映组织内各机构、岗位上下左右关系的一种图表。

7. ____组织结构形式最突出的特点是"集中决策,分散经营"。

8. 日本企业家稻盛和夫创造了____经营模式,并一手创立了两家世界 500 强企业——京瓷与 KDDI,还拯救了一度濒临破产的日本航空公司。

9. 现在的海尔没有层级,只有三种人——平台主、小微主、____。

二、不定项选择题

1. 组织结构设计的步骤一般包括(　　　　)。

    A. 工作划分与工作专门化　　　　　　B. 工作归类与部门化

    C. 确定组织层次　　　　　　　　　　D. 实行授权,建立职权关系

2. (　　　　)又被称为多线型组织结构,它的特点是采用按职能分工实行专业化的管理办法

来代替直线型的全能管理者。

      A. 直线型组织结构   B. 职能型组织结构

      C. 直线职能型组织结构   D. 事业部制组织结构

  3.（   ）能将全体员工的思想、行为统一到组织发展的目标上来，不仅会对组织的心理、性格、行为起导向作用，而且会对组织整体的价值取向和行为起导向作用。

      A. 导向功能   B. 创新功能   C. 约束功能   D. 激励功能

  4. 一个组织的各项工作可以按各种原则进行归类，常见的有（   ）等。

      A. 职能部门化   B. 产品部门化   C. 地区部门化   D. 顾客部门化

  5. 一般只适用于规模小、业务过程简单的企业或现场的作业管理的组织结构是（   ）。

      A. 直线型组织结构   B. 职能型组织结构

      C. 直线职能型组织结构   D. 事业部制组织结构

  6.（   ）是各类组织中最常采用的一种组织结构形式。

      A. 直线型组织结构   B. 职能型组织结构

      C. 直线职能型组织结构   D. 事业部制组织结构

  7.（   ）首创于 20 世纪 20 年代的美国通用汽车公司。

      A. 直线型组织结构   B. 职能型组织结构

      C. 直线职能型组织结构   D. 事业部制组织结构

三、判断题

  1. 任何正式组织中都可能存在着非正式组织。   （   ）

  2. 在一个部门中的员工人数一定的情况下，一个管理者能直接管理的下属人数越多，那么该部门的组织层次就越少。   （   ）

  3. 委员会式组织结构是由一些具有丰富经验和知识的专家跨部门组成的一种组织结构。

                                                          （   ）

  4. 授权是组织结构设计的重要内容，它不仅与组织结构内的职位密切相关，而且与个人特质有关。   （   ）

四、简答题

  1. 与传统的金字塔式组织结构相比，新型组织结构的主要特点有哪些？

  2. 如何实施组织变革？

  3. 组织文化的结构如何划分？

  4. 简述组织变革的外部动因。

  5. 简述组织变革的内部动力。

五、思考题

  1. 谈谈你对阿米巴经营模式的理解。

  2. 组织变革的阻力有哪些？如何消除这些阻力？

案例分析题原文

六、案例分析题

扫描二维码阅读案例，并回答以下问题。

（1）京东的这种小经营体属于哪种新型组织结构？

（2）它的主要特点是什么？

（3）京东引入这种模式的目的是什么？

管理心理学（附微课 第2版）

第八章　领导心理

学习目标

通过本章的学习，你应该达到以下目标。

知识目标：了解领导行为的定义，知晓领导者影响力的构成，熟练掌握增进领导效果的理论研究成果。

技能目标：在掌握本章各种领导理论的基础上，具有分析、解释现实中不同领导行为的特征和领导有效性的技能。

能力目标：能够运用相关理论评估自己的领导风格，发展自身领导力。

案例导读

德式管理：伟大的CEO也是伟大的教练

（《企业管理》杂志 2019-02-28 ）当今西方成功的企业无不应用教练技术，要求企业领导者具备教练的能力。十余年来，教练技术在德国企业管理中被广泛应用。

1. 教练型领导者关注的焦点是人

有一家非常有名的报社，其报纸通过流水线高度自动化、高效率地印制出来。报纸在夜里印刷，以便在早晨及时发行。夜班生产线上只有一名员工控制着整个流水线的进程，他的职责是对指示灯进行监控，以掌握整个流水线是否正常作业。

一天，报社领导与一名即将上夜班的员工进行了一次谈话，领导警告这名员工，如果再不努力就不能继续在这里工作了。这名员工感到很沮丧，以至于没有心思进行监控，因为他想的都是刚才的谈话。夜班开始了，他站在流水线前，越想越生气。他走进卫生间，拿起一卷手纸砸向流水线，顿时所有的流水线都立刻停止了工作，这家报社一整天的生产就这样被轻易毁掉了。

仅仅由于领导一次工作的失误，就给企业带来逾千万美元的直接经济损失，还给企业员工和顾客造成了难以挽回的负面影响，足见软性管理在现代企业的运营中扮演着多么不容忽视的角色。要想切实提高企业长远的经济效益和社会效益，领导者必须应用教练技术，以人为本，让员工在企业中发挥最大的能动作用。

在当今全球化的时代，社会在不断变化，但人依然处于变化的中心。对于企业和组织而言，最急迫的任务是找到这种能够独立承担责任、灵活应对各种变化的高素质人才。而这样的人才不容易被发现，也并非通过普通的培训便可得到。教练型领导者是发现这类人才的专家，教练技术则是打造高素质人才的绝佳工具。

2. 教练型领导者注重挖掘员工潜力

美国通用汽车公司前董事长杰克·韦尔奇留下了这样的名言："伟大的CEO也是伟大的教练。"这说明一个好的领导者就是一个好的教练。

具有教练能力的领导者是一个发现人才、开发人才的专家。教练型领导者如同雕塑师，他知道对方潜在的资源、能力，并能与其一道去发现、挖掘。具备教练能力并不意味着他需要具备很多专业知识、某些技术和商业方面的理论。教练主要需要具备良好的洞察能力、倾听的能力和引导他人的能力，知道如何发现问题、确定目标，知道如何交流、与他人合作。教练的任务是通过沟通来引导他人，带领他人达成目标。

教练型领导者遇到问题时，知道如何发现真相，找出解决方案；制定目标时，知道如何预测成果，制订切实可行的计划并带领团队去达成；跟进执行时，知道如何拨开迷雾，采取正确行动，用更少的资源做更多的事情；处于困境时，知道如何跳出条条框框，发现更多可能性，让员工的智慧为企业创造更大的价值。

3. 教练型领导者是魅力型领袖

教练追求的境界是在沟通中能够四两拨千斤。教练修炼到很高的阶段时，就达到了一种境界：在生活中，他是智者，具有点醒他人、引导他人、帮助他人达成目标的能力；在企业中，他可能是领导者或高管，能够让员工们乐意追随。同时，他也有足够的时间去锻炼身体、发展个人爱好、与朋友交往等。这样的领导者已具备教练的能力，属于魅力型的企业领袖。

一个具备教练能力的企业领导者，尽管手中有行政强权，他也不会滥用或几乎不用，如同一个携带利剑的武林高手，不会轻易出手，即使出手也不一定要抽出利剑。教练能读懂他人的内心，知道如何进入他人的潜意识与之做深层次沟通。

一家医疗器具集团的总裁经常去参加某一课程的学习。当被问到他怎么会有如此多的时间来学习时，他回答说："尽管我们公司有几千人，但我只管三个人，一个是主管销售的副总，另外两个是主管行政的副总和财务总监，你说我能不清闲吗？"他分享的成功秘诀是，有权而不滥权，授权而不弃权，用人而不佣人，懂钱而不动钱。

这位总裁还谈到，领导者要有洞察力，能看清企业存在问题的本质，识别出企业所需的关键人才以及他们的行为模式和心智模式，弄清他们当下的想法和建议，再针对他们的建议判断出对企业发展具有关键和积极意义的举措，将他们的思想精华汇集起来，得到众人乐于接受的"公约数"。

上述案例表明，教练型领导者在企业中主要从事与价值观、身份定位和愿景有关的工作。他会把教练技术引进企业，在企业中建立教练文化，让员工的价值观与企业的价值观趋同，让员工认同企业的身份定位和愿景，让员工们养成主动学习的习惯，通过增强自身的能力来为企业服务，为企业目标服务，从而在结果层面上实现企业目标，提高企业效益。可见，教练技术是一种激励与授权的管理工具，其重点是针对人的心态，通过照镜子的方式，运用一套完整的激励与挑战体系来改变人对自我的认知以及对待生活和工作的态度。本章主要介绍领导心理，包括领导行为的基本概念、领导有效性理论以及新型领导理论。

第一节　领导行为概述

一、领导的定义

俗话说得好，"火车跑得快，全靠车头带"。在现代企业中，领导者居于独特的地位，发挥着独特的作用。从企业目标达成角度看，领导者往往成为影响企业经营成败的重要因素；从员工利益角度看，领导者是其福祉和满意度的首要影响者。因此，如何培养合格的领导者，如何提高领导工作的效率，就成为企业管理中一个非常重要的课题。领导行为主要指由领导能力和领导素质决定的领导方法和领导艺术。

我们对领导的实质可作如下表述：领导是指引和影响个体、群体或组织，在一定条件下实现所期望目标的活动过程。致力于实现这个过程的人，即为领导者。这样，我们实质上把领导看成了一个动态的过程，而该过程是由领导者、被领导者及其所处环境三个因素所组成的。

领导和管理是两个经常被混淆的术语。那么二者之间有什么关系呢？领导与管理既相互联系，又相互区别。美国哈佛商学院的约翰·科特（John Kotter）认为，管理主要处理复杂的问题，优秀的管理通过制订正式计划、设计规范的组织结构以及监督计划实施的结果而使企业达到有序而一致的状态。相反，领导主要处理变化的问题，领导者通过开发未来前景来确定前进的方向，然后，他们就这种前景与其他人进行交流，并激励其他人克服障碍达到这一目标。科特认为，要达到组织的最佳效果，领导和管理具有同等的重要性，两者缺一不可。但是大多数组织总是过于强调管理而忽视了领导的重要性，因此我们应更加注重发挥组织中领导的作用。表 8.1 对领导者与管理者进行了特征比较。

二、领导者的影响力

（一）领导者影响力的概念

要实现有效的领导，关键是领导者要在被领导者心目中有崇高的威望，而威望的高低则取决于领导者自身具备的影响力的大小。

所谓影响力，就是一个人在与他人的交往中影响和改变他人心理与行为的能力。影响力，人皆有之，但是由于交往双方各自的知识、经验、能力、地位、权力等特点与条件不同，交往的环境不同，影响力所起的作用是大不相同的。影响力的大小是相对而言的。

领导者在与他人交往中的影响力的大小是由许多因素决定的，如地位、权力、知识、能力、品格和资

表 8.1　领导者与管理者的特征对比

领导者特征	管理者特征
创新	管理
起源	复制
发展	维持
集中于人	集中于系统和结构
激发信任	信赖控制
远视的	短视的
询问什么和为什么	询问如何和何时
关注整体	关注基本情况
首创	模仿
挑战地位	接受地位
自己人	好战士
做正确的事	正确地做事

历等。作为一位称职的领导者，他必须对权力和影响力有正确的认识。一般人们把权力解释为一个人因有某种地位和素质而获得的一种力量，这种力量可用来影响他人，使他人根据他的劝告、建议或命令行事。

（二）领导者影响力的分类

领导者的影响力包括两类：权力性影响力和非权力性影响力。这是两种产生于不同基础之上、发挥不同作用的影响力。

1. 权力性影响力

权力性影响力也叫强制性影响力。权力性影响力是由社会赋予个人的职务、地位、权力等所构成的影响力。这种影响力的基础，一是领导者的法定地位，正式组织中的上级主管部门赋予某个人一定的职务和权力，带有法定的性质，使被领导者认为领导者能合法地指挥、支配他们的工作行为，他们必须听命、服从；二是其奖惩权，领导者掌握着奖惩权，接受其领导的就给予奖励，拒绝其领导的就予以惩罚，因此，人们只有服从。

权力性影响力的基础决定了其特点与作用，即对他人的影响带有强制性和不可抗拒性，是以外推力的形式发挥作用的。这种由于职务、地位、权力而产生的影响力，完全是外界赋予的，不是由于领导者本身的素质及现实行为产生的，因而在权力性影响力的作用下，下属的心理与行为一般表现为被动服从。权力性影响力对人的激励作用是十分有限的。如果领导者一味地以权力压服下属，只会导致下属的不满和反抗情绪的增强。

权力性影响力的构成因素主要包括传统因素、职位因素和资历因素。

（1）传统因素。传统因素是指人们对领导者的传统认识。自古以来，人们形成了一种观念，

认为领导者总是不同于一般人，认为领导者有权、有才干、比普通人强，从而产生了对领导者的服从感，这就增强了领导者言行的影响力。这种传统观念所产生的影响力普遍存在，只要你成了领导者，这种力量就自然产生。这是一种观念性因素。

（2）职位因素。职位是指个人在组织中所担任的职务和所处的地位。具有领导职务的人，社会会赋予他一定的权力，而权力使领导者具有影响下属的力量，其凭借权力可以左右被领导者的行为、处境、前途，使被领导者产生敬畏感。领导者的职位越高，权力越大，他人对他的敬畏感也就越强烈。由职位因素构成的影响力是以法定条件为基础的，与领导者本人的素质条件没有直接关系。它是一种社会性因素。

（3）资历因素。资历是指领导者的资格和经历。领导者的资格和经历对被领导者产生的心理影响叫作资历因素影响。领导者的资历越深，其影响力越大。它是一种历史性因素。

显而易见，由传统因素、职位因素、资历因素所构成的权力性影响力，不是因领导者的现实行为产生的，而是外界赋予的。它对下属的影响带有强制性和不可抗拒性。这种权力来自领导者所担任的职务，他有了这个职务，就有了这个职务法定的权力，下属不能不接受他的领导。因此，这种权力是一种位置权力或地位权力，它取决于个人在组织中的地位。权力性影响力对被领导者的作用主要表现为使之被动服从。权力性影响力的核心是权力，它对人的心理和行为的激励作用是有限的。

2. 非权力性影响力

非权力性影响力也叫自然性影响力。非权力性影响力与权力性影响力是相对的，它与法定的权力无关，是基于个人自身的品德、才能、学识、专长等因素而对他人产生的影响力。任何一个人，只要他具有高尚的品德、拥有渊博的知识或者表现出某种出众的专长，都会受人爱戴、敬佩，都会有这种影响力。

非权力性影响力取决于个人的品德、行为和学识专长等方面。品德高尚、受人敬佩的人，其言行的影响力远大于一般人。同样，博学多才、知识丰富的人比缺乏真知灼见、低能平庸的人更具有影响力。

由领导者自身因素而产生的影响力不是以外力推动人的行为改变，而是对人们心理的自然感召，使之自愿改变行为。因此，非权力性影响力的特点是自然性，在这种影响力的作用下，人们的心理和行为多表现为自觉自愿、积极主动。同时，在具体活动中，它比权力性影响力具有更大的影响，并起着权力性影响力所起不到的作用。

微视频
非权力性影响力

非权力性影响力既没有正式的规定，也没有组织授予的形式，它是一种自然性影响力，是靠领导者自身的威信和以身作则来影响他人的。非权力性影响力产生的基础比权力性影响力产生的基础广泛得多。非权力性影响力的构成因素主要包括品格因素、能力因素、知识因素和情感因素。

（1）品格因素。它是指领导者的品行、人格、作风等对人的影响。领导者如果品格高尚，就会让人敬重和认同。不论职位有多高，如果领导者品格不好，他就会威信扫地，失去影响力。

（2）能力因素。它是指领导者的领导能力与才干对人的影响。有才能的领导者会给企业带来成功，使人产生敬佩感，他的能力越强，使人产生的敬佩感也越强。

（3）知识因素。它是指领导者的博学多才对人产生的影响。领导者广博的知识会使人产生信赖感，从而增强其影响力。

（4）情感因素。它是指领导者对人有真挚的感情。领导者平易近人、乐于助人会使人产生亲切感，会增强其自身的影响力。因此，领导者应和大家拉近距离，增强自身影响力。情感因素是一种精神因素。

领导风格

子产治郑，民不能欺；西门豹治邺，民不敢欺；子贱治单父，民不忍欺。

请分析上述三人的领导风格。

（三）增强领导者影响力的途径

一般来说，任何领导者都同时具有上述两种影响力，但对不同的人来说，两种影响力的大小是不相同的。对于权力性影响力相同的两位领导者来说，其威信的高低主要取决于其非权力性影响力。因此，领导者要增强影响力，一方面要合理用权，使职权相称；另一方面要加强自身的修养，全面提高个人素质，并使两种影响力相互促进，彼此呼应。一个能够将两种影响力综合运用的领导者，将会取得较好的领导效果。

1. 正确使用权力性影响力

权力性影响力是组织中权力的基础，领导者必须首先依靠并正确使用合法权力，使它在组织中发挥应有的作用。要想正确使用权力性影响力，领导者至少要做好以下几点。

（1）慎重地运用权力。权力性影响力多以"指示""命令"等方式体现，或多或少地带有"执法"的性质，这就要求领导者不仅要按章行事，更要秉公办理。如果领导者过多地采用强制性手段，即使权力性影响力的行使是正确的，也不会收到好的效果。再者，单靠权力性影响力对下属施加影响，只能维持短暂的时间，而这种维持是以失去持久的非权力性影响力为代价的。因此，领导者不能滥用权力性影响力。

（2）努力培养无私精神。领导者虽在客观上拥有行使权力性影响力的合法地位，但不能炫耀权力、滥用权力，更不能以权谋私。否则，下属就会采取种种对抗和抵制行为，从而削弱权力性影响力的影响效果，降低领导者的威信。因此，领导者应以身作则，罚不避亲，赏不避仇。只有这样，才能使权力性影响力产生更好的效果。

（3）善于授权。西方管理学者卡尼奇认为："当一个人体会到请别人帮他一起做一件事情的效果要比他单独干好得多时，他便在生活中迈出了一大步。"领导者要善于授权，敢于授权，并在授权中将激励与约束有效结合起来，形成"抓大放小"的局面，从而有效地发挥权力性影响力的作用。

2. 设法增强非权力性影响力

在领导者影响力中，非权力性影响力起着举足轻重的作用。如果一位领导者的非权力性影响力较大，他的权力性影响力会随之增强；反之，如果他的非权力性影响力较小，就会使他应有的权力性影响力减弱。因此，要增强领导者影响力，关键在于增强领导者的非权力性影响力。

领导者的非权力性影响力由品格、能力、知识和情感构成，因此，领导者要增强非权力性影响力就必须从这四个方面着手，即不断加强自身的品格修养，设法增强自己的工作能力，努力学习新的科学文化知识，同时时刻注重增加情感投资。不过，应该注意的是，这四个因素之间并不是并列的关系，而是有主次的。其中，品格因素为首。一位领导者若是在品格因素上出了问题，其他因素肯定会受到影响。在品格因素合格的条件下，决定领导者非权力性影响力的主要因素是能力，尤其是在重大问题上表现出的远见卓识。在品格、能力因素都达到相当水平时，情感因素就显得十分重要了。"感人心者，莫过于情"说的就是这个道理。知识因素也是不能忽视的。在知识经济时代，领导者必须努力学习，加快知识更新的步伐，以适应不断变化的新环境、新形势的要求，增强自己的非权力性影响力。

第二节　领导有效性理论

一、领导特质理论

领导特质理论是 20 世纪初最流行的领导理论,也是管理科学中最早对领导活动及行为进行系统研究的尝试。在第一次世界大战期间,出于军队大选拔和培训各级领导者的需要,美国心理学家采用智力测验、人格测验等手段,对领导者和非领导者、成功领导者和一般领导者进行了比较研究,以便弄清一个成功领导者应具备的特质是什么,并以此作为选拔和培训的基础,从而掀起了领导特质理论的研究高潮。

领导特质理论的研究依据和方法是从成功领导者身上寻找其共同的特点,通过对领导者与非领导者,或一般领导者与成功领导者的对比,来回答以下问题:为什么他们能够成为领导者?什么是领导力的决定因素?领导者区别于普通人的特质是什么?研究者认为,只要找出成功领导者所具备的特质,再考察某个组织中的领导者是否具备这些特质,就能断定他是不是一位优秀的领导者。这种归纳分析法成了领导特质理论的基本研究方法。

领导特质理论的出发点是,领导效能的高低主要取决于领导者的个人特质,那些成功领导者也一定有某些共同点。根据领导效果的好坏,找出好的领导者与差的领导者在个人特质方面有哪些差异,就可确定优秀的领导者应具备哪些特质。

按照对领导特质来源的不同解释,我们可以把领导特质理论分为传统的领导特质理论和现代的领导特质理论。前者认为领导者所具有的特质是天生的,由遗传因素决定,具备这些特质的人适合做领导者,不具备这些特质的人就不适合做领导者。因此,传统的领导特质理论把研究的重点放在对领导者的测评和选拔上。而后者认为,领导者的特质并不是与生俱来的,而是在后天的实践中逐渐形成的,因此是可以通过教育和训练培养的。基于这一观点,现代的领导特质理论把研究的重点放在对领导者的培训上,以期通过系统的培训,使领导者具备从事领导工作所需的特质。

从 20 世纪初开始,许多领导学研究者、行为学家以及心理学家都对领导特质理论表现出极大的兴趣,纷纷投入这一研究工作,并提出了大量的领导者应具备的特质。比较有代表性的特质有以下几种。

1. 斯托格迪尔提出的领导者应具备的六项特质

被誉为美国领导学之父的斯托格迪尔(Stogdill)是领导特质理论的积极推动者,他指出,领导者应具备以下六个方面基本特质。

(1)身体特质,如身高、体重、外貌等。

(2)社会背景特质,如社会经济地位、学历等。

(3)智力特质,如判断力、果断性、知识的深度和广度、口才等。

(4)个性特质,如适应性、进取心、自信、机灵、见解独到、正直、情绪稳定、不随波逐流、作风民主等。

(5)与工作有关的特质,如愿承担责任、毅力、首创性、工作主动、重视任务的完成等。

(6)社交特质,如善交际、好相处、积极参加各种活动、愿意与人合作等。

2. 鲍莫尔提出的领导者应具备的十项特质

普林斯顿大学的鲍莫尔(Baumol)提出了作为领导者应具备以下十项基本特质。

(1)合作精神,即愿意与他人一起工作,能赢得人们的认同,对人不是压服,而是感动和说服。

（2）决策能力，即依赖事实而非想象进行决策，具有高瞻远瞩的能力。

（3）组织能力，即能发掘下属的才能，善于组织人力、物力和财力。

（4）精于授权，即能大权独揽，也能小权分散。

（5）善于应变，即机动灵活、善于进取，而不抱残守缺、墨守成规。

（6）敢于求新，即对新事物、新环境和新观念具有敏锐的感受能力。

（7）勇于负责，即对上级和下级的产品、用户及整个社会抱有高度的责任心。

（8）敢担风险，即敢于承担企业发展不景气的风险，有创造新局面的雄心和信心。

微视频
康熙的用人之道

（9）尊重他人，即重视和采纳别人的意见，不盛气凌人。

（10）品德高尚，即在品德上为社会人士和企业员工所敬仰。

3. 马文·鲍尔提出的领导者应具备的特质

马文·鲍尔（Marvin Bower）在《领导的意志》一书中指出，领导者应具备以下十四项基本特质：①值得信赖；②公正；③举止谦逊；④倾听意见；⑤心胸宽广；⑥对人敏锐；⑦对形势敏锐；⑧进取；⑨卓越的判断力；⑩宽宏大量；⑪灵活性和适应性；⑫稳妥而及时的决策能力；⑬激发人的能力；⑭紧迫感。

领导特质理论揭示了领导者应具备的基本特质，对于领导者的选拔与培训、提高领导效能具有一定的意义。

二、领导行为理论

如果领导特质理论是成立的（即解决了怎样使领导行为成功的问题），那么管理学就变得简单了。先把成功领导者挑出来，然后对他们的人格进行测验，找出共同点就行了。另外，由于人格的形成由两大因素决定，即遗传与环境，区分出哪些特质是天生的，哪些特质是后天培养的，选择具有相应遗传特质的人，再辅以一定的训练，优秀的领导者就诞生了。遗憾的是，几十年的实践并没有证明这一方法的有效性。领导特质理论在解决领导有效性问题上没有给人满意的答复，领导行为理论就成为新的思路。

领导行为理论是一种着重研究领导者如何以自己的不同行为和作风来影响被领导者，以及分析判断领导是否有效的理论。这种观点认为，与其说有效的领导行为来源于具有某些特质的领导者，不如说领导者的行为（就是怎么做）是关键因素。

领导行为理论主要有 X 理论、Y 理论，管理系统理论，领导风格理论，领导行为四分图理论，管理方格图理论，PM 型理论等。

微视频
X 理论、Y 理论

（一）X 理论、Y 理论

领导者的行为和作风对被领导者的影响作用，与领导者对被领导者的看法有密切的关系。X 理论、Y 理论是两种有关领导者如何看待被领导者的理论。

美国工业心理学家麦格雷戈在《企业中人的问题》一书中，总结提出了两种对立的管理理论：X 理论和 Y 理论。

1. X 理论

X 理论的基本观点如下。

（1）多数人天生是懒惰的，他们都尽可能逃避工作。

（2）多数人没有雄心大志，不愿负任何责任，而心甘情愿受别人的指导。

（3）多数人的个人目标都与组织目标相矛盾，组织必须用强制、惩罚的办法，才能迫使他们为达到组织目标而工作。

（4）多数人工作为了满足基本的生理需要和安全需要，因此，只有金钱和地位才能激励他们努力工作。

（5）人大致可以分为两类，一类是符合上述设想的人，这些人占大多数；另一类是能够自己激励自己，能够克制感情冲动的人，这些人应负起管理的责任。

2．Y理论

Y理论与X理论是根本对立的，其基本观点如下。

（1）一般人都是勤奋的，如果环境条件有利，工作如同游乐或休息一样自然。

（2）控制和惩罚不是实现组织目标的唯一方法。人们在执行任务中能够自我指导和自我控制。

（3）在正常情况下，一般人不仅会承担责任，而且会主动寻求责任。

（4）人群中广泛存在着高度的想象力、智谋和解决组织中问题的创造性。

（5）在现代工业条件下，一般人的潜力只得到了部分发挥。

自我测评
你是持X理论的领导者吗

可见，X理论和Y理论对人性的看法是根本对立的。持X理论的领导者一般采取"严格控制"的专制型领导方式。他们把金钱作为基本的激励手段，以惩罚作为重要的管理原则，也就是人们常说的"胡萝卜加大棒"的管理方式。因此，他们往往只关心组织任务的完成，而忽视下属的感情和心理需要。Y理论则截然相反，它对人性的看法与"人之初，性本善"的观点有相近之处。因此，更多的人对持Y理论的领导者的看法更好。也就是说，人们一般认为Y理论比X理论更有效。当然，究竟哪种理论更有效还要看工作任务的性质、人员的素质以及所处的环境，不能一概而论。

（二）管理系统理论

美国管理心理学家利克特等人对人的行为进行了长期的研究。他们认为，从非常专制独裁的领导风格到非常民主的领导风格，领导行为可以分为四种基本的风格或系统，如表8.2所示。

表8.2　管理系统理论的领导行为分类

领导风格的变量	第一系统 （极端专制独裁型）	第二系统 （仁慈的独裁型）	第三系统 （民主协商型）	第四系统 （民主参与型）
下属对领导者的信心和信任程度	毫无信心和信任	有一点儿信心和信任	有较大的信心和信任	有充分的信心和信任
下属感到与领导者一起讨论重要问题的自由程度	根本没有自由	只有非常少的一点儿自由	有较大的自由	有充分的自由
在解决工作问题方面领导者征求和采用下属所提意见和建议的程度	很少征求与采用下属的意见和建议	有时征求与采用下属的意见和建议	一般能征求下属的意见和建议，并能积极地采用这些意见和建议	经常征求下属的意见和建议，并且总是积极地采用这些意见和建议

第一系统：极端专制独裁型。权力集中在最高一级，下属没有任何发言权。上下级之间互不信任。

第二系统：仁慈的独裁型。这种领导者对待下属采用的是父母对待子女的方式。权力集中在最高一层，但授予中下层部分权力。在执行过程中领导者会奖惩并用，上下级之间的意见沟通是表面的、肤浅的。下属对领导者的态度是非常谨慎和害怕的。

第三系统：民主协商型。重要问题的决策权在最高一层，授予中下层部分权力；有时在一些次要问题上，下属也有决定权。上下级之间相互沟通频繁，关系比较融洽。

第四系统：民主参与型。下属可以参与管理，上下级处于平等的地位，有问题双方民主协商、讨论。最后决策由最高领导者作出。另外，按分工授权的原则，在规定范围内，下属有自行决策权。领导者一般在向下属提出符合企业要求的具体目标后，不过多干预下属如何实现目标，而是给予其大力支持。通常，上下级之间有良好的意见沟通和感情联系。

在这四种系统中，第四系统的效果最好，第一系统的效果最差。因此，利克特比较认同第四系统。他的这一理想主义领导理论有一定的积极意义，为我们推行民主管理提供了心理依据。根据利克特本人的调查结果，他发现成就高的部门领导者大都接近于第四系统，而成就低的部门领导者大都接近于第一系统。当然，事情也不总是这样简单。在一定的条件下，领导者也需要采用第一系统或第二系统的领导方式。就像泰坦尼克号在快要沉没的时刻，为了把目标乘客迅速地转移到救生艇上去，船长就要采取强硬的措施，甚至要用一种残酷的方式来解决问题。在这种紧急情况下，第一系统或第二系统的领导方式常常会优于第三系统或第四系统的领导方式。

案例 8-2

康拉德·希尔顿的成功

"酒店大王"康拉德·希尔顿的成功在某种程度上应归功于他以信任为基础的授权方式。

在康拉德·希尔顿年轻的时候，他的父亲任命他做一家旅馆的经理，同时还把该旅馆的一部分股权转让给他。然而，令年轻的康拉德·希尔顿十分不满的是，虽然他担任了经理的职位，父亲却仍然经常对他的工作进行干预。这一方面是因为父亲总是觉得自己的儿子太年轻，缺乏经验，担心他犯错误，需要一定的指导；另一方面是因为当时事业还没有稳定，经不起任何失误带来的致命打击。这一切使康拉德·希尔顿倍感郁闷，总是在开展工作的时候感到束手束脚。正是因为尝到了有职无权、处处受到制约的苦头，康拉德·希尔顿日后有权任命他人的时候，总是慎重地选拔人才，一旦作了决定，就必定会全权放手，绝不加以干预。

在希尔顿集团，很多高层的管理者都是从企业的最底层逐步提拔上来的。由于他们在长期的实践过程中获得了很多经营方面的经验，因此在晋升之后也表现得十分出色。最重要的是，康拉德·希尔顿对任命的每个人都给予了充分的信任，并且放手让他们在各自的工作中充分发挥自己的聪明才智，大胆负责地工作。

康拉德·希尔顿对员工的充分信任、尊重以及宽容，使得希尔顿集团形成了一种和谐的气氛，创造出了一种轻松愉快的工作环境，最终使希尔顿集团获得了经营管理中的法宝——团队精神和微笑，从而铸造了希尔顿集团的辉煌。

（三）领导风格理论

著名心理学家勒温和他的同事们从 20 世纪 30 年代起就开始进行关于团队氛围和领导风格的研究。勒温等人发现，领导者通常具有不同的领导风格，这些不同的领导风格对团队成员的工作绩效和工作满意度有着不同的影响。勒温等研究者力图科学地识别出最有效的领导行为，他们着眼于三种领导风格，即专制型、民主型和放任型领导风格。

勒温认为，这三种不同的领导风格会带来三种不同的团队氛围和工作效率。专制型领导者只注重工作的目标，仅仅关心工作任务和工作的效率，对团队成员不够关心。被领导者与领导者之间的社会心理距离比较大，领导者对被领导者缺乏敏感性，被领导者对领导者存在戒心和敌意，容易使团队成员产生挫折感和机械化的行为倾向。在这种团队中，团队成员均处于一种无权参与决策的从属地位。团队的目标和工作方针都由领导者自行制定，具体的工作安排和人员调配也由领导者个人决定。团队成员针对团队工作提出的意见不受领导者欢迎，也很少会被采纳。

民主型领导者注重对团队成员的工作加以鼓励和协助，关心并满足团队成员的需要，营造一种民主与平等的氛围，领导者与被领导者之间的社会心理距离比较小。在民主型领导风格下，团队成员自己决定工作的方式和进度，工作效率比较高。民主型团队的权力定位于全体成员，领导者只起到指导者或委员会主持人的作用，其主要任务就是在成员之间进行调解和仲裁。团队的目标和工作方针要尽量公之于众，征求大家的意见并尽量获得大家的认同。具体的工作安排和人员调配等问题，均要经共同协商决定。

放任型团队的权力定位于每一个成员，领导者置身于团队工作之外，只起到一种被动服务的作用，其扮演的角色有点儿像情报传递员和后勤服务员。领导者缺乏关于团体目标和工作方针的指示，对具体工作安排和人员调配也不做明确指导。在这种团队中，非生产性活动很多，工作进展不稳定，效率不高，成员之间存在过多的与工作无关的争辩和讨论，人际关系淡薄，但很少发生冲突。

 经典实验

勒温的领导风格实验

勒温等人试图通过实验确定哪种领导风格是最有效的领导风格。他们将不同的成年人分别训练成为具有不同领导风格的领导者，然后让这些人充当青少年课外兴趣活动小组的领导者，让他们主管不同的青少年群体。参与实验的青少年群体在年龄、人格特征、智商、生理条件和家庭社会经济地位等方面进行了匹配，也就是说，几个实验组仅仅在领导者的领导风格上有所区别。这些青少年群体进行的是手工制作活动，主要是制作面具。结果发现，放任型领导者所领导的青少年群体的绩效低于专制型和民主型领导者所领导的青少年群体；专制型领导者所领导的青少年群体与民主型领导者所领导的青少年群体的工作量大体相当；民主型领导者所领导的青少年群体的工作质量与工作满意度更高。基于这个结果，勒温等研究者最初认为民主型领导风格似乎会带来良好的工作质量和较大的工作量，同时群体成员的工作满意度也较高，因此，民主型领导风格可能是最有效的领导风格。但是，研究者后来发现了更为复杂的结果。民主型领导风格在有些情况下会比专制型领导风格带来更好的工作绩效；而在另外一些情况下，民主型领导风格所带来的工作绩效可能比专制型领导风格所带来的工作绩效低或者仅仅与专制型领导风格所带来的工作绩效相当。而关于群体成员工作满意度的研究结果则与以前的研究结果相一致，即通常在民主型领导风格下，群体成员的工作满意度会比专制型领导风格下群体成员的工作满意度高。

此外，曾有美国学者通过一项实验来探讨以上三种领导风格哪一种更优越。实验将一群孩子分成三个小组来堆雪人，事先分别训练各组的组长按专制型领导风格、民主型领导风格和放任型领导风格行事。实验表明，放任型领导风格下的小组工作效果最差，所堆的雪人在数量和质量上都不如其他小组。专制型领导风格下的小组所堆的雪人数量最多，但质量不如民主型领导风格下的小组。在民主型领导风格下的小组中，由于孩子们积极主动发表意见，显示出很高的工作热情和创造性，组长又在一旁引导、协助和鼓励，结果他们堆出的雪人质量最高，但数量不及第二组，因为孩子们在商量时花了大量时间才达成了一致意见。这次实验表明，专制型和民主型领导风格利弊并存，而放任型领导风格在通常情况下弊多利少。

可见，勒温的理论也存在一定的局限。这一理论仅仅注重领导者本身的领导风格，没有充分考虑到领导者实际所处的情境，因为领导者的行为是否有效不仅仅取决于其自身的领导风格，还受到被领导者和周边环境的影响。

（四）领导行为四分图理论

在行为科学的研究中，许多研究者发现，领导行为与工作绩效之间存在着密切的关系。在这方面，俄亥俄模式最为著名。俄亥俄州立大学研究小组先把鉴别领导行为的项目分解为1000

多项，最后将其归纳为抓组织和关心人两大因素。

抓组织是以关心组织任务为导向的领导行为，包括组织设计、明确职责和关系、确定工作目标等。

关心人是以关心、体贴员工为导向的领导行为，包括营造相互信任的气氛、尊重下属意见、注意下属的感情和问题。

该研究小组按照这两类因素的内容，设计了"领导行为描述问卷"，每类因素列举了 15 个问题，进行问卷调查。调查发现，两类领导行为在同一位领导者身上有时一致，有时并不一致，因此他们认为领导行为是这两类行为的具体组合。他们用领导行为四分图（如图 8.1 所示）来鉴别领导者，评定领导类型。

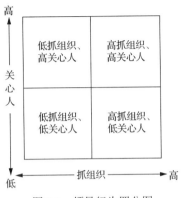

图 8.1 领导行为四分图

领导行为四分图从两个方面来考察领导行为。同一位领导者往往是两个维度的组合体。他可能在这一维度（抓组织）有较高的得分，而在另一维度（关心人）却可能得分很低。用这一方法可以得出以下四个结果。

（1）高抓组织、低关心人。高抓组织而低关心人的领导者最关心的是工作任务。

（2）低抓组织、高关心人。低抓组织而高关心人的领导者大多更为重视与下属之间的合作，与下属相互信任和相互尊重。

（3）低抓组织、低关心人。低抓组织又低关心人的领导者对组织、对人都不关心，这种领导行为的效果最差。

（4）高抓组织、高关心人。高抓组织又高关心人的领导者对工作任务和下属需求都比较关心。

那么，这四种领导行为哪种最好呢？答案是不能一概而论。因为，在某种情况下，也许高抓组织而低关心人的领导者最佳；在另一种情况下，可能高抓组织又高关心人的领导者最佳。因此，我们要根据具体情况而定。

（五）管理方格图理论

在俄亥俄州立大学领导行为四分图理论的基础上，布莱克和莫顿于 1964 年提出了管理方格图理论。这是一张横轴和纵轴均九等分的方格图，横坐标表示领导者对生产的关心程度，纵坐标表示领导者对人的关心程度，如图 8.2 所示。评价领导者时，就按这两个方面的行为寻找交叉点，这个交叉点就是领导者的领导类型。

例如，某领导者关心人的程度达到 9，而关心生产的程度很低，只有 1，这样两者的交叉点就是 1.9，他就是 1.9 型领导者。

布莱克和莫顿在提出管理方格图时，列举了五种典型的领导者类型。

（1）1.1 型领导者。这类领导者对人和生产都不关心。

（2）9.1 型领导者。这类领导者是任务型的领导者，只抓生产，不关心人。

（3）1.9 型领导者。这类领导者是俱乐部式的领导者，只关心人，注意搞好人际关系，使组织内充满轻松友好的气氛，但是对生产并不关心。

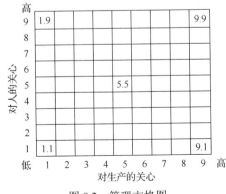

图 8.2 管理方格图

（4）9.9型领导者。这是一种战斗集体的领导方式。领导者既关心人，又关心生产任务的完成，因而领导者与员工的关系协调，员工士气旺盛，生产任务也完成得很出色。

（5）5.5型领导者。这类领导者是一般化的领导者，对人的关心一般，完成生产任务还算过得去。

上述五种类型的领导者哪种最好呢？大多数学者认为9.9型领导者最好，然后依次是9.1型领导者、5.5型领导者、1.9型领导者、1.1型领导者。布莱克和莫顿认为，应该根据环境条件的变化来选择合适的领导者，其中以能获得更好的工作效果的类型为佳。

 情境模拟训练

管理心理学教学中教师方格图的构建

1. 训练目标

让参与者了解管理方格图理论的应用。

2. 活动设计

参加人员：全体师生。

活动规则和程序：

（1）每人准备一张纸，画上布莱克和莫顿的管理方格图，横坐标是学生认为教师对本课程教学任务的关心程度，纵坐标是学生认为教师对学生的关心程度。坐标值越大，表示关心程度越高。（横坐标、纵坐标最低分都是1分，最高分都是9分）

（2）每个人根据自己认为本课程教师对学生的关心程度和对教学任务的关心程度在图上准确地标示出交叉点。

（3）每人报告自己的结果并解释。

（4）找出典型的五种类型（1.1型、9.1型、1.9型、9.9型和5.5型）并进一步分析。

（5）把所有学生的分数合在一起，得出全班学生的平均分，画出一个总的本课程的教师方格图。师生一起分析这个方格图，最后由教师进行点评。

相关讨论：

（1）这个方格图说明了什么？

（2）学生更喜欢哪种类型的教师？

（六）PM 理论

日本大阪大学的心理学教授三隅二不二在各国有关领导行为的理论和量表调查的基础上，提出了在国际上具有一定影响力的 PM 理论。

他将领导方式分为两类：一类是以执行任务为主的领导方式（Performance-directed），即 P型；另一类是以维持群体关系为主的领导方式（Maintenance-directed），即 M型。二者合起来为 PM 型。

P 型的行为特征是将组织中的每一个成员的注意力引向目标，使问题明确化，拟定工作程序，运用专门的知识评定工作成果等。

M 型的行为特征是维持和睦的人际关系，调解成员之间的纠纷，为少数派提供发言的机会，提高成员的自觉性与自主性，增进成员之间的相互了解和交流。

三隅二不二将 PM 领导行为分为四种类型，即 PM 型、P 型、M 型、pm 型，如图 8.3 所示。

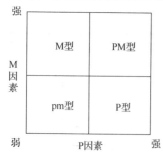

图 8.3 PM 领导行为类型图

这四种领导行为类型的管理效果是不同的，如表 8.3 所示。PM 型领导行为，其管理效果最好，采取这种领导行为可达到最高的生产效率，下属对组织的信赖度也最高，领导者的亲和力也最强。

P 型领导行为与 M 型领导行为都只能取得中等的生产效率，下属对组织的信赖度与领导者的亲和力分别为第二位或第三位。

pm 型领导行为的管理效果最差，采取这种领导行为只能导致最低的生产效率，下属对组织的信赖度最低，领导者的亲和力也最弱。

表 8.3　PM 领导行为类型的管理效果

PM 领导行为类型	生产效率	对组织的信赖度	亲和力
PM 型	最高	最高	最强
P 型	中等	第二位	第三位
M 型	中等	第三位	第二位
pm 型	最低	最低	最弱

 视野拓展

胡适的无为而治

胡适在担任北京大学校长后，受到了师生们的热烈欢迎。他发现学校连一本正式校规都没有，便首先召开校务会议，通过了"校务会议组织大纲""教务会议组织大纲""学校章程起草委员会"等议案。

有了规章制度以后，胡适对学校事务便抱以"无为而治"的态度。他只注意学校的重要问题，具体事务则交给各主管。一位名叫陈咸森的学生说："胡先生一贯主张无为而治，这在当年我们做学生时还不大了解，直到 30 年后在胡先生的一篇题为'无为而治'的文章中看到艾森豪威尔做哥伦比亚大学校长和总统时的两个故事，才明白了胡先生的'无为而治'的深刻道理。"

为了弄清楚"无为而治"，我们先看看这两个故事讲了些什么。第一个故事说的是艾森豪威尔担任哥伦比亚大学校长时，各部门领导都要前来拜访，谈谈各自的工作。于是他每天都要接见两三位院长或部门负责人。几天以后，他问副校长，像这样的人一共有多少，对方说一共有 63 位。艾森豪威尔两手举过头顶高声喊道："天啊！太多了！太多了！我当盟军统帅的时候，只接见三位将领。我完全相信这三个人。他们手下的将领，我从来不用过问。想不到我当一个大学校长，竟要接见 63 位负责人，他们谈的我不太懂，他们又说不到点子上，这对学校管理实在没有好处。"

第二个故事说的是艾森豪威尔当总统时爱打高尔夫球，有一天白宫送来一份急件，助手替他准备了两份批示，一份"表示同意"，一份"表示不同意"。没想到他居然在两份批示上都签了字，并说："请副总统替我挑一个吧。"

在许多人眼里，这两个故事是嘲笑艾森豪威尔的，但是胡适从中看出了管理的真谛。

三、领导权变理论

权变理论又称情境论或环境论。领导行为研究成果表明，领导行为的有效性不仅与领导者的行为和素质有关，而且与领导者所处的环境关系紧密。权变理论正是着重研究使领导行为在一定环境下有效的那些环境变量的理论，它指明有效的领导行为因环境的变化而变化。这里主要介绍菲特勒模式、途径-目标理论和领导生命周期理论。

（一）菲特勒模式

菲特勒是第一个把人格测量与情境分类联系起来研究领导效果的心理学家。他经过大量的调查和长达 15 年的研究，提出了"有效领导的权变模式"，通常也叫作菲特勒模式。他认为，领导效果的好坏受三种环境因素的影响：一是领导者与被领导者的关系；二是工作任务是否明确；三是领导者所处的地位的固有权力以及取得各方面支持的程度（职务权力）。菲特勒认为，对于领导效果来说，如果这三种环境因素都是好的，那就是最有利的条件；如果这三种因素都不好，那就是最不利的条件。

就每种环境因素来说，又有好坏之分：领导者与被领导者的关系有好有坏；工作任务有明确或不明确之分；职务权力有大有小。

菲特勒对 1200 个群体进行的调查分析证明：在最有利环境条件下和最不利环境条件下，采用任务导向型领导方式效果较好；处于中间状态的环境条件下，采用人群关系型领导方式效果较好。

表 8.4 八种情境对应的领导方式

情境	领导者与下属的关系	工作任务是否明确	职务权力	有利程度	领导者的领导方式
1	良好	明确	大	最为有利	任务导向型
2	良好	明确	小	比较有利	任务导向型
3	良好	不明确	大	比较有利	任务导向型
4	良好	不明确	小	中等有利	人群关系型
5	不良	明确	大	中等有利	人群关系型
6	不良	明确	小	不太有利	无资料
7	不良	不明确	大	不太有利	无资料
8	不良	不明确	小	最为不利	任务导向型

根据上述三种环境因素的变化和相互不同的搭配，八种情境对应的领导方式如表 8.4 所示。

表 8.4 说明环境因素决定领导方式。例如，在领导者与下属关系良好、工作任务明确、职务权力大的环境条件下，领导者就应采用任务导向型领导方式。又如，在领导者与下属关系不良、工作任务不明确、职务权力小的环境条件下，领导者也应采用任务导向型领导方式。再如，在领导者与下属关系良好、工作任务不明确、职务权力小的环境条件下，领导者则应采用人群关系型领导方式。

（二）途径-目标理论

途径-目标理论是由加拿大多伦多大学教授豪斯提出的。该理论认为，领导行为的有效性取决于领导者激励下属达到组织目标的能力，以及使下属在工作中得到满足的能力。它要求领导者帮助下属排除达到目标的障碍，在领导过程中为下属提供或创造各种满足其需要的机会。

自我测评
测测你会成为哪种风格的领导者

途径-目标理论认为，有四种领导方式可供同一领导者在不同环境下选择使用。这四种领导方式如下。

（1）指令型领导方式：领导者发布指令，决策时没有下属参与。

（2）支持型领导方式：领导者对下属很友善、关心，从各方面给予其支持。

（3）参与型领导方式：领导者在做决策时征求并采纳下属的合理化建议。

（4）成就取向型领导：领导者向下属提出挑战性的目标，并相信他们能够完成目标。

途径-目标理论认为，有效的领导方式必须考虑到情境因素，如下属的特点和工作任务的性质等。例如，当下属觉得自己有能力完成工作任务、很需要荣誉和与人交往时，就应选择支持型领导方式；而当工作任务模糊不清、下属无所适从时，他们更希望接受指令型领导，希望领导者对他们的工作作出明确的规定和安排。当工作任务已经明确，或者下属做的是一些比较熟悉的例行性的工作时，领导者仍然不断地发出指令，就会使下属感到厌烦，引起下属的不满。

（三）领导生命周期理论

领导生命周期理论是由科曼首先提出，后由赫塞和布兰查德予以发展的一个重视下属的权变理论。

这个理论认为，领导者的行为要与被领导者的成熟度相适应，随着被领导者的成熟度逐步提高，领导者的领导方式也要做出相应的改变。这里所说的成熟度，主要是指有成就感、有负责任的意愿和能力、有工作经验和受过一定的教育等。年龄是影响成熟度的一个因素，但不是唯一因素。这里的成熟度主要是指心理的成熟度，而不是生理的成熟度。

一般来说，被领导者的成熟度的平均水平有这样一个发展过程：不成熟→初步成熟→比较成熟→成熟。在这个过程中，领导者的领导方式不能一成不变，否则将影响领导效果。

该理论认为，随着被领导者年龄的增长、技术水平的提高，由不成熟逐渐向成熟发展，领导行为也应该按照下列顺序逐渐推移：高任务低关系→高任务高关系→高关系低任务→低关系低任务（如图8.4所示）。

在图8.4中，横坐标表示以任务为主的任务行为，纵坐标表示以被领导者为主的关系行为。同时引进了第三个因素——成熟度。任务行为表示领导者用单向沟通模式来指示下属干什么、怎么干等。关系行为表示领导者用双向沟通方式来指导下属，并给予他们福利。

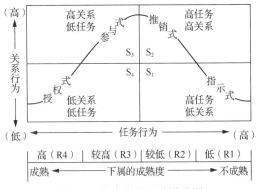

图 8.4　生命周期理论模式图

在 R1 阶段，被领导者处于不成熟阶段，他们既无能力又无工作积极性。在这种被领导者既不胜任工作又不能被信任的情况下，领导者可以采用高任务低关系的领导方式，即指示式领导方式（也称为独裁的命令式领导方式）。

在 R2 阶段，被领导者进入初步成熟阶段，他们缺乏能力但有工作积极性。领导者与被领导者通过双向沟通，相互交流信息，相互支持。因此，领导者应该采用高任务高关系的领导方式。此种领导方式被形象地称为推销式领导方式。

在 R3 阶段，被领导者处于比较成熟阶段，他们有能力但无工作积极性，这时领导者的任务行为要减少，关系行为要加强。领导者应该采用高关系低任务的领导方式，即参与式领导方式。

在 R4 阶段，被领导者发展到成熟阶段，他们既有能力又愿意完成领导者交给的他们任务，领导者应采用低任务低关系的领导方式，即授权式领导方式最为有效。这时领导者无须做更多的事，而是给被领导者以权力，领导者只起监督作用，通过充分授权、高度信任来调动被领导者的积极性。

示例

吴军大学毕业后来到一家钢铁公司，给张总经理做秘书。张总经理可谓日理万机，因为公司的大小事情都必须向他汇报，得到他的指示才实施。不久，张总经理因为每天太过劳累，病倒了。

新上任的王总经理要求吴军学会分清事情的轻重缓急，有些事情可以直接转交其他副总经理处理。这样，王总经理就有更多时间去考虑公司的长远目标，确立组织发展方向。因为业绩突出，王总经理干了一年就被调到总公司去了。

之后，公司又来了一位李总经理。他到任之后，先是了解了一下公司的总体情况，感到非常满意，就对副总经理说："公司目前的运营一切顺利，我看大家做得很到位。总经理嘛，关键时刻把关就可以了，不是很重要的事情你们就看着办吧。"

第三节　新型领导理论

一、魅力型领导理论

20 世纪 70 年代中期，领导理论研究领域出现了一个重大改变，那就是魅力型领导理论的建立，这一理论在20世纪90年代又获得了较大发展。魅力是领导者个人具备的一种带有鼓舞性的人际吸引力，包含个性、能力、经验等综合素质。

早在20世纪20年代末，德国社会学家马克斯·韦伯就提出了"魅力型领导者"的概念，韦伯的研究兴趣是探讨权威、宗教、经济力量如何随着时间推移而影响整个社会。韦伯认为，社会中的权威可以分成三种类型：传统型权威、法定型权威和魅力型权威。韦伯认为，魅力型权威的获得是因为领导者具有超人的素质或者授予的权力，这将他们与普通人区别开来。魅力型权威存在于这些拥有非凡素质的人们之中，是其杰出素质的产物。根据韦伯的观点，魅力型领导者产生于社会边缘，在重大的社会危机时期以领导者的身份出现。与传统型领导者和法定型领导者不同，魅力型领导者的生命周期很短。为使下属相信自己拥有超越常人的素质，领导者必须建立起成功的形象，任何失败都将使下属质疑领导者拥有的超凡能力，进而侵蚀领导者的权威。

魅力型领导者自信并且信任下属，对下属有高度的期望，有理想化的愿景。魅力型领导者的下属认同领导者和他们分配的任务，显示出对领导者的无限忠诚和信心，效仿领导者的价值观和行为，并且从他们与领导者的关系中获得自尊。

近年来，有学者通过把诸如杰克·韦尔奇、比尔·盖茨或者一些成为顶级执行官的女性包括进来，扩展了魅力型领导者的范畴。因此，人们发现魅力型领导者具有出众的辩论和说服能力，也有技术专长，并且他们促进了下属在态度、行为和情感上的变化。

最新的研究揭示了魅力型领导者的下属会显示出更高水平的自我意识和自我管理能力。麦吉尔大学的康格（Conger）和凯南格（Kanungo）的研究结论是，拥有领袖魅力的领导者具有以下特点：有一个希望达到的理想目标；能够为此目标全身心地投入和奉献，反传统，非常固执而自信，是激进变革的代言人而不是传统现状的卫道士。

什么条件下具有领袖魅力的领导者能实现较高的领导效能呢？罗宾斯给出了几个具体的条件。

（1）下属任务特征：任务中包含很多观念成分，或情境带有极大压力与不确定性。

（2）领导者在组织中的层级地位：领袖魅力与高层管理者而不是低层管理者的成功和失败更直接相关。

（3）影响范围：具有领袖魅力的领导者对下属的影响多于对他人的影响。

（4）下属的特征：缺乏自尊并且质疑自己价值观的下属更容易受具有领袖魅力的领导者的影响。

 视野拓展

两块石头的对话

夜深人静时，寺庙里的两块石头在小声交谈。铺在地上当台阶的一块石头向被雕成佛像的另一块石头抱怨说："咱俩从一座山里来，瞧你现在多风光，每天都有那么多人跪在你脚下顶礼膜拜。我怎么这么倒霉，每天被人踩来踩去。"被雕成佛像的那块石头沉思片刻后，慢悠悠地说："老兄，别忘了，进这座寺庙时，你只挨了四刀，我可是挨了数千刀呀！"

石头如人。纵观古今中外，遍阅典籍史册，那些有大成就、大功德的成功人士，哪一个不是历经千辛万苦，受尽磨难，最后才功成名就的？"成人不自在，自在不成人。"这话可谓千古真理！大千世界，芸芸众生，谁不渴望人生辉煌，功成名就。可你得先问问自己，你做好了"挨刀"的思想准备了吗？你能忍受住那样的剧痛吗？

这个故事告诉我们，领导者需要更高水平的自我意识和自我管理能力，需要更多的付出和奉献。

二、领导-成员交换理论

传统的领导理论都假设领导者是以一视同仁的态度和作风对待下级的。实际上，领导者对待其下级是有区别的，是有亲疏之分的。这种理论被称为领导-成员交换理论，或"领导的垂直双向链接模型"。

该理论认为，领导者与下级的关系各不相同，领导者将根据自己与下级关系的亲疏而施以不同风格的领导。所谓"垂直双向链接"是指一位领导者与一部分下级形成的关系。这种关系基本上分为两大类。

一类是与"圈内"人的关系。领导者对这类下级委以重任，给予他们较多的关心、帮助和支持，对他们更加信任，对他们的需要也更为敏感，为其提供较多参与决策的机会。而这些下级则以更加努力工作、愿意承担重大责任和取得优异成绩的方式进行回报。双方的行为依靠的是这种人际交换而不是正式岗位职权的运用，因而这种关系是非正式的。"圈内"的下级往往具有较高的工作绩效、较高的工作满意度和较低的离职率。

另一类是与"圈外"人的关系。在这种关系中，下级接受领导者的正式职权以换取应得的工资报酬。这也是一种交换关系，但没有密切的私人友谊，他们之间是一种职务上的正式关系。比较而言，"圈外"人的工作绩效和工作满意度要低于"圈内"人。

这种"圈内"和"圈外"的关系，往往在上下级接触的早期就会形成，一旦形成，则较为稳定，难以改变。

这种理论也受到一些指责。一些学者认为，这种理论缺乏充分的论据，没有说明下级如何成为"圈内"人以及上下级之间的交换关系是如何运作的。

三、领导归因理论

领导归因理论研究领导者如何判断绩效不佳的后进下属的"病因"，并如何根据其"病因"采取适当的领导行为的问题。领导归因的主要过程是领导者根据对后进下属的行为表现及所处环境的观察，作出归因分析与判断；再根据归因结果，做出相应的行为反应。

该理论认为，领导归因过程存在着先后两种连接关系。在第一种连接关系中，领导者在诊断下属出现问题的原因时，先观察下属自身的表现，如生产率、出勤率等；再观察环境中的有关因素，如任务难度、工作条件等；然后才作出归因判断，即该问题是源于内因还是外因。在此过程中，领导者要注意两个因素：一是观察线索，即下属行为的差异性（是仅对此项工作还是对所有工作）、普遍性（是仅他一人如此，还是全体一致）、一贯性（是偶然行为或不同时期表现不同，还是一贯如此）；二是领导者的个人偏见。例如，领导者往往倾向于做内部归因，即把问题归咎于下属，自己少担责任，或对下属有固定偏见；而下属则往往做外部归因，使领导者不能推卸责任。但若领导者与下属关系密切，则归因易于趋同；反之，则归因各异。不仅如此，若领导者原来对某下属看法不好而后来其果然表现欠佳，则易归于内因；若原来预计下属会有好表现而其实不然，则易归于外因。下属的一些个人特点也可能使领导者产生偏见，如学历低、年轻等，都会导致归于内因倾向的产生。在第二种连接关系中，归因导致相应的行为反应。如果领导者把问题归因于下属懒惰，则反应便是批评、训斥、监控等；如果领导者把问题归因于下属能力差，则反应便是培训和指导；如果领导者把问题归因于任务艰巨，则反应便是提供方便或进行工作再设计等。这一过程中也有两个因素在起作用。一个影响因素是领导者对后果严重性的认识。若领导者认为后果严重、损失巨大，大多会给予下属惩罚而且常常会过分严厉；若领导者认为影响轻微，则反应会较温和宽容。另一个影响因素是领导者的偏见，如领导者往往会着重改变下属的行为而忽视改变环境。

领导归因理论对于加强领导者对下属绩效的控制很有启发。若领导者能准确实现"诊断"问题（归因），并能开出正确"处方"（反应），"对症下药"（采取正确的领导行为）就会实现有效的领导。这就要求领导者客观地、正确地观察下属的有关情况和环境方面的因素，并尽可能消除偏见，以作出正确归因。当然，领导者采取的行为还受个人规范和组织的有关政策的制约。

四、变革型领导理论

变革型领导理论是西方研究的热点问题。近年来，关于变革型领导理论的研究取得了较为丰硕的成果。

变革型领导最早是由伯恩斯在他的经典著作《领袖论》中提出的一种领导类型。伯恩斯认为，领导行为包括以下两种：交易型领导，主要通过满足下属即刻的、与自我直接相关的利益来激励下属；变革型领导，主要通过与下属之间的互动来提高彼此的成熟度和动机水平。这两者是一个连续体的两个极端，前者强调交易，后者强调改变。伯恩斯给变革型领导下的定义为，通过让下属意识到所承担任务的重要意义，激发下属的高层次需要，营造互相信任的氛围，促使下属为了组织利益牺牲自己的利益，并获得超过原来期望的结果。

变革型领导行为是领导者向下属灌输思想和道德价值观，并激励下属的过程。在这个过程中，领导者除了引导下属完成各项工作外，常以领导者的个人魅力，通过对下属的激励刺激下属的思想，通过对他们的关怀来改变他们的工作态度、信念和价值观，使他们为了组织的利益而牺牲自身利益，从而更加努力地投身于工作。变革型领导行为可以使下属产生更强的归属感，满足下属高层次的需要，获得高生产率和低离职率。变革型领导理论探究的是领导者如何影响下属与工作有关的因素——自尊、自信、对领导者的信任以及责任感所诱发的绩效动机等。

实行变革型领导行为的前提是领导者必须明确组织的发展前景和目标，下属必须接受领导者的决策。变革型领导行为的主要特征如下。

（1）超越了交换的诱因，通过对下属的开发、智力激励，鼓励下属为组织的目标、任务以及发展前景牺牲自己的利益，实现预期的绩效目标。

（2）集中关注较为长期的目标，强调发展的眼光，鼓励下属发挥创新能力，并改变和调整整个组织系统，为实现预期目标创造良好的氛围。

（3）引导下属不仅为了自身的发展，也为了他人的发展承担更多的责任。变革型领导行为拓宽了领导行为的研究范围。

（4）变革型领导行为能在组织中制造兴奋点，产生强大的影响力和冲击力，也能帮助个人发现工作与生活的价值与兴奋点。

案例 8-3

做和乔布斯一样的领导者

十几年前，全球手机业的霸主是诺基亚，而苹果仅崭露头角。但现在 iPhone 风靡全球，大家谈起诺基亚更多的是感慨。

其实，当初这两家公司都不缺技术创新人才，但是乔布斯提前布局了智能手机，而诺基亚的领导层却未能把握住机会。这也说明了领导者是推动企业转型变革的关键因素之一。

乔布斯曾经挑选出公司的百位精英，让他们经常聚集到一起开会讨论。他们预判消费者需求，不断推出新产品，并在竞争对手做出反应前迅速抢占市场。这也是苹果成功的秘诀之一。乔布斯曾经连续 14 年在每周一开例会，与高管进行讨论，问同样的问题：怎样可以做得更好？怎样更好地服务客户？

每次例会上，这些问题都会有不同的答案，这些答案经过优化落实到行动上，最终帮助乔布斯打造了一个难以效仿的优秀团队。

五、基于价值观的领导理论

基于价值观的领导理论是由豪斯在综合了 20 世纪 70 年代以后的领导理论后率先提出的，代表了新的领导理论研究进展。领导者唤起下属的共同价值观、理想、愿景或者信念，给予下属信心的行为是一个企业走向成功的、不可缺少的要素。

豪斯关于基于价值观的领导定义如下。持有明确而崇高价值观的领导者向组织注入核心价值观，并以此作为种子因素孕育组织文化，在此文化中通过沟通信仰、传递愿望和从事所有组织实践，强化领导者提出的核心价值观，使下属认可并内化组织核心价值观，以形成持久工作的行为动机，激励下属作出岗位要求以外的努力，这种领导方式就是基于价值观的领导方式。

基于价值观的领导理论认为领导过程包含以下四个阶段。

（1）领导者注入价值观。领导者的价值观是种子因素，组织变革成功与否关键取决于领导者价值观的优劣。如果领导者的价值观不具备某些优秀的品质，那么领导者根本不能发挥任何作用，相反有成为旧组织文化"俘虏"的可能。

（2）价值观共鸣，激发下属的动机与情感。领导者的价值观需要同下属的价值观存在一定的共性，否则就失去了形成组织共同价值观和共同愿景的前提。

（3）共同价值观的形成。组织共同价值观是领导者价值观的衍生品。领导者价值观灌输的目的是在组织当中形成一套为所有人共同认可的行为模式和价值体系，并且在这个基础之上，产生能够让组织成员自愿接受并自觉为之奋斗的共同愿景。

（4）对共同价值观的强化。对共同价值观进行强化的目的在于保持组织共同价值观的生命力，使它成为维护组织使命的一个重要组成部分，而不至于受到领导者变更的影响。

基于价值观的领导理论与以往的许多领导理论的不同之处还在于：它衡量激励效果的指标是以下属的归属感，即他们眼中的高层管理者的有效性、工作积极性和工作满意程度为尺度的。以往的领导理论，在激励效果衡量方面要么是以任务或工作为导向的，要么是以员工的工作满意度为导向的，而基于价值观的领导理论则更具综合性。

六、服务型领导理论

服务型领导理论是在实践中发展起来的一种领导理论和模式。该理论主张领导者通过提供服务而不是控制下属，帮助其成长、发展，并为其取得物质和精神上的成功提供机遇。为他人服务是服务型领导者的主要目的。

服务型领导完全颠覆了传统权力模式，要求领导者能够牺牲个人利益，"同意担当服务者的领导者，愿意对大型组织的正常运转承担责任，愿意接受作为一名服务者的职责"。

世界知名跨国企业壳牌石油公司就是按照服务型领导模式进行领导行为改造的。壳牌石油公司鼓励组织内部推行服务型领导，并将服务型领导者定义为具有如下特征的人。

（1）能够认识到个人不能回答所有的问题。

（2）具有谦虚的态度并能向他人展示自己的弱点。

（3）能够促进个人以及他人和组织的改革。

（4）具有构建组织能力。

服务型领导者除了要具有上述特征外，还要按照下述四种方式采取行动。

（1）服务比个人利益更重要。服务型领导者利用自己的权力和影响力帮助个人和组织成长，而不是谋求个人利益。他们认为，组织是为了给员工提供有意义的工作而存在的，而员工的存在是为了组织而工作的。服务型领导者意味着做对别人有益的事情，尽管这也许不能给自己带来经济利益。

（2）在支持别人之前认真倾听。服务型领导者应该清楚自己不能解决所有的问题，因此，他们必须认真倾听他人的意见。通过认真倾听，他们可以更好地认识其他人面临的问题，并能够采取符合他们需要的行动。

（3）获得信任。服务型领导者通过履行诺言、对他人完全诚实、放弃控制以及关心他人利益来建立信任。他们分享所有的信息，不论是好是坏，并且为群体利益而不是为个人利益作出决策。另外，相信他人所作出的决策也可以巩固信任关系。服务型领导者可以获得信任，是因为他们放弃了一切——权力、控制、奖励、信息和赞誉。信任促进了一切。

（4）培养他人并帮助他人成长。服务型领导者帮助他人成长和自我实现。也就是说，帮助他人成为有能力的人，这需要领导者愿意并乐于分担他人的痛苦和解决他人的难题；和他人保持密切联系意味着领导者是"软弱"的，并愿意公开自己的痛苦。

 本章小结

　　领导是指引和影响个体、群体或组织，在一定条件下实现所期望目标的活动过程。本章介绍了三种领导有效性理论，即领导特质理论、领导行为理论和权变理论。领导特质理论认为，个人特质能用来识别成功领导者。这些特质主要是指领导者个人所具有的品德、能力、知识、修养和领导艺术等。领导行为理论认为，与其说有效的领导行为来源于具有某些特质的领导者，不如说领导者的行为（就是怎么做）是关键因素。权变理论又称情境论或环境论。领导行为研究成果表明，领导行为的有效性不仅与领导者的行为和特质有关，而且与领导者所处的环境关系紧密。权变理论正是着重研究使领导者行为在一定环境下有效的那些环境变量的理论，它指明有效的领导行为因环境的变化而变化。新型领导理论主要有魅力型领导理论、领导-成员交换理论、领导归因理论、变革型领导理论、基于价值观的领导理论和服务型领导理论。

 综合练习题

一、填空题

　　1. 权力性影响力的基础，一是领导者的法定地位，二是其____。

　　2. 领导生命周期理论认为，当被领导者进入比较成熟的阶段时，领导者应采用____的领导方式。

　　3. 权力性影响力的构成因素主要包括传统因素、职位因素和____。

　　4. 俄亥俄州立大学研究小组先把鉴别领导行为的项目分解为1000多项，最后将其归纳为____和____两大因素。

　　5. 管理方格图是一张横轴和纵轴均九等分的方格图，横坐标表示领导者对____的关心程度，纵坐标表示领导者对____的关心程度。

　　6. 领导行为研究成果表明，领导行为的有效性不仅与领导者的行为和特质有关，而且与领导者所处的____关系紧密。

　　7. 菲特勒对1200个群体进行调查分析证明：在最有利环境条件下和最不利环境条件下，采用____领导方式效果较好。

二、不定项选择题

1. 利克特等人认为，从非常专制独裁的领导风格到非常民主的领导风格，领导行为可以分为四种基本的作风或系统，分别是极端专制独裁型、（　　　）。
   A. 仁慈的独裁型　　　B. 民主协商型　　　C. 仁慈的民主型　　　D. 民主参与型

2. 勒温等研究者力图科学地识别出最有效的领导行为，他们着眼于三种领导风格，即专制型、（　　　）领导风格。
   A. 参与型　　　　　　B. 民主型　　　　　C. 独裁型　　　　　　D. 放任型

3. （　　　）是第一个把人格测量与情境分类联系起来研究领导效果的心理学家。
   A. 利克特　　　　　　B. 菲特勒　　　　　C. 勒温　　　　　　　D. 布莱克

4. 领导生命周期理论认为，被领导者的（　　　）会对领导者产生影响。
   A. 知识范围　　　　　B. 成熟度　　　　　C. 技能水平　　　　　D. 经历

5. 影响力是一个人在与他人的交往中（　　　）他人的心理与行为的能力。
   A. 影响和改变　　　　B. 督促和引导　　　C. 说服或制约　　　　D. 指挥协调

6. 权力性影响力的构成因素主要包括（　　　）。
   A. 传统因素　　　　　B. 资历因素　　　　C. 职位因素　　　　　D. 能力因素

7. 非权力性影响力的构成因素主要包括品格因素、能力因素、知识因素和（　　　）。
   A. 传统因素　　　　　B. 资历因素　　　　C. 职位因素　　　　　D. 情感因素

8. 途径–目标理论认为，有四种领导方式可供同一领导者在不同环境下选择使用。这四种领导方式是指令型领导方式、（　　　）。
   A. 成就取向型领导方式　　　　　　　　　B. 支持型领导方式
   C. 放任型领导方式　　　　　　　　　　　D. 参与型领导方式

9. 领导生命周期理论认为，当被领导者发展到成熟阶段时，领导者应采用（　　　）的领导方式。
   A. 高任务高关系　　　B. 高任务低关系　　C. 低任务高关系　　　D. 低任务低关系

10. 领导生命周期理论认为，当被领导者进入初步成熟阶段时，领导者应采用（　　　）的领导方式。
   A. 高任务高关系　　　B. 高任务低关系　　C. 低任务高关系　　　D. 低任务低关系

三、判断题

1. 非权力性影响力与法定的权力无关。　　　　　　　　　　　　　　　　　　（　　　）

2. 领导行为理论完全是环境决定论。　　　　　　　　　　　　　　　　　　　（　　　）

3. Y理论认为多数人天生是懒惰的，他们尽可能逃避工作。　　　　　　　　　（　　　）

4. 9.1型领导者是俱乐部式的领导者。　　　　　　　　　　　　　　　　　　（　　　）

5. PM理论认为，pm型领导行为的管理效果最差，使用这种领导行为只能带来最低的生产效率。　　　　　　　　　　　　　　　　　　　　　　　　　　　　　　　　　（　　　）

6. 魅力型领导理论认为，缺乏自尊并且质疑自己价值观的下属更容易受具有领袖魅力的领导者的影响。　　　　　　　　　　　　　　　　　　　　　　　　　　　　　　　　（　　　）

7. 领导–成员交换理论认为，领导者会根据自己与下级关系的亲疏而施以不同风格的领导。
　　　　　　　　　　　　　　　　　　　　　　　　　　　　　　　　　　　　（　　　）

四、简答题

1. 简述增强领导者影响力的途径。

第八章　领导心理

209

2. 简述 X 理论的基本观点。

3. 简述 Y 理论的基本观点。

4. 简述魅力型领导理论。

5. 简述变革型领导理论的含义与变革领导行为的主要特征。

6. 简述途径-目标理论的基础内容。

五、思考题

1. 联系实际谈谈领导者与管理者的区别。

2. 什么是菲特勒模式？该理论对管理者的启示是什么？

案例分析题原文

六、案例分析题

扫描二维码阅读案例，并回答以下问题。

（1）你如何评价任正非的领导作风？

（2）该案例对你的启示是什么？

更新勘误表和配套资料索取示意图

说明1：本书配套教学资料完成后会上传至人邮教育社区（www.ryjiaoyu.com）本书页面内。下载本书配套教学资料受教师身份、下载权限限制，教师身份、下载权限需网站后台审批，参见以下示意图。

说明2："用书教师"是指学生订购本书的授课教师。

说明3：本书配套教学资料将不定期更新、完善，新资料会随时上传至人邮教育社区本书页面内。

说明4：扫描二维码可查看本书现有"更新勘误记录表""意见建议记录表"。如发现本书或配套资料中有需要更新、完善之处，望及时反馈，我们将尽快处理。

咨询邮箱：602983359@qq.com

更新勘误及意见
建议记录表

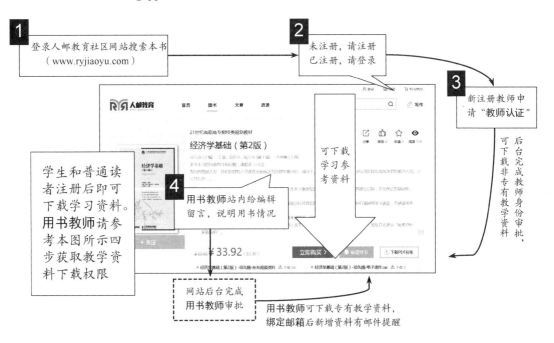

主要参考文献

[1] 车丽萍，2016. 管理心理学[M]. 3 版. 武汉：武汉大学出版社.

[2] 陈春花，2015. 组织行为学[M]. 北京：机械工业出版社.

[3] 陈国海，2020. 管理心理学[M]. 4 版. 北京：清华大学出版社.

[4] 崔光成，2018. 管理心理学[M]. 北京：人民卫生出版社.

[5] 李磊，2010. 管理心理学[M]. 天津：天津大学出版社.

[6] 斯洛克姆，2018. 组织行为学[M]. 13 版. 杨洋，译. 北京：北京大学出版社.

[7] 孙健敏，穆桂斌，2017. 管理心理学[M]. 北京：中国人民大学出版社.

[8] 王明姬，姚兵，2020. 管理心理学[M]. 北京：北京师范大学出版社.

[9] 王雪莉，2012. 组织行为学案例[M]. 北京：中国发展出版社.

[10] 肖祥银，2018. 管理心理学[M]. 天津：天津科学技术出版社.

[11] 原光，2018. 管理心理学[M]. 北京：中国政法大学出版社.

[12] 朱吉玉，朱丹，2021. 管理心理学[M]. 5 版. 大连：东北财经大学出版社.

[13] 朱永新，2014. 管理心理学[M]. 3 版. 北京：高等教育出版社.